Luo Zhuoying Zhuan

Luo Zhuoying Zhuan

李兴选 王喆 ◎著

中国文史出版社

前　　言

　　他是一个诗人，自幼饱读经史诗词，文学素养十分深厚。每有感触，必吟诗作词以记之，《狮崖集》《北蹄草》《层云集》《回园诗存》《红酣室词》《藉庐楹存》，以及最为出名的《呼江吸海楼诗》，等等，记录了他一生的所遇所感。

　　他是一个将军，幼时就萌生报国之志，年轻时步入军旅，在国民革命军东征北伐中崭露头角；在淞沪会战、南京保卫战、武汉会战中临危受命；在南昌会战、长沙会战、缅甸远征中屡立战功。

　　他的诗人身份，因他的军旅生涯而平添了磅礴气势、开阔胸怀。

　　他的将军身份，因他的浅吟低唱而增加了人文精神、儒将色彩。

　　"战时之诗史，诗中之战史"，是对他鲜明特征的形象评价。

　　他就是罗卓英，"历三万里程，打二百回仗"的悍将，笔耕不辍、佳作连连的诗人。如果要概括他的一生的话，他自撰的一首《书生》可作为代表：

　　　　书生戎马久经过，廿载黄尘事止戈。
　　　　出战恒呼破阵子，填词喜作定风波。
　　　　民无奢望烦苛少，政有新猷建设多。
　　　　修养从今期孳息，牛羊桑柘问如何。

　　走近他，就走进了那段峥嵘岁月；走近他，就走进了诗赋之天堂。笔者不才，拟诗一首，以纪念这位武将诗人：

书生持枪驱倭寇，呼江吸海万龙吟。
百战功勋铭沪赣，岂将温饱负平生。

目　　录

第一章　书生罗卓英

"渊渊龙隐处，深静故名潭。他日生鳞甲，嘘云出海南。"这首五言绝句是罗卓英早年吟咏故乡山水的小诗，诗名曰《龙潭》。这首诗不但形象地刻画出罗卓英早年生活的故乡气息，同时还鲜明地体现出他的凌云之志。罗卓英正是在这样一个风景秀美的环境中，通过刻苦的努力、不懈的读书，度过了他的少年和青年时代。

"当时都是斯文子"

1896 年，风雨飘摇的大清王朝迎来了短暂的安宁，晚清重臣之一、时任直隶总督兼北洋大臣的李鸿章乘"圣路易斯号"邮轮抵达纽约，开始对美国进行访问。

就是在这一年，一批影响此后中国历史发展的人物相继出生：参加中共一大的陈潭秋、成为中国人民解放军元帅的贺龙、作为新四军军长的叶挺等人在这一年出生；胡宗南、张发奎、薛岳等国民党高级将领也在这一年出生。广东大埔一个普通家庭中在这一年诞生了一名男婴——东藩，即后来的罗卓英。

广东大埔县百侯乡村，是罗卓英的出生地，此处风景秀美，民风淳朴，耕读传家，诗礼为尚。长大后的罗卓英曾作《村居》一首来描述这个地方的秀美风景和人文底蕴："胸次闲闲一举觞，湖山信

1

美是吾乡。白云时作青山客，红树妖依碧水庄。喜有诗书供我读，岂无名利让人忙。东坡乐事随心赏，雨后登楼野更苍。""夕阳牛背坐童儿，小小农村短短篱。觅句不妨人去后，纳凉正好晚来时。门当南亩迎风早，家住东山得月迟。胜处忽然逢野老，吟筇先诵乐天诗。"

罗卓英的故居就坐落在这个风景如画的地方。在《大埔风光》一书中对罗卓英的故居有如下更为详细的描述：

　　江东小筑是一座典型的客家民居围龙屋，屋名"江东小筑"挥于外大门楼上，外大门坐北朝南。进入外大门一个大天井，主体建筑名"晓亭公祠"，坐东向西。屋正西方照墙外是广阔田畴，几百米外的梅潭河由南（三黎村北）向北经院坑口的龙潭流过，屋坐落在江东。屋后是东山（狮岭、金屏山和玉屏山），有岭霞四景中的"狮岭朝霞"和"玉屏废塔"景观。屋东北方金屏山脚有陈芙初故居"耕石山房"，清时一门三举人即出于此，其中一人就是何如璋（入翰林院后任驻日首任公使）。岭下村风景秀丽，可谓地灵人杰、卧虎藏龙之所在。"江东小筑"属砖石木结构，规模宏大，气势雄伟，布局合理，以正堂为中轴对称，前低后高，主次分明。正厅为上、下二堂，中间一天井，横屋三列，左二右一，横屋内亦有上、下天井。屋内梁架斗拱，骑筒木瓜有漆雕、漆画，工艺精湛。屋脊和瓦槽口用灰塑鲤鱼含草等，栩栩如生，大门两侧墙有多幅彩绘壁画。整座建筑进深34.2米，面宽41米，占地面积1402.2平方米，建筑面积1091平方米。原"晓亭公祠"为罗卓英之曾祖所置别业，由其曾祖母陆氏建成于清末。今之"江东小筑"外大门和"晓亭公祠"是将军于20世纪30年代抗战前所建造。

东藩的家世也可算得上是书香门第，他的祖父饱学经纶，但却郁郁不得志。抗战时期曾任湖南省政府参事的罗百先曾有这样的记述："东藩原居湖寮河头村，后迁岭下村，其住屋原系书斋又名田舍，是其祖父读书之所。东藩的祖父罗朱生，乃是前清秀才，对罗卓英影响很大。罗朱生饱读古籍，甚至连"四书""五经"的注解都能背诵，虽参加科举考试但未成功，郁郁不得志，后疯癫，到水里捉月而溺死。"

东藩有一叔父，名平泰，年近四十仍无子。因此，在罗卓英三岁时，其生父体恤母意，将东藩过继给叔父，改名高哲。叔父家虽然并不宽裕，但仍竭尽全力供高哲读书。高哲最初跟其祖父读书，祖父死后，到岭下村私塾从宿儒蓝锡裁老秀才读"四书""五经"。在此期间，高哲表现出超出一般孩童的记忆力和领悟力，深得蓝老秀才的喜爱。蓝锡裁倾尽自己一生所学，悉数教授。因此，罗卓英对蓝锡裁感情很深，多年后，他重返故里，校舍依旧，但恩师故去，罗卓英感慨颇多，写下一首诗，以表达怀念之意："多谢春风妙手栽，启蒙恩重勖方来。回乡苦忆青灯夜，邈矣难寻老秀才。"

不久，高哲进入大埔县立官学读书，1914 年毕业。在此期间，高哲学习十分刻苦，别的同学已经就寝，他还挑灯温习功课；别的同学在节假日出去游玩之时，他仍读书不止。从小学到中学，每学期考试成绩都是第一名。加之得到大埔县宿儒邝经丞、吴禹石、饶爱铨等人的教导，高哲的国学日渐增进，吟诗诵词，出口成章。因此，他常常在校刊及上海少年刊物上发表文章，署名"作英"，后来觉得"卓英"更为大气，遂定名卓英。此外，北宋年间有一名将曰狄青，精通兵法，勇而善谋，冲锋陷阵，屡立战功。罗卓英每读狄青之赫赫战史，心潮澎湃，仰慕不已，故取字为"尤青"。

罗卓英十一岁时，遇到了此后相伴一生的伴侣陈辉青。陈辉青生于 1900 年，家境贫寒。旧社会中寒门家的女子，不少人很小就卖

3

给人做童养媳，陈辉青七岁被父母卖给罗平麟家做了罗卓英的童养媳。陈辉青虽然年幼，但十分乖巧，长得也十分漂亮。特别是她很能吃苦，十分勤劳，能做各种家务，尊敬长辈，友爱邻里，因此很快得到了罗平麟一家的喜欢。可以说，陈辉青和罗卓英是青梅竹马，两小无猜，最终结为夫妻。罗卓英曾感慨地说："卓英有成，得力于内助。"

的确，陈辉青是罗卓英一生的贤内助：罗卓英少时读书，陈辉青曾上山砍柴卖钱进行资助；在罗卓英率军抗倭时，陈辉青参加劳动妇女战地服务团，"助夫却敌""平倭救国"，对此，罗卓英曾写诗盛赞："助夫却敌梁红玉，替父从征花木兰。今日平倭救国事，救亡有责敢偷安？"罗卓英也没有辜负陈辉青对他的深情和厚望，与国民党很多将领妻妾成群相比，罗卓英和陈辉青爱情始终如一，直至白头偕老。罗卓英赠给陈辉青的一首诗生动地反映了他们互敬互爱、相互携持的美满生活。诗中写道："清欢忧患两能寻，结发无猜直到今。妇职母仪允啧啧，兵尘胡马尚骎骎。多卿霁月光风态，伴我呼江吸海吟。屈指还乡山水美，双屏时有凤鸾音。"

罗卓英有三儿一女，他关怀备至，曾经分别以诗为寄，言传身教，彰显其慈父本色和铁汉柔情。例如，教诲长子罗中郎："鹏程万里海天宽，远适今无行路难。求学做人知不易，守身慎友算能安。"策勉次子罗伟郎："立脚须防乱极时，沉潜坚定树初基。纵然才大心还细，侠骨刚肠世所期。"叮嘱三子罗俊郎："又送吾儿赴柳营，无端触我少年情。时新不用轻投笔，国难允宜早请缨。"庆贺爱女罗佩华的新婚之喜："两见吾家乳燕飞，今朝又送汝于归。海天作合乘龙客，骨肉宁忘寸草晖。"

1915 年，罗卓英考入大埔中学。此时的罗卓英，思维十分活跃，对一切新事物、新知识都充满了兴趣，尤其喜欢历史、地理、军事、政治等课程。中华民族灿烂的文明使他自豪，近代中国屈辱的历史使他感叹，因此在他心中深深埋下了今后投身军政生涯的种子。四十一年后的 1956 年 7 月，罗卓英在台湾自己的寓所"回园"中曾写下《追忆南沙》一文，其中对他产生报国之志的由来进行了详细的描述："我邑大埔，为广东省辖东部一小县，清末以来，乡人远赴南沙各地谋生者极多，几乎十家中有九家的子弟或亲戚，漂洋远引，甚至举家南迁。我在幼小时，即听惯番客们（去南洋的叫作番客）时时讲述船过七洲洋时的各种惊险场面，因其时尚用大眼鸡帆船，即轮船初期，航路亦不熟稳。童年时代，只当故事听听，不知七洲洋在何许也，稍长，进入中学，对文学及史地部门发生兴趣。时当国家多故，外患频来，少年热血，因对国境边防，特加留意，而从军救国之壮志，遂及时油然而生。"

罗卓英的报国之志，在他所写的多首诗中均有反映。"渊渊龙隐处，深静故名潭。他日生鳞甲，嘘云出海南。"我们从《龙潭》这首诗中已经可以看出罗卓英远大的志向。诗中前两句虽然是在写景，但后两句已经鲜明地体现出他"生鳞甲""出海南"的远大理想和抱负。在《鹤汀》一诗中，他还这样写道："鹤爱双溪碧，飘然止水乡。沙汀宁久伫，云汉任高翔。"虽然全诗是在写鹤的悠然，但第三句体现出的"静"和第四句体现出的"动"，将罗卓英鸿鹄之志尽然体现。这一"静"一"动"的巧然笔法在《盘湖》一诗中也有反映："曾此幽息双隐士，偶来卓锡一高僧。当时都是斯文子，干国栋家岂未能。"如果我们将历史的眼光放长，可以说，"当时都是斯文子，干国栋家岂未能"正是罗卓英一生的最好写照。

为了实现自己的远大理想，罗卓英如饥似渴地学习知识。罗卓英读书十分勤奋刻苦，时任教师李景崧对他赞赏有加，曾在一次大会上说："苦读能劳其筋骨，苦其心志，增长学识；非苦读难以强智，无强智难成大器。同学们若如卓英之勤学苦读，大埔中学定可誉满天下。"罗卓英儿时勤奋好学的品质伴随其一生，他常以"勤学涉猎乃成广，苦读精研聚其厚"来要求自己。曾任民国时期广东省政府秘书长的丘誉曾撰文称赞："（尤青兄）为学之勤，冠越侪辈，常深夜独自秉烛攻读，成绩名列前茅。兄似有特殊禀赋，在课余或饭后，不论时间久暂（十分钟亦可），都可倒床便睡，为他人所不能，集零为整，积少成多，因此兄之精神最充沛，能好学不倦。"可以说，日后罗卓英能成为抗日名将，纵横沙场，屡立战功，正是和他孜孜不倦地勤奋学习分不开的，"秉烛穷研期万卷，挑灯苦读至五更。倦时仰望清辉月，不作井蛙自在鸣"。这是对罗卓英勤学苦读的最好写照。

罗卓英并非死读书、读死书，他在读书之余，还十分关注当时的社会政治。在他虚龄二十岁生日时，正是袁世凯加紧图谋称帝、政局波谲云诡之时，他有感于中国政局的动荡，写下了《二十初度》一诗："六矢张弧自有真，神州板荡问何人。昂藏岂意天生我，待挽狂澜付此身。"诗中的"张弧"，指的是中国传统风俗中，如果家中生一男孩，就要在门上挂一副弓；"六"指的是罗卓英生父曾生有五子，在罗卓英过继后，嗣父又生一男，故称为"六"。面对神州的动荡，罗卓英发出"待挽狂澜付此身"的豪迈之音。虽然罗卓英胸怀壮志，但看到当时军阀混战、民不聊生的景象，充满了悲戚，充满了忧虑，他曾写下下面的诗句："阵阵风云雁字斜，中原传说斗龙蛇。汉家宫阙巍峨甚，只恐铜驼绕落花。"这其中，面对北洋军阀的混战，罗卓英发出了"中原传说斗龙蛇"的感慨；诗中的"铜驼"出自《晋书》，原文为："靖有先识远量，知天下将乱，指洛阳宫门铜驼，叹曰：'会见汝在荆棘中耳！'"后来诗人常用"铜驼荆棘"比喻亡国后的惨败景象。而在另外一首诗中，罗卓英则表达出对时局的忧心忡忡："百年身世叹飘蓬，谁与中州唱大风？如此江山秋冷落，茫茫何处问英雄。"该诗中的"大风"，乃是指汉高祖刘邦所作的《大风歌》："大风起兮云飞扬，威加海内兮归故乡，安得猛士兮守四方。"罗卓英有感于政局的紊乱，发出了"谁与中州唱大风"的疑问，发出了"茫茫何处问英雄"的感叹。

如果说《二十初度》体现出罗卓英对中国政治的关注和忧虑，

那么在《述怀》一诗中，则体现出罗卓英对民间疾苦的关心："漫许书生尚黑头，眼前民瘼易生愁。纵横风雨千山暗，俯仰乾坤一剑浮。事业只从知己道，功名羞与俗人谋。秀才忧乐关天下，整顿全神注自由。"诗人罗卓英虽然"尚黑头"，还很年轻，但愁绪却挥之不去，产生愁绪的原因不是卿卿我我，不是无病呻吟，而是眼前的"民瘼"、民众的疾苦，对此，一般人是无法理解的，也无须与他们谋划，只可以向那些抱有同样忧国忧民情怀的知己诉说。范仲淹的一句"先天下之忧而忧，后天下之乐而乐"，引起了罗卓英的共鸣和认同，因此要更加全神贯注地去读书、去观察、去思考。

此外，20世纪之初的中国，已经深深地融入整个世界当中；此时的国人，也不再是那种抱着"天朝上国"的迷梦、一心只读圣贤书的腐儒，他们的眼光已投向整个世界。对于素有壮志的罗卓英，关心的不仅是中国，还有整个世界。他曾在一首诗中这样写道："战云一片向东来，百二河山去不回。沧海横流应痛哭，世间无复有蓬莱。"这其中的"战云一片向东来"，是指当时第一次世界大战正激烈进行，而此前的数十年间，作为一个独立的东方大国，中国已经屡遭西方列强的侵略，割地赔款，"百二河山"惨遭蹂躏。对于近代以来中国的任人宰割、民众的流离失所，罗卓英看在眼中，痛在心里，救国救民的鸿鹄之志也在他的心中慢慢生成。

曲折军校路

民国七年（1918年），罗卓英为了心中的理想，北上从军。在途中，罗卓英意气风发，面对海面翻滚的波浪，不仅浮想联翩，遂作诗："少年奇气冠瀛寰，射虎屠鲸赴险艰。真见巨鳌能负重，今朝破浪走船山。"船到天津后，罗卓英对前景充满期盼，写了如下诗句："兼旬北指赋长征，四海风涛壮此行。初上天津桥上望，好从云路奋前程。"

对于这一段从军经历，他曾填《满江红》词，其中写道："坚而锐，矛头铁，腾而沸，心头血。看马蹄到处，单于遁穴，古驿荫存唐代树，荒原光照汉家月，算轩辕神胄致中兴，扬威烈。"对于这一段短暂的从军历史，段德澍在《记罗卓英先生》一文中曾有过这样的描述："他那时一青年书生，凭一腔热忱，离乡背井，慷慨从军。军中生活本来就很艰苦，兼之北地严寒，风雪交加，下操及室外活动时，两手冻得发肿，连扣皮带也扣不起来，每日饮食也不过馒头与白菜汤而已，课余并服各种杂役。在这种冻劳之下，总以'人家能够受得了，我为什么不能受？'二语来反问自己，以精神克制的方法，无形地消除冻劳的苦楚。"当时，罗卓英担任的职务是下士副班长。此后，他忆及当时的情形时说："心里是惊喜交集，当时因为自己还是一个新兵，而今就要出来带部下，教部下，一种戒惧的心情沉沉地压着我，但是事在人为，忠勤谨慎地做去，总可达成任务。这么一想放心了许多，那一班兄弟，都是来自田间的农民，多属文盲，说话方言又重，南腔北调，初有格格不入之感。不过，他们本质纯良。我视他们又如手足，所以大家相处极为和洽。"

为了实现更大的抱负，罗卓英又投考了当时著名的保定军校。

保定军校是保定陆军军官学校的简称，位于河北省保定市。前身为清末保定陆军军官学堂，1912 年中华民国成立后，改名为保定陆军军官学校，培训陆军中下级军官。保定军校直接隶属陆军部军学司，1912 年 8 月开办招生，学制两年。至 1923 年 8 月停办，前后共办九期，共培训军官六千余人，其中包括蒋介石、叶挺、张治中、傅作义、顾祝同、陈诚、白崇禧等此后对中国历史发展产生巨大影响的军政人物。

然而，罗卓英报考军校之路并不平坦。1918 年，他参加了考试，结果名落孙山，没有被录取，但这并没有让罗卓英放弃自己的理想，他还曾作诗一首，以表胸怀："才生于世世须才，政失人才实可哀。

我亦十年磨剑客，请缨都为不平来。"诗中的"请缨"出自《汉书》："南越与汉和亲，乃遣军使南越说其王，欲令入朝，比内诸侯。军自请，愿受长缨，比羁南越而致之于阙下。"而诗中的"十年磨剑"则出自贾岛的"十年磨一剑，霜刃未曾试"，该诗生动地体现出罗卓英矢志不移的坚定决心。

于是，罗卓英就地找了一家广东人开办的鸿文公寓，继续复习功课，准备再考。在此期间，罗卓英以"素眉生"的笔名向北京的报刊投稿，由于思想新颖，文笔流畅，因此稿件屡被刊用，罗卓英凭借稿酬可以继续维持生计，准备再考。

功夫不负有心人。1919 年罗卓英再考保定军校，最终被录取为第八期炮科。

也就在这一年，伟大的五四运动爆发。第一次世界大战结束后，协约国一方在巴黎举行了所谓的"和平会议"，即巴黎和会。中国作为战胜国也派代表参加了巴黎和会，并向会议提出取消列强在华势力范围、撤退外国军队、撤销领事裁判权、关税自主等七项希望条件，和取消"二十一条"及换文的陈述书。然而，列强对中国的正当要求不予理睬，反而规定战败的德国将在中国山东获得的一切特权转交给日本。消息传到国内后，长期郁积在各阶层心中的愤怒如火山熔岩般喷发。5 月 4 日，北京学生三千余人首先走上街头，在天安门前集会，要求外争国权，内惩国贼，掀起爱国风暴。在北洋政府的严厉镇压下，这场风暴一度转入低潮。从 6 月 5 日起，上海工人举行声援学生的罢工，参加人数达六七万。随后，工人罢工、商人罢市如燎原烈火蔓延全国，扩展到二十多个省、市的一百多座城市。五四运动发展成为全国规模的群众性革命运动。北洋政府迫于人民群众的压力，不得不释放被捕学生，下令罢免亲日派官僚，最终中国代表没有出席巴黎和约的签字仪式。作为一个热血青年，罗卓英自始至终都在注视着五四运动，他从这场运动中看到了中国的希望。特别是北京学生的勇敢行动，给他留下了深刻的印象，兴奋之余，他写下了《北京大学生爱国示威五四运动》一诗："文化城头撞警钟，青年奋臂作先锋。万夫齐指诸奸死，惊破中朝卖国拥。"

与罗卓英同期考入保定军校的还有后来国民党重要实力人物周至柔、马法五、何柱国等。在他的同学中，有个青年与他关系最好，他就是陈诚。

陈诚，字辞修，号石叟，浙江青田人，后来成为国民党陆军一级上将。他与罗卓英的身世相似，出生于书香门第，其父陈希文，原在私塾教书，后为青田小学校长；母亲洪氏，贤德俭朴，明礼尚义。其家有薄田数亩，勤俭相传，是中国农村典型的半耕半读的家庭。陈诚幼年时除了在父亲督促下刻苦读书外，还帮助家里操持家务，从事劳作，因此养成了勤俭发奋的习惯。陈诚年少时的经历和品性与罗卓英多有相似之处，这就为二人的密切交往奠定了基础。此外，有人还曾回忆说："陈诚在校期间，目睹军阀只求私利、不顾国家的兴衰之状，打算毕业后去广东参加孙中山领导的部队，故与粤籍同学结交，如邓演达、黄琪翔等，特别和同班同学罗卓英交谊甚厚。"从这段回忆可以看出，陈诚对此后人生之路的规划，也为陈、罗二人的密切交往提供了条件。

在保定军校期间罗卓英与陈诚的关系十分密切，相似的经历、共同的志向，使二人越走越近，罗百先对此曾有如下描述："他们都是个子矮小，在保定军校每次演习时，都轮到他们俩共同抬炮架，天生一对，彼此感情很好，结成拜把兄弟。他们之间曾订过什么'金兰谱'，参加结拜的还有周至柔、邹洪、林岳生等共八个人。"这段小的历史插曲，也许在当时还看不出什么，但此后却对罗卓英的一生影响巨大。此后，陈诚逐渐成为蒋介石的心腹，而在蒋介石的军事集团中，有两个重要的派系，即陈诚系和何应钦系，而陈诚是以十一师，及在此基础上后来组建的十八军起家的。"十一"两个字合并起来为"土"，"十八"两个字合并起来为"木"，所以陈诚系也被称为"土木系"。其中，十一师是由原十七军和第一集团军警卫司令部合编而成，陈诚最初任副师长，罗卓英任参谋长；十一师发展壮大后，蒋介石将其扩充为十八军，陈诚任军长，罗卓英任副军长兼十一师师长。从这些可以看出，陈、罗二人关系甚密，而罗卓英之所以能屡获要职，与陈诚的推荐和任用有着密切的关系。总之，罗卓英此后在国民党军中屡次升迁，并成为陈诚的心腹骨干，与这段二人交往的历史有着密切的联系。

保定军校的生活是紧张而又充满朝气的，段德澍曾这样描述那时的罗卓英："转入了保定军官学校，当了军官候补生，这时候有几件事给他以深刻的印象：一、当时的教育长刘竹坡方正严肃，教学生以革命救国的道理和方法……二、五四运动高潮澎湃，保定军校虽是军事学校，受了严格军纪的管束，但学生爱国思想仍是奔放怒腾，三民主义与马克思主义等，在那里形成剧道伏流。他那时即已接受三民主义的理论，发生了信仰，已常与志同道合的同志约在一起，秘密讨论革命救国的方法。三、在校演习卸大炮驮载的时候，因为北方骡马既高且大，他与站在排尾的同学，体高仅及马背，要竖起脚跟，伸直两手，用出全身气力，才能把炮顶上马背，一般同学与教官都觉好笑。在演习野外骑乘时，经过的时间过久，路线又长，北方灰尘特大，亲历了'黄尘没马头'的景象，归来下马，大家脸上都已尘厚盈寸，变成泥塑的活菩萨，同学们取镜互照，禁不住彼此大笑。"

1920 年，北洋军阀直皖两系为争夺对北京政府的控制权，在京津保地区展开了大规模的战争，这就是著名的直皖战争。当时，皖军以西路（北京至保定的京汉铁路沿线）为主攻方向，企图沿京汉铁路南下，首先夺取保定，然后继续南进。直系组织的"讨逆军"以其主力部署在易县、涿州、固安以南一线，抗击皖系进攻。同时，东路皖军在京津方向，向杨村直军阵地发起进攻。直系在奉军的支援下，先后击溃皖军东、西两路的攻势，直、奉两军先头部队开进北京，分别接收了皖军南、北苑营房，并最终控制了北京政府政权。

在直皖战争中，皖军第十五师向直军投降。当时正值保定军校放暑假，军校成为了临时收容营房。因第十五师的军饷拖欠数月，引起了下级军官的不满，发生兵变，愤怒的士兵将保定军校洗劫一空，并放火烧房，这样，军校只好停办。

保定军校的停办，使得罗卓英的军校求学之路再次面临变局，罗卓英带着对时局的失望，带着对未来的迷茫，离开北京，回到了家乡大埔县。

兴学育才植士林

回到家乡的罗卓英，因为有着深厚的学识和开阔的眼界，因此很快便在母校湖山官学谋得了一个任教岗位。

"中国是带着首都被敌人攻占的耻辱进入20世纪的。"邓小平曾这样描述1900年前后中国的历史。八国联军侵华，攻占北京，清政府与之签订《辛丑条约》，并完全成为帝国主义控制中国的工具，中国半殖民地半封建社会形成。面对岌岌可危的局势，清王朝的统治者为了巩固其统治，决定开始变法，推行一系列新政措施。其中在文化教育方面的重要举措是改革学制，主要包括"停科举""设学堂""奖游学"三项内容。1901年，清廷下令从1902年起各省科举要考试能够解说"四书""五经"和论述中国历史、政治及西方政治、艺学的"策论"，废除八股文章；同时还将各省、府、州、县的书院改为大、中、小学堂，学生毕业后可以取得功名。1904年，清廷制定了一套以日本教育为模式的学堂行政管理规章，规定学堂分为初等和高等小学堂、中学堂、高等学堂三级。1905年9月，清廷最终下令从1906年起停止一切科举考试，随后命令各省学政专管学堂事务，并在12月设立学部，延续一千多年的科举制度被废除。

在这一历史背景下，新式学校在全国各地如雨后春笋，蓬勃地发展起来。罗卓英家乡的蓝秀六、吴禹石、罗兰阶等人，也发起兴办了湖山公立高等小学，1908 年奉县教育公会命令，校名改为"官立湖山高等小学堂"，简称"湖山官学"。

"士农工商"形象地反映出当时社会对有知识、有文化人的敬仰，这在传统氛围浓厚的大埔乡间表现得尤为明显。当代学人在《大埔文风盛况与缘由的探索》一文中对此曾有如下形象的描述："在乡间的人，对文章书法泛称为'字墨'，凡是'字墨'较佳的人，只要品德不差，在乡村中必居较高地位。"罗卓英不但国学功底深厚，加之在外求学的经历，使其思想更先人一步。恰在此时，大埔县欲将校产出售，罗卓英等力排众议，最终保护了校产，学校董事会也因此改组。1921 年，年仅二十六岁的罗卓英就被公推为湖山官学的校长，这就为罗卓英施展自己的才华抱负提供了平台。罗卓英担任校长后，尤其重视体育、国文、修身、史地以及其他自然科学的教育，并且强调教学要"文武合一"，不但培养学生的文化素养，同时还要提高他们的身体素质，以达到救国卫民的目的。在罗卓英的一番努力下，湖山官学"气象蓬勃，成绩斐然"。

1921 年秋，保定军校复课，罗卓英辞去校长职务，沿陆路重回保定，以完成学业。途中过黄河时，写下了《北渡黄河》的诗篇："黄河潮连青海源，天孙锦好织中原。长河未洗双雄剑，大地权容一少年。"

1922 年，罗卓英在保定军校炮科第八期毕业。回想数年来师长们的辛劳、同学们的关爱，回想课堂上思想的争锋、闲谈中壮志的抒怀，罗卓英写下了别母校及师友的诗篇："畿南雄镇集英豪，为国储才讲六韬。世正偬张邦杌陧，神州蔽眼战尘高。""良工辛苦适时载，雨露阳和着意培。莫负干霄合抱想，相期都做栋梁材。""二柏参天不计年，凌风犯雪傲寒烟。岳王庙有精忠树，此亦坚贞作后贤。""三载同袍道最亲，今朝分手抗车尘。龙韬须趁风云会，莫遣头颅白发新。"

13

从保定军校毕业后，罗卓英再次回到大埔乡，重新担任湖山官学的校长。如果说，此前他担任校长期间主要的精力是如何搞好学校的内部建设，那么此时的罗卓英关注更多的是如何扩大学校的规模，以培养更多更好的学生。为此，罗卓英专门呈报县府，准予设立初中，定名为"大埔县立湖山初级中学"，并借赖氏宗祠（今大埔县城湖寮镇龙岗村圳下）作为校舍上课。该学校学制定为小学六年，其中初级四年、高级两年。秋季增设初中，招一个班。全校中小学生达三百余人。随着学校规模的扩大，罗卓英还专门增建了一栋西式楼房，他亲自撰联一副：

此地受诸佛禅让而来，儒释同源，敢以古今分畛域

斯楼合众人血汗以筑，尔曹进德，莫将温饱负平生

随着办学规模的扩大，办学经费日益增加。为此，罗卓英在1924年亲赴南洋去筹措办学经费。对于此行的目的，罗卓英曾有诗云："一睨人才耻辈流，此行岂为稻粱谋。故园莫负栽花约，桃李成荫笑语稠。"这生动地体现出他此行不是为了"稻粱谋"，而是为了"桃李成荫"。在新加坡，当地侨民提议将湖山初中扩充，改名为"梅河中学"，并捐款一万六千余元。

罗卓英对中国的海疆注目已久，他尤其对中国的南海十分关注。他曾在一篇回忆文章中这样写道："中国边患，一向多在北方大陆，历代经年出塞诸作，多不胜谈。近代日俄争霸，我国疆土，又为其砧上肉。但自鸦片战争以来，海疆多事，四面受敌，读教科书，始获近代史地新知识，先觉导师，又常以次殖民地国家来唤醒同胞，同时番客回乡，历述白种人之强横压迫，华侨在海外，不啻为无国籍之国民，至此在脑海中始发生海上亦有边患之印象。尤其我国南服各藩属逐次脱辐以后，历史所称中国南海之千里长沙、万里石塘，似已成为我之海上长城，而粤闽侨众所说起洲洋者，即此一海域也。

14

向往之心，自是益殷，常欲探研大海洋中之长沙、石塘至形成与究竟。"

值得一提的是，罗卓英在此期间路过南沙群岛时曾作诗一首："七洲洋里有长沙，俨列礁峰若齿牙。犹是中邦旧领海，多情灵鸟伴星槎。"该诗后的"自注"中说："七洲洋在海南岛之东南，有长沙、石塘等礁。舟行宜慎。相传船过洋中时，辄有箭鸟飞来引导。"罗卓英在《追忆南沙》中曾详细描述了他创作这首诗的背景："民国十三年五月间，我首次去国，乘轮船赴南洋，为我故乡湖山中学募集建校经费。自汕头登轮，经香港南行。某日，在夕阳余晖中，轮过南沙群岛之边缘。海上金光万道，闪耀变幻。此时，我正立甲板上，在遥远处，隐隐可见错综排列于浩瀚大洋的群峰黑点。一时忆及史籍所载千里石塘者，即在是矣。遐想万千，曾即口占一绝，以记其事……史话中传，船过此海域时，常有箭鸟飞来引导，当为季候鸟之一种，舟人识物理而运用之。此虽已为三十多年前的往事，然由今思之，在行舟中所见夕阳映照下的一幅瑰丽雄伟的海山边景，历历如在目前，尤其少年时期所摄取的印象，特别深刻，不易褪色。"

在赴南洋五个多月的时间里，罗卓英筹得了不少办学经费。为此，他作了两首诗描述了筹款归来时的喜悦："瀛海归来造士林，郊迎父老倍关心。捐囊慷慨成功易，胜似兵家报捷音。""五虎山连气势雄，龙潭渊跃起英风。他年广厦千间竣，东箭南金作育工。"带着捐款，带着期盼，罗卓英从南洋返乡后，更加全身心地投入到学校建设中。他一方面继续强化教育，另一方面还聘请人员就新校址制订规划，并举行了全区第一届运动会。湖山中学在罗卓英的努力下，朝气蓬勃，社会各界人士赞赏有加。

1923 年，罗卓英受邹鲁推荐，辞去湖山中学校长一职，开始了从军路。为此他曾写下一首《话别湖山中学员生》的诗篇："桃李门墙水一湾，暂无广厦庇欢颜。三年教学欣相长，他日腾骧忆虎山。

15

事业由来重始基，百人之长亦雄奇。九流子弟堪承教，部勒相将万里驰。"这段办学育人的经历在他的一生中不是短暂的一瞬，后来无论是他在军队中任要职时期，还是回广东主政时期，他都一如既往地关心着当地的教育，并创办了虎山中学，扩建了大埔中学，此为后话。

第二章　迈入军旅展头角

"由中校（中学校长的戏称）降为少校"，丘誉曾这样描述罗卓英投笔从戎的经历。辞去校长职务的罗卓英开始走上从军路，此时的罗卓英年近三十，他在《三十初度》中这样表示平生的志愿："未到中年感已深，几番哀乐几番心。暗惊髀肉垂垂长，忍见顽夷日日侵。万里江山谁做主，满园桃李易成荫。男儿三十疆场去，誓为神州起陆沉。"后来于右任用一句十分贴切的话评价罗卓英军旅生涯："历三万里程，打二百回仗。"进入军队后，罗卓英很快便以其勇猛的作风、卓越的指挥才能脱颖而出，加之陈诚的提拔和重用，罗卓英参加东征北伐，屡立战功，平步青云。

东征北伐立战功

19 世纪 20 年代的中国，风起云涌。

这一时期的中国，可谓波谲云诡，辛亥革命的果实被袁世凯窃取后，由于倒行逆施，最终在内外交困、众叛亲离的情况下，袁世凯在举国的唾骂声中忧惧而死。袁世凯死后，中国并没有迎来安宁与祥和。帝国主义在失去了统治中国的代理人后，又开始寻找和培植各自的侵华代理人。北洋军阀分裂为直皖奉三大派系，其各自在帝国主义的扶植下割据一方，另外还有盘踞在各地的地方军阀，遍布全国。他们为了各自的利益不断征战，在中华大地上上演了一幕幕军阀割据混战的残酷闹剧，使得广大中国人民仍然生活在水深火热之中。

这一时期的中国，也孕育和诞生了新的力量。新文化运动开了思想先河，五四运动激起民众的热情，各种新思潮在华夏大地传播，各种党团相继出现。特别是1921年中国共产党的成立，使得中国革命出现了前所未有的新面貌。

中国共产党成立后，在斗争实践中逐步认识到建立革命统一战线的必要性。1923年6月，中国共产党在广州召开了第三次全国代表大会，确立了革命统一战线的策略方针和共产党员以个人身份加入国民党的方式，这就为国共合作的实现奠定了基础。与此同时，孙中山也在苦苦思考和探索着革命之路，特别是1922年陈炯明的叛变、第二次护法运动失败，使孙中山陷入了极大的苦闷之中，他不得不重新寻找新的革命道路和方法。中共西湖会议结束后，李大钊、陈独秀、林伯渠、马林等分别会见了孙中山，向他说明中国共产党关于实行两党合作，建立革命统一战线的主张，并建议依照民主的原则改组国民党。正处在困境中的孙中山，欣然同意。

1924年1月，中国国民党第一次全国代表大会在广州召开。出席大会的代表共一百六十五人，其中共产党员有李大钊、谭平山、林伯渠、毛泽东、瞿秋白等二十三人。李大钊还被孙中山指定为主席团成员，参与大会的领导工作。大会通过了共产党人起草的以反帝反封建为主要内容的《中国国民党第一次全国代表大会宣言》，正式确定实行联俄、联共、扶助农工的三大政策。中国国民党一大的成功召开，标志着第一次国共合作的正式形成，这就为国民革命高潮的迅猛到来，在政治上、政策上和组织上奠定了基础。

为了建立稳固的政权，孙中山在中国共产党和工农群众的推动下，依靠黄埔学生军，联合工农武装和其他军队，镇压了广州商团的反革命叛乱，使广东革命政权得到初步稳定。国民革命在广东兴起后，国民政府在广州成立，设立军事委员会为最高军事机关。为统一军政领导，于1925年8月编组国民革命军。

在陈诚的引荐下，罗卓英参加了国民革命军，任第一军第一师炮兵营第三连上尉连长。对此，罗卓英还在给丘誉的信中这样表达其乐观主义精神："记得上半年吾弟笑我降级（由中校而少校），今又愈趋愈下矣（上尉）。但思忖位置虽下，而人格则较高，弟意以为如何？"看到挚友陈诚的喜悦，看到革命军的朝气，罗卓英兴奋之余写下《至广州入革命军与辞修同任炮兵连长》一诗："肝胆知交互赏音，虎韬豹略结同心。相期无负平生志，祖剑刘戈共夜沉。"这里的"祖剑刘戈"用的是中国古代"闻鸡起舞"的典故，"祖"是指祖逖，他曾与刘琨同为司州主簿，祖逖善用剑，刘琨喜用戈，"闻鸡起舞"即发生在他们之间。罗卓英正是用这一典故来表明他与陈诚的志同道合。

罗卓英参加国民革命军时，正是国民革命将目标锁定在军阀陈炯明部之时。

陈炯明，字竞存，广东海丰人，曾参加辛亥革命，并被推为广东副都统。1921年，孙中山任命他为陆军总长兼内务部长。但令孙中山没有想到的是陈炯明与湖南督军赵恒惕结为反孙联盟，派人暗杀拥护孙中山的粤军参谋长邓铿，并勾结英帝国主义和直系军阀叛变孙中山。在陈炯明的指挥下，叛军还炮轰总统府，高喊"打死孙文"。后幸亏有宋庆龄等人的掩护，孙中山才得以脱险。1923年，孙中山通电讨陈，粤军第一师、第三师及第四师一部起义响应，陈军迅速土崩瓦解，陈炯明被迫通电下野。1925年，国民革命军发起两次东征，力图剿灭陈炯明的势力。

国民革命军第一次东征，虽然给予陈炯明部以极大打击，但并没有完全歼灭。陈炯明残部洪兆麟、林虎、刘志陆、熊略等率部回攻潮梅地区，并占据潮州。与此同时，驻扎在广州附近的一些部队也与陈炯明勾结，向广州进攻。为了消灭叛军、统一广东，国民革命军进行了第二次东征，以蒋介石为东征总指挥，周恩来担任东征军总政治部主任。刚刚加入国民革命军不久的罗卓英，正好赶上了第二次东征。即将奔赴战场的罗卓英，心潮澎湃，写下了《东征四首》："救民水火有三军，挞伐斯张布檄文。怒指严城攻即克，声威从此壮风云。""罗浮山似大将军，领袖群峰结阵云。十万貔貅供叱咤，东来灵雨扫祲氛。""军行民仰学生军，三不先声远近闻。只为来苏瞻望切，壶箪夹道迎纷纷。""我师贞吉气氤氲，无敌允称常胜军。犹有倒悬民未解，中原翘首望南云。"

很快，东征部队就进抵惠州。惠州战役，是这次东征具有决定意义的战役。为了拿下惠州，国民革命军进行了充分的军事部署，其中规定：第一纵队先以攻略惠州为目的，沿东江右岸由乡水、博罗之线前进；第二纵队协同第一纵队沿东江左岸进至淡水、马鞍一线，使第一纵队作战容易；第三纵队随同第一纵队向博罗附近前进，以资策应。

惠州地势险要，被当时的人称为"南方第一坚城"，在第一次东征时期，滇桂联军就无法攻克此城。陈诚对此曾回忆说："惠州襟江带湖，三面环水，附郭之处，泥深没胫，舟不能近，仅有北面接连山地，险隘异常。自唐以来，历经战事，未尝失守。旧志述其形势云：'铁链锁孤舟，飞鹅水上浮。任凭天下乱，此处永无忧。'可见此城易守难攻情形为如何了。"此外，惠州的城防也十分坚固，惠州城的指挥官名叫杨坤如，他将部队分为四个旅，其中两个旅两千多人用于固守惠州城，其余一个旅留守惠阳，另外一个旅驻守惠州与惠阳之间。另有叛军三千人配合，驻守在东门外水井街一带。杨坤如命令部下利用有利地形构筑工事，并用铁网尖钉、沙包竹栅等覆盖其上，并将各城门用大石头封死，只留一个东门开放。可以说，惠州城大有一夫当关，万夫莫开之势。

敌人在惠州城凭借险峻的地形和坚固的城防负隅顽抗，东征部队接连几次进攻都以失败而告终。要想拿下惠州城，光凭步兵的冲锋是不够的，必须以重火力实施远程打击，摧毁敌军工事，才能为步兵撕开一道口子。

此时的陈诚任炮兵指挥兼炮兵营长及野炮连连长，罗卓英任炮兵连连长。在此前的第一次东征中，特别是棉湖战役中，陈诚已经表现出了卓越的军事素质，何应钦曾对此回忆说："棉湖之役在今天看起来是一个很小规模的战斗，但在当时却是吃力的一战。那时的炮兵不像现在有马匹或车辆拉拽，那时的炮，要由人扛抬。在那种艰难的情况下，身为连长的陈辞修，不论步兵行军多么快，他总是使他的炮兵跟得上，每次都能完成任务。虽然炮弹有限，但他弹无虚发，对促使这一战役的胜利可以说是最有功劳的人之一。那时我就看出他是一个勇敢沉着的人。"而在惠州之役中，罗卓英的表现也可与陈诚媲美，他靠近指挥，发现敌军利用城楼来观察和指挥打击东征军的攻势，于是他亲自指挥炮兵，轰毁了敌军的城楼。与此同时，陈诚也指挥炮兵对防守敌军进行猛烈炮击。这就为攻城部队扫清了前进中的障碍，敌军眼看大势已去，不得不弃城出逃。于是，罗卓英随队由河婆入揭阳等地，东江各名城次第收复。由于在此次惠州之役中的突出表现，罗卓英战后升任炮兵营副营长，而陈诚则升迁为炮兵营营长，后在 1926 年 5 月，兼任黄埔军校炮兵科科长。

经过东征讨伐军阀陈炯明部，平定滇桂军阀杨希闵等叛乱，以及南征讨伐军阀邓本殷部等一系列军事行动，国民革命军全部肃清了广东境内的军阀势力，广东全省获得了统一。这就为进行北伐战争，准备了可靠的基础。

1926 年 7 月，国民政府兴师北伐。北伐战争的对象主要是北洋军阀。当时，北洋军阀主要有三股比较大的势力：一是直系吴佩孚，主要盘踞在湖南及沿京汉铁路的湖北、河南、河北南部等地，有军队二十万人；二是皖系孙传芳，占据江苏、安徽、浙江、福建、江西五省，有军队二十万人；三是奉系张作霖，主要盘踞在东北各省、津浦铁路北段及京津一带，有军队三十五万人。7月1日，广东革命政府发表《北伐宣言》。9日，国民革命军正式誓师北伐。罗卓英对北伐翘首以待，当他得知这一确切消息后，欣喜之下写出了《七月九日国民革命军北伐誓师》："七月西流火，方兴北伐师。阵行允济济，抚驭众熙熙。六合风云会，三民雨露滋。元戎今一怒，荡秽有宏施。"

北伐战争开始后，为了防止北洋军由闽南进粤东，蒋介石指派第一军军长何应钦留守广东。这样，罗卓英所在之第一师作为总预备队就留在了广东。

8月，当叶挺独立团与吴佩孚的主力在丁泗桥、贺胜桥激战之时，自称浙闽苏皖赣五省联军总司令的孙传芳，亲率主力赴江西，并电令闽督周荫仁袭扰广东，以乱北伐军的后院。10月，罗卓英调到第一军第十四师，任炮兵营营长。面对大敌压境，何应钦决定率第一军入闽，击溃周荫仁部。何应钦为此还专门电告蒋介石，列出数条作战优势，其中称："我北伐军所到，势如破竹，为敌与我作战之初步试验，即闽君之观望者，亦因此而决其来归之决心。且闽境民军，屡思乘机而发，故第一次与敌接触，我果能于短少时间击破之，则此后敌必望风奔溃，民军乘之，解决闽局，必收事半功倍之效。"于是，罗卓英也就随何应钦入闽参加作战。在松口战役中，罗卓英指挥炮兵猛击敌军阵地，取得很大战果。而松口战役，以及之前的永定之役，使得闽敌扰粤计划彻底破产，广东革命根据地已无后顾之忧。后罗卓英随部北上入浙，战孙传芳军。在这些作战中，罗卓英的军事指挥才能开始得以展现，并得到不少人的认同。

1927 年，蒋介石发动"四一二"反革命政变，第二十一师师长严重决心摆脱军旅生涯，一再向蒋介石恳辞师长职务，第六十三团团长陈诚接任师长。陈诚成为师长后，为了培植自己的班底，要求罗卓英到第二十一师，任参谋处长。5 月，全师渡江追击孙传芳军，7 月底 8 月初，罗卓英又随同陈诚率部回师参加异常艰苦的龙潭之役。黄埔三期出身的刘安祺曾回忆说："龙潭一仗是我平生经历的最大、最激烈的场面，那真是尸堆如山、血流成河！"在龙潭一役中，罗卓英率领部下英勇作战，更加得到陈诚的器重。

北伐结束后，蒋介石着手整编全国军队，将第一集团军各军整编为六个师，陈诚所部与曹万顺第十七军合编为陆军第十一师，曹、陈分任正副师长。陈诚接任副师长后，邀请罗卓英为参谋长。同时，为了培植自己的班底，陈诚还大力使用黄埔军校的同学。陈诚曾向曹万顺建议："委员长最喜爱黄埔同学，你要得到委员长的欢心，就得多用黄埔同学。这个师要整训得好，就要拉一批黄埔同学任连排长，你看如何？"结果曹万顺对此不置可否。陈诚见曹万顺没有明确反对，于是找来了不少黄埔同学参加部队整训，基本上是一、二期用为旅、团长，三、四期用为营、连长，这让曹万顺十分不满。蒋介石知道这一情况后，就电令曹万顺来京，开门见山地说："我这里需要你来帮忙，十一师就交给陈诚去办。"于是，陈诚就对十一师的军官进行了大洗牌，基本上任用的是黄埔军校的同学。在这一背景下，罗卓英顺理成章地成为了该师第三十三旅旅长，不久升任副师长，使十一师成为蒋介石的亲信队伍。

在此期间，罗卓英协助陈诚对部队进行整训。罗卓英要求官佐善待士兵，他常对各部队长说："你们身为部队长，应该以作之君、作之师、作之亲之态度，来领导部下。如发现某人有过失时，更应该效法古人'扬善公庭，规劝私室'之待人方法，使其知耻改过，徒以高压作风，以力服人，乃不智之举。"罗卓英还十分注重部队的管理，常说"成功两句话，打仗不怕死，做事不贪财"，"军人事业在战场，军人功罪亦在战场"。与陈诚不同的是，罗卓英做人比较随和，因此深受官兵爱戴，十八军最后一任军长杨伯涛曾回忆说："陈诚对部属专断异常，而罗卓英则居间转圜，所以该部的人有事不直接报告陈诚，而先报告罗卓英，只有罗卓英出面，事情才有改变的可能。罗卓英多谋寡断，最喜欢和部属攀谈、通信，常让部属畅所欲言，从不当面给人难堪。在作战时，罗往往过多考虑别人意见，因而动摇决心，对于不贯彻执行命令的也不追究。"

在这一过程中，罗卓英和陈诚的关系更为贴近。罗卓英对陈诚的个性也十分了解。罗百先对二人的关系回忆说："陈诚权力心极重。罗卓英善于揣摩陈诚的心理，投他所好，也很了解他的个性为人，所以他能够跟陈诚水涨船高，一帆风顺，步步高升。当罗卓英做第五军军长不久，在宜黄被红军打败，病在南昌一间法国医院满腹牢骚时，曾对我说过这样一段话：'陈辞修（陈诚字辞修）这个人，要懂得他的特性，把他捧得过高，有时会被他看不起；当然不能看他不起，引起反感。对陈诚的态度，要不卑不亢，他要人奉承，但不要过分，要在不即不离、又即又离之间，恰如其分，不要失自己的身份地位和自尊心。如果对他一味奉承巴结，有时会拍马拍在屁股上，不但不讨好，反而会吃他的"熊掌"或者"火腿"。'罗又说道：'陈诚对待下属，十分粗暴，开口骂人，动手打人，如果他额筋浮现起来，耳朵红了起来，动不动就要杀人。'他与陈诚共事多年，深深懂得他的脾气、为人的特性，当他不高兴发脾气时，最好不去接触他，否则凶多吉少；等他性情平息下来，再去接近他，那就什么话都讲得来，也听得进去。他与陈诚之间的关系，据他说，陈诚是以威服人，他是用慈来感化人，他们之间，恰恰刚柔相济，所以很合得来。罗卓英后来用'慈威'这个名字，是有原因的。罗卓英还说道：'陈辞修这个人，不管你跟他历史多长，要让你有钱，是不会有的，给你高官做那很容易，他可以在蒋介石面前吹嘘你，保荐你。因为怕你有了钱后，就不跟他做事，不为他用，离开了他。给你高官做，他认为可以扩充他的势力范围，他的本钱就更雄厚。这是陈诚驾驭部属、奴役人才的手法。'"

随着第十一师的战斗力不断提高，它也在蒋介石战胜各反对派的战斗中屡立战功。1930年的中原大战中，罗卓英协同陈诚指挥第十一师全力以赴，先沿陇海路攻击前进，次第攻占马牧集、朱集站和归德，继占宁陵、睢宁等地；7月，又快速赴援曲阜，并与友军合力攻占济南；10月，攻占郑州城。大战结束后，陈诚升任第十八军军长，罗卓英任军参谋长。翌年1月任第十一师代师长，几个月后被任命为师长。在这一过程中，罗卓英、陈诚利用各种手段不断扩充自己的势力。罗百先回忆说："1930年，第十一师参加蒋冯阎战争，由兰考、开封一直进驻郑州，为蒋介石对冯阎战争的主力部队，罗卓英、陈诚为蒋介石打败冯、阎十分卖力。战争结束后，第十一师调防湖南岳阳一带整编。当时驻防在岳阳一带的还有一个张治中的第十四师。陈诚、罗卓英说张治中是一个专打败仗的将军，在蒋介石的授意下，陈诚、罗卓英制造口实把张治中挤跑，又把第十四师弄在手里，以罗卓英为第十一师师长，周至柔为第十四师师长，陈诚就做了第十八军军长。在第十八军中，有两个派别，罗卓英是两广派，周至柔是江浙派，两派之间暗中倾轧，抢夺势力，结果，罗卓英占了上风，周至柔只好以出洋考察空军名义，由蒋介石给钱出国。第十四师师长由霍揆彰（黄埔一期生，湖南人）升任，罗卓英升任第十八军副军长仍兼第十一师师长。"

"围剿"红军的败军败笔

江西省的中南部，是一片绵亘不绝、层峦叠嶂的崇山峻岭。巍峨的武夷山脉和青翠秀丽的南岭在这里纵横交会。水深流急的赣江

25

和抚河纵贯全境，形成了一个巨大的"人"字。由于地势险峻，交通闭塞，这块广袤的土地历来显得格外神秘。自从1929年2月，毛泽东、朱德、彭德怀等率红军来到赣南后，这片沉睡了多年的穷乡僻壤，发生了翻天覆地的变化：红色的苏维埃政府取代了旧官僚机构；平时作威作福的老爷们被打倒了；终年辛勤耕耘却不得温饱的穷老表们，分到了田地、房屋，实现了以前想都不敢想的梦想。"不周山下红旗乱"，在千百万农民的拥护下，这片土地成为了共产党的"家"。

土地革命的滚滚风雷，给神州大地带来了强烈的震撼。赣南，立即成为了中国政治地图上的热点。在蒋介石等人的眼中，这片红色区域是心腹大患，必欲除之而后快。1930年秋和1931年春，蒋介石挟中原大战胜利之余威，对赣南苏区进行了两次大规模"围剿"，结果不仅没消灭红军，反倒被打得落花流水。

1931年6月，在经历前两次"围剿"失败后，蒋介石亲赴南昌，部署对中央苏区的第三次"围剿"，并制订了第三次"围剿"的作战方针："厚集兵力，分路围攻，长驱直入，先求击破红军主力，捣毁红军根据地，然后再逐渐清剿。"为了厚集兵力，蒋介石调来了他的嫡系部队五个师，分别是：第十四师（师长陈诚）、第十一师（师长罗卓英）、第六师（师长赵观涛）、第九师（师长蒋鼎文）、第十师（师长卫立煌）。这五个师，全部是蒋介石黄埔起家的老本，可见其决心之大。

罗卓英率第十一师编属陈诚"第二路进击军"，参加第三次"围剿"中央苏区的战事。此时的第十一师，下辖第三十一旅张鼎铭部、第三十二旅萧乾部、独立旅霍揆彰部，以及师直属部队，全师约两万两千人，可谓是兵强马壮。罗卓英带兵很注重抓紧时间进行休整、训练，并对官兵灌输忠于蒋介石和陈诚的思想。在他的严格整训之下，第十一师成了蒋介石嫡系中的一支主力部队。

第十一师于 7 月次第攻占黎川、广昌、雯都后，又奔赣江，企图寻找红军主力决战，但被红军声东击西的战术拖得精疲力竭。

1931 年 8 月 13 日，第十一师向君埠开进，追击红军。在路过空坑时，受到了农民赤卫队和项英率领的一支红军的猛烈袭击。其后卫部队被打了个稀巴烂。当师长罗卓英率领一个主力团匆匆赶来后，却又找不到红军的踪迹，只听见四面山头到处都是"叭、叭、呼、呼"的冷枪声，第十一师下属的各部队中，伤亡人数不断增加。罗卓英气得七窍生烟，命令各部队反击，机枪、迫击炮对着周围山头胡乱猛射了一阵。

在随后的几天中，红军、游击队、赤卫军仍然不断袭扰第十一师，而红军主力却又不知藏在哪里，罗卓英心中十分恼火。8 月 18 日，罗卓英率部来到寒下，发现附近山头又有人影出没，他不问青红皂白，命令士兵将几个山头团团围住，乘东南风起纵火烧山。一时间，浓烟滚滚，烈焰腾空，从山上逃下来的，不分男女老幼一律枪杀。一大批无辜百姓就这样死于非命，成了罗卓英手下的冤魂。第十八军也为自己留下了一个罪恶的、可耻的"战绩"。

罗卓英参加的第三次"围剿"，自 7 月 1 日起，迄于 9 月 15 日，历时两个多月，不仅没能消灭红军主力，相反损失颇重，当时，第十八军中流行疟疾、痢疾，真是"胖的拖瘦，瘦的拖病，病的拖死"。

不过，尽管此次"剿共"作战，第十八军没能和红军打一次大仗，但它也不是一无所获。在这次"围剿"结束时，它趁火打劫，捞到了一大笔意外之"财"。

罗卓英自"围剿"以来屡战屡败，毫无建树。但是，他却有另外一手本领，即借"围剿"之机，吞并杂牌军。例如，韩德勤的第五十二师被红军重创后，其残部即被罗吞并；郭华宗的第四十三师在与罗部一起开往吉安的途中，被突然包围缴械；川军张英第五十

27

九师在被红军包围之际，罗卓英部与第十四师又借增援为名，将其收编。

经过一番巧取豪夺，第十八军由"围剿"前的两个师一个旅，发展到了下辖五个师二十九个团，成为了一个"超级军"。罗卓英也由于"整军经武，屡建殊勋"，被提升为第十八军副军长。

赣州是赣南经济、政治和军事中心，地位十分重要。赣州城地处赣江上游章、贡两水汇合点，三面环水，城高且固，易守难攻，素有"铁赣州"之称。

驻守赣州的国民党军为江西绥靖公署主任朱绍良直接指挥的第十二师第三十四旅马崑部（辖两个团及一个独立连）共三千余人。另有赣南十七县地主武装十七个大队共五千余人。此外，在赣州以北吉安、安福、峡江地区有蒋介石嫡系部队第十八军第十一、第十四、第四十三、第五十二师等部；在赣州以南赣粤边境地区有粤军余汉谋部十多个团。赣州一旦遭到攻击，蒋、粤两军均可随时增援。

1932 年初，在王明"左"倾冒险主义路线指导下，中央红军主力开始主动出击，向国民党占领的一些大、中城市发起进攻。

根据中共临时中央 1931 年 12 月 6 日"首取赣州，迫吉安"的指令，苏区中央局于 1932 年 1 月在瑞金召开会议讨论攻打赣州的问题。会上，毛泽东提出赣州是敌人必守的坚固城市，红军技术装备差，很可能久攻不克，于我不利，反对打这一仗。但是，苏区中央局和中革军委的多数人主张依照中共临时中央的决议和指示，坚持攻打赣州。

1932 年 1 月 10 日，中革军委下达了攻取赣州的军事训令，规定中央红军"坚决地取得苏区邻近较大城市——赣州"，"造成以赣州为中心，联系到湘赣、闽赣的广大版图进而威胁吉安向北发展，使革命发展更迫近夺取一省和数省首先胜利"。其部署是：红三军团并指挥红七军和红四军为主作战军，彭德怀为前敌总指挥。江西军区和闽西军区共六个独立师为支作战军，陈毅为总指挥，以游击战争配合主作战军行动。此外，红三、红十二、红十六军和红五军团牵制敌军和担任机动任务。

1月中下旬，红三军团和红四军分别由会昌和石城地区向赣州地区开进。红军进抵赣州地区后，敌军拆毁外围工事，撤兵进城，以集中兵力，缩短阵线，固守待援。

红军苦战一个月，连续四次攻城，都未成功，且伤亡较大。红军第三军团在围攻赣州中，挖坑道至城墙脚，用棺材装炸药轰城，城墙崩塌二十余丈，马崑旅处境非常困难，大有破城的可能。

正在此时，蒋介石令第十八军星夜兼程由吉安前往救援，以解赣州之围。当时，正值"一·二八"事变，第十九路军奋勇抗击日军之时，到底是东调淞沪，还是先解赣州之围？陈诚拿不定主意，请示蒋介石，得到的回答是"相机处理"。陈诚后来回忆说："照人情讲，当时多数官兵的心理，哪一个不愿意到淞沪，既可做民族英雄，又可获得较好的给养，但如果一开拔，共匪要立刻进占赣州，江西剿匪形势立刻发生动摇，所以我当时召集一个全体官长会议，凡是校官以上阶级，一律参加，一切由会议决定进止。后来这个会议反复讨论，决定先确保赣州，所以当时凭借几天的粮，一鼓气便把赣州附近的匪肃清了。"陈诚因事留南京未归，即由第十一师师长罗卓英代理，率领第十一、第十四师共四个旅十二个团约两万人增援赣州。在陈诚、罗卓英等人看来，这正是报仇雪耻的好机会。上一次"围剿"，第十八军非但没有找到红军主力，反而被红军拖着"游山玩水"，搞了趟"武装大游行"，结果是"肥的拖瘦，瘦的拖病"，糊里糊涂就失败了。这一次好不容易逮住了红军主力，还不玩命干吗。

1932年3月初，第十一、第十四师全体到达赣州河西后，罗卓英即决定亲率第十一师由河北渡河进城，准备从城内向城外出击；

以第十四师第八十四团在河西向唐江方向占领阵地，并筑工事，以防红军第一军团来袭，而掩护第十一师的作战。但第十一师渡江进城既无桥梁，又缺少渡船。同时，受红军火力的控制，白日不能行动，似此渡河本属难事，终因河道不宽，工兵强架轻便浮桥成功，一夜之间即渡河完毕。在渡河时，红军发觉，用机枪扫射，又从上游放火船烧桥，以期阻挠渡江。由于第十四师第四十旅沿河防守部队用强大的火力压制红军火力，并击沉火船，以致第十一师渡河未受影响，而达到完成渡河任务，这是出乎红军意料的事。第十一师进城后，罗卓英暗由城脚挖地道数条。时经三个黑夜，将地道挖成后，又在出口处留很薄的土层，待部队出城时才行打通。

3月7日凌晨2时，罗卓英派出夜袭部队，分别从地道出城，以偷袭手段，忽向红军猛攻，使红军措手不及。与此同时，部署在双佛岭地区待机之第十一师第六十二团由杨梅强渡章水，从侧后配合城内出击部队向红军实行夹击。这次，罗卓英使用第十一师全师六个团的兵力为出击部队，并调第十四师第八十四团进城做预备队，待第十一师出城后，又派部队将地道严守，只准出城，不准进城，谋求背城一战。红军攻城部队由于久屯城下，十分疲劳；且因注意力集中于各城门处，对敌人由坑道和侧后的突然袭击缺乏警惕，一时处于被动，遭到严重伤亡。在此危急时刻，红一师政治委员黄克诚挺身而出，组织部队反击。特别是红五军团第十三军及时驰援，掩护攻城部队撤退。第十一师虽费了不少时间，结果只俘虏红军官兵五百余人。当红军撤走时，罗卓英又派第十一师胡启儒团及第十四师第七四九团尾追，终未追上，就连红军主力的去向也不知晓。赣州解围战遂告结束。陈诚、罗卓英等受到了蒋介石的嘉奖。

此次赣州战役，红军不仅未能攻克赣州，反而付出了惨重的代价。这是王明"左"倾冒险主义路线造成的恶果。罗卓英指挥的第十八军表现出了很强的战斗力，从此成为了中央红军的冤家对头。

国民党军第一、第二、第三次"围剿"一败再败，被红军打得晕头转向，蒋介石尤其对老百姓拥护共产党，对国民党军坚壁清野；对红军踊跃参军、后勤支援那种鱼水相洽的关系，恨得要命。于是蒋介石提出了"三分军事，七分政治"的口号，幻想"攻心为上"。

1932 年 5 月，蒋介石亲自兼任豫鄂皖三省"剿共"总司令，组织发动对鄂豫皖、湘鄂西两苏区和红军的第四次"围剿"。蒋介石、何应钦的计划是"期以军政并进，逐步清剿；先求各区散匪之肃清，再对赣南匪巢发动第四次围剿"。

1932 年 10 月，国民党军在鄂豫皖和湘鄂西大规模"围剿"基本结束后，立即由这些地区抽调部队至江西，部署对中央苏区的"围剿"。12 月下旬，何应钦采取"三路分途向匪巢进剿，主力集中于中路，包围匪军主力于黎川附近地区一举而歼灭之"的作战方针，即"分进合击"之法，对中央苏区实行第四次"围剿"。其部署是：以蒋介石嫡系部队为主的十二个师七十个团约十六万人组成中路军，由第十八军军长陈诚指挥，担负"主剿"任务，寻求红军主力决战；由蔡廷锴指挥的第十九路军等部共六个师一个旅组成左路军；由余汉谋指挥的粤军共六个师一个旅组成右路军。左右两军分别在闽西和赣粤边境地区担任策应。另有第三、第四航空队以南昌为基地，支援地面部队作战。

一张严严实实的铁网正张开血盆大口，罩向中央苏区。

陈诚按照上述部署，将中路军的十二个师组成三个纵队。罗卓英此时已升任第五军军长，他被陈诚委以重任，担任第一纵队纵队长，下辖第十一、第五十二、第五十九师，在宜黄南部地区集中，向广昌方向进攻；第二纵队由第四军军长吴奇伟指挥，在抚州以南地区集中，侧击黎川；第三纵队由第八军军长赵观涛指挥，在金溪地区集中，向黎川正面进攻。

1933 年 1 月底，蒋介石亲至南昌坐镇，组织指挥这次"围剿"，企图一举肃清"中心区域的匪患"。蒋介石曾在他的日记中透露，"剿除长江流域之赤匪，特别是肃清赣匪，是深思熟虑经千百回而决定之方针"。为此，他亲自兼任江西"剿共"总司令。

红军方面：自粉碎第三次"围剿"取得辉煌胜利后，红军和苏区有了很大的发展，以广昌、宁都、瑞金为根据地，向四周扩展。红一方面军已发展到三个军团、四个军和若干独立师、团，共约七万人，而且军队素质有了提高，装备得到改善。但是，中共临时中央进入苏区后，加紧推行军事冒险主义，给红军反"围剿"准备增加了许多困难。

1933年2月，红军第一、第三、第五军团在中共临时中央的强令下，向南丰发起围攻。陈诚以南丰地居要冲，决心固守，连忙调兵遣将，兼程赴援。强攻不下，红军遂主动撤围。

陈诚对于红军情况虽竭尽手段进行侦察，但所获甚少，以为红军主力退向黎川，一部退向广昌。陈诚为寻求红军主力决战，决定以第一纵队于宜黄以南地区集中，然后出广昌、宁都，堵截红军归路；第二纵队、第三纵队则取分进合击之势，向黎川进军。

此时的罗卓英，刚刚由第十八军副军长升任第五军军长，军指挥机构还没来得及成立。下辖的第十一师驻临川附近，而其第五十二、第五十九师远在安福、吉安一代，还隔一道赣江，需做数百里的长途行军，才能到达宜黄、乐安间的战略展开位置。为了保守秘密，有人建议应该绕道，经白区安全地带再向属于苏区的黄陂开进。但罗卓英和陈诚一商量，认为此地无敌情，为加快进军速度，随即命令二师取捷径经吉安、永丰到达乐安，再由乐安东进黄陂同第十一师会合，向广昌、宁都进攻。2月24日，罗卓英下达攻击命令：

一、本纵队决心全力攻击包围南丰"匪军"之侧背，以解南丰友军之围，并会合由南城南进之第二纵队歼匪于南丰、广昌之间。

二、着第五十二师师长李明率该师经蛟湖向黄陂附近集中，第五十九师经霍源向河口附近集中，以备编入本纵队序列参加作战。

三、余亲率第十一师经宜黄向黄陂集中。

四、各部队于 26 日开始行动，限 28 日到达目的地，俟全纵队集中后，再行统一攻击部署。

五、各部队沿途严密搜索警戒，并以无线电与本部保持联络。

罗卓英却万万没想到，这一冒进乃犯了轻敌的兵家大忌，遂致灭顶之灾。

红军得知情报后，认定罗卓英所率第一纵队"是对我军最危险之一个纵队"，同时第一纵队与第二、第三纵队相距较远，态势孤立，其第五十二、五十九师由乐安向黄陂开进，穿行于崇山峻岭之间，山林茂密，行动不便，联络、协同困难，决心采取集中兵力各个击破的方针，选择有利地形，以伏击战法，首先歼灭第五十二师和第五十九师，而后相机歼灭其他各路敌军。

2 月 26 日，国民党军第五十二、五十九师由乐安分两路东进。第五十二师为右纵队，第五十九师为左纵队，平行前进，两师相距约三十里，但中间都是高山峻岭，联系不便。加之当时细雨蒙蒙，云遮雾罩，十米以外人物难辨，天时、地利均不利。

27 日，第五十二师先头部队抵达蛟湖。蛟湖位于高山之鞍部，西上五里东下八里，南北两侧都是高山，是伏击战的好地形。由于山路崎岖，国民党军都是单行行进，首尾拉得很长。这时，红军主力早已占领侧面阵地，向该师发起伏击。在初接触时，师长李明还以为是苏区赤卫队的小规模骚扰，但瞬间红军就以泰山压顶之势展

33

开猛攻，国民党军仓皇应战，由于情况不明，联络被切断，完全陷入被动挨打的境地中。经过三个小时的激烈战斗，该师大部被歼，师长李明重伤被俘，不久毙命。

第五十九师的下场也好不到哪里。该师于 26 日出发为左翼纵队，经乐安、霍源，向黄陂前进。行进途中，忽听西侧有枪炮声，认为是第五十二师在做实弹演习，仍然继续前进。直到下午 2 时许，先头部队与红军交上了火，师长陈时骥才知道遇上红军主力了。由于对第五十二师情况不明，陈时骥遂决定占领既有阵地，固守待援。28 日凌晨，始发现西、北方向也有强大的红军部队，第五十九师已经四面被围。

红军于上午 8 时，展开全面进攻，前仆后继，英勇异常。霍源以北第五十九师师部所在阵地被红军突破，师长陈时骥见败局已定，率残部向蛟湖方向逃窜，并给李明写了一封乞援信，信中写道："文献兄：弟无能，于本日午后一时失利，现部队已溃散，弟仅率士兵数十人在距蛟湖七八里之山庄中，请迅速援助为盼。"殊不知，他心目中的援军也已被击垮了。此信后被红军缴获，登于《红色中华》，传为笑料。后来陈时骥逃至登仙桥附近时，被红一军团俘获。据红一军团政委聂荣臻回忆："在围歼国民党军第五十九师主力后，最后清查俘虏时，没有发现敌人的第五十九师师长。我们知道，五十九师师长叫陈时骥，是个麻子。于是发动部队继续搜查。后来军团部电台班上山砍树回来，架天线的同志告诉我，他们抓住了一个俘虏，是个当官的。我问脸上有没有麻子，说是有，就这样把他从俘虏中清查出来了。"

出师不利，还未找到红军主力，倒被红军打了个措手不及，两天之内，白白地损失了两个师。第五十二师、第五十九师部队乃是陈诚、罗卓英在 1932 年费了一年心血，由杂牌部队兼并过来的，并在干部、装备等方面下了不少功夫，如今却毁于一旦，这让国民党军各部队大为震惊，军心动摇，人人自危。尤以第十八军还是江西"围剿"军中的一张王牌。据说陈诚曾向蒋介石说过"包打"的狂妄豪语。两师被歼，使陈诚骑虎难下，更让罗卓英感到自责。陈诚禀性倔强不甘心失败，为掩饰败绩表示尚有力量，以免被蒋介石责怪，他又积极调整部署，力求找到红军主力决战。此时，第十一师以师长萧乾为代表，认为李、陈二师被歼，是第十八军的奇耻大辱。第十一师于赣州解围时，与红军主力曾有过交手，未尝败绩，以此骄傲自满，颇为狂妄自信，轻视红军。从3月初起，国民党军在山里转了十余天，始终未觅得红军主力，反倒累得人困马乏。3月中旬，陈诚将分进合击的作战方针改为中间突破，并重新调整部署：改以第二纵队为前纵队，第一纵队加强第三纵队之第五、第九师为后纵队，前后两个纵队交互掩护向广昌方向进攻，寻求红军主力作战，以求报仇雪耻。

为分散敌人，创造战机，红军采取大踏步的运动战，以第十一军进至广昌西北地区，积极活动，吸引敌前纵队加速前进，以拉开前后两个纵队之间的距离。这一招颇为奏效，陈诚误以为红军主力已出现，便急不可耐地催促前纵队加速向广昌前进。

此时，红一方面军经过休整补充，士气旺盛，主力进至草台岗、徐庄地区隐蔽待机。这一带群山环抱，峰峦起伏，丛林茂密，道路崎岖，国民党军的重装备难以发挥威力，飞机难以空中支援，而装备轻便和擅长山地运动战的红军，却易于发挥优长。这里，是红军的预设战场，有较好的人民条件。这时，敌前纵队已进至甘竹、罗坊一带，后纵队第十一师进至草台岗、徐庄地区，前后两个纵队相距将近五十公里，后纵队态势孤立，力量又比较薄弱，战机顿现。

红一方面军决心抓住此一有利战机，以红五军团、第十二军为右翼，插入国民党军前后纵队之间，由东向西进攻；红一、红三军团等为左翼，由西向东进攻，红二十二军为总预备队。"于21日拂晓，采取迅雷手段干脆消灭草台岗、徐庄附近之一师，然后再突击东陂、五里牌之敌。"不知不觉中，罗卓英指挥的后纵队已经完全落入了红军两支强大攻击部队的铁钳夹击之中。

3月20日，第十一师由黄陂经东陂南下，下午2时许，其前卫部队与红军接触，红军节节抵抗，迟滞其行动，到黄昏时，第十一师方才全部到达草台岗附近。师长萧乾是毕业于黄埔一期的高才生，为人性情刚烈，争强好胜，曾与红军交手多次，从未有过败绩，因此他并不把红军放在眼里，他坚信他的第十一师是十八军的精华，是王中之王，不可战胜。鉴于天色阴暗，地形复杂，决定就地露营，次日前进。但由于行军疲惫，未能周密侦察地形，适当配置兵力，也未构筑坚固工事。

同日下午，罗卓英率第五十九师之第一七五旅到达东陂以北之五里牌。在对红军俘虏的问话中得知，红一方面军已全部集中到附近地区，准备要打第十一师。这一极重要的情况，迟至半夜才报告到师部，师长萧乾通过电话报告罗卓英以上情况，罗卓英隐隐觉得不安起来，也许是长期从事参谋工作的原因，罗卓英养成了勤于思考、谨慎小心的性格。他将这几天的战场情况反反复复在头脑中分析着，思考着，他认为当前红军部队对第十一师保持有秩序的接触，似在侦察该师主力的到来情况，次日将有大战，而草台岗附近地形于防守不利，不可久待。他打算让第十一师连夜撤回五里牌，红军若部署攻击东陂第九师，该师已在四周山上筑有工事，可以固守待援。第十一师尚可及时出击，打一歼灭战。想到此，罗卓英迅速命令第十一师行李辎重留在五里牌，不必前进，然后在电话中指示萧乾："第十一师立即撤退至东陂，看情况再说。"但萧乾却认为夜间撤退将增加部队疲劳，又顾虑撤退会影响士气，以为要找红军却找不到，现在红军既然来了，就应该同他拼一拼。并说在草台岗打也有把握，妄想打胜仗出风头，不肯照罗卓英的计划办。谁让他是黄

36

埔一期呢，罗卓英虽是他的上级，但也拿他没办法。何况罗卓英性格温和敦厚，在作战时，他往往过多考虑别人意见，因而动摇决心，对于不贯彻执行命令的也不追究。这次也不例外。罗卓英只好指示李延年之第九师做好策应第十一师准备，并掩护其后方。

红军抓住罗卓英部队摆出的一字长蛇阵的弱点，决定拦腰截击其嫡系主力第十一师。周恩来、朱德联名向红军各部队发布命令："我军拟于21日拂晓，采取迅雷手段，干脆消灭草台岗、徐庄附近之十一师，再突击东陂、五里牌之敌。"

21日凌晨，红三军团首先发起攻击。第一师主力在迫击炮掩护下向霹雳山发起猛烈攻击，中午即占领霹雳山这一瞰制整个阵地的制高点。

在西北面的红一军团攻势猛烈，以波浪式队形反复冲击，一波被击退，二波又来，又被击退，三波又来，后续不断。

国民党军虽顽强抵抗，但红军的攻势更为英勇凌厉。带有浓厚书生气、外柔内刚的第十一师三十二旅旅长黄维，在这场恶战中，充分显示了他勇猛顽强、坚忍不拔的性格特征。他指挥第三十二旅，死守阵地。在激战中，他穿着草鞋的脚板被扎穿，他就坐在地上指挥，一直打到黄昏，他眼见大势已去，才下令突围。由于他表现突出，被陈诚提拔为第十一师副师长。

第十一师师部被打掉，师长萧乾被击伤，第六十二团团长曾孝纯被击毙，国民党军陷入混乱，各自为战。至此，第十一师阵地全部瓦解。

第十一师是陈诚的起家血本，也是他的心头肉。当遭围攻的消息传来时，他急令所有部队直奔草台岗，不惜一切代价救出第十一师。21日上午，罗卓英心急如焚，严令第五十九师第一七五旅旅长温良率部增援，但遇到红三军团的顽强阻击，无半点进展。

此时，吴奇伟的第二纵队后卫部队第十师和第十四师距东陂及草台岗不过三十余里。获悉第十一师在草台岗与红军战斗，第十四师师长霍揆彰曾向吴奇伟建议，立即掉转方向，向草台岗附近前进，对红军采取包围态势。当时是上午，第十一师战斗虽激烈，阵地还没有动摇。到下午，枪炮声撼天动地，官兵们倚枪危坐，无不为之变色。陈诚、罗卓英、吴奇伟等，正在举棋不定、迟疑不决之际，万万料不到战况的急转直下。中午以后，红军以雷霆万钧的力量，对第十一师猛烈捶击。一处突破，多处动摇，红军猛冲，猛打，猛追，未及黄昏，国民党军阵地即全线崩溃。其左侧虽拥有第二纵队数师兵力，相距不过三十余里，行程不过三四小时，却不及救援了。

入夜，罗卓英见大势已去，便命令第一七五旅掩护第十一师残部撤退，第九师掩护第一七五旅撤退。第十一师溃兵纷纷夺路而逃，向宜黄逃窜。

此次战役，以陈诚主力部队著称的第十八军第十一师损失惨重，被歼灭了五个团，占全师总兵力的三分之二。第十一师被围歼后，各路蒋军纷纷撤退，第四次"围剿"遂告失败。

陈诚对于第五十二、第五十九师的被歼，当时故作镇静，认为才成立编入第十八军的新部队，没什么了不起，只要保留着两个师的番号，就可以重起炉灶。当他由电话中接到第十一师溃散的报告后，当时就脸色苍白，拿着电话的手发抖。后来，他专门给蒋介石写了一封信，自请处分：

职于外寇方张之际，奉令剿匪，肃清内盗，才薄任重，自知弗胜，唯当此万难关头，怀古人见危授命之意，责无旁贷，义不敢辞。并承钧座意旨，拟于最短期间摧毁廓清，借纾中央内顾之忧。不意一月以来，五十二、五十九两师失利于前，第十一师挫败于后，影响中央安攘之大计，蒙受从来未有之损失。此中原因固属甚多，而高级指挥官之

38

计虑未固，部署欠当，终属咎无可辞，选据各该部主管长官自请严处前来，查第一纵队指挥官罗卓英，轻敌迁就，有失机宜；第十一师师长萧乾，复仇心急，顾虑不周；第五十二师一五五旅旅长滕云，疏忽命令，致滞军行，均应按律处分，以儆将来。拟请将罗卓英撤职留任，戴罪图功。萧乾负伤指挥，拟予轻减，降为代理。滕云予以撤职处分……

蒋介石闻讯后，凄然长叹："此次挫失，惨凄异常，实有生以来唯一之隐痛！"国民政府内更是"热闹"非凡，何应钦趁机大骂陈诚"饭桶"，熊式辉也要求撤陈诚的职。顾祝同、杨永泰等人也一拥而上，落井下石，指责陈诚。为息众怒，蒋介石被迫下谕令："剿匪军中路总指挥陈诚、第五军军长罗卓英，于上月率部剿匪失利，实难辞咎，陈诚着记大过一次，降级任用；罗卓英革职留任，戴罪图功。"陈诚在接到蒋介石手谕后写道："诚虽不敏，独生为羞。"而罗卓英在给萧乾的信中也悲伤地写道："昨今两日抚视负伤回来之官兵，每忍泪不敢外流者，恐伤部下之心，堕部下之气耳！……英在今日已成党国之大罪人……"

在民族危机日益严重的情况下，蒋介石不顾中国共产党关于停止内战，共同抗日的要求，顽固地坚持其"攘外必先安内"的反动政策，继续调集部队进攻红军。1933 年 4 月 10 日，他在南昌举行的扩大纪念周上说："抗日必先剿匪，征诸历代兴亡，安内始能攘外。"

1933 年 9 月，蒋介石集中五十万大军，采取持久战与"堡垒主义"新战略，实行"以守为攻，乘机进剿，运用合围之法，兼采机动之师，远探密垒，薄守厚援，层层巩固，节节进逼，对峙则守，得隙则攻"的作战原则，对中央苏区和红一方面军进行大规模"围剿"，企图依托碉堡逐步紧缩中央苏区，消耗红军有生力量，而后寻求红军主力决战，彻底消灭红一方面军，摧毁中央苏区。德国顾问们的如意算盘是：中央根据地不过五万平方公里，如每日前进二里，则不出一年，即可吃掉了。据《碉堡业务报告书》统计，到1934年1月，仅在江西根据地即构筑碉堡四千九百二十座，到同年10月中央红军突围长征前夕，又增加到一万四千两百余座。陈诚在一次演讲中曾得意地说："红军就像塘中的鱼，我们要抽干塘里的水，捉塘里的鱼。"

这次"围剿"，蒋介石坐镇南昌，亲自指挥。其部署是：以驻赣、闽、粤、湘、鄂各省部队分编为北路、南路和西路军。北路军以顾祝同为总司令，蒋鼎文为前线总指挥，下辖三十三个师另三个旅，是"围剿"中央苏区的主力。南路军以陈济棠为总司令，指挥粤军十一个师又一个旅。西路军以何键为总司令，指挥湘军九个师另三个旅，"围剿"湘赣、湘鄂赣苏区，阻止红军向赣江以西机动。

这三路大军，实际以顾祝同之北路军为"进剿"主力，南路、西路属于防堵性质。北路军主要是蒋介石的嫡系部队，官长从师长以下都是"黄埔生"；非嫡系军官都采取"升迁"的方式调离部队；杂牌军都用为钳制或守备力量。而北路军中，又以陈诚的第三路军为主力，其任务是：在北路第一、第二路军的策应下，依托碉堡向广昌方向推进，寻求红军主力决战。

1933年7月，第十八军进行了编制改革，罗卓英接替陈诚出任第十八军军长，周至柔任副军长，黄维晋升为第十一师师长。

为了更好地适应山地战，罗卓英将第十八军两旅六团的师，改编为三团制的师，取消了旅一级编制。经过一番补充调整，第十八军的实力逐渐得到了恢复和扩充，共下辖第十一师、第十四师、第

40

四十三师、第六十七师、第九十四师、第九十七师、第九十八师、第九十九师等八个师，又成为了当时国民党军队中实力最雄厚、战斗力最强的一个军。

同时，为了充分落实蒋介石的"碉堡战术"，罗卓英还和陈诚一起制定了一个《构筑碉堡封锁线计划表》，把主力十四个师全部投入构碉工程，分三期，限期九至十五天内完成。并特别提出了筑碉时的五点注意事项："一、构碉时应遵照委座庚酉手令第二项，我军构筑工事固为巩固封锁线，同时亦有引诱匪军来犯，以便我得以乘机痛剿之企图。故作业前须构筑掩护阵地，以备匪来犯时之防御。其部署须以一师做工，以两师掩护及预备工作务即星夜完成。此预备队及掩护队，切不可宿营村中，夜间遇匪警须立即整队应战等规定且应遵行。二、构筑时须选择指定地点附近形势险要之处适宜构筑之。三、封锁工事以碉楼为主，至土堡限于不得已时补助之，其材料尽量利用砖石砌成之。四、碉楼及土堡楼方式以适合地形之多角形为主。五、每据点至少有两个以上碉楼或土堡排列成梅花状，务须能彼此侧防。"

在第五次"围剿"中，第十八军被编入了北路军中的第三路军第五纵队，作为向苏区进攻的"箭头"。

9月25日，国民党军北路军向红军占据的黎川发起进攻。土地革命战争时期国共双方投入兵力最多、战线最长、持续时间最久、战斗最惨烈的第五次反"围剿"开始了。

黎川地处赣闽交界，红军占据已有三年之久，其地东连光泽、邵武；南达建宁、泰宁；北出金浴、资溪以窥抚州，为苏区军事上一重镇。

黎川之战打响后，罗卓英率第十八军的第十一师、第十四师、第九十四师和第七纵队的第九师，共四个师的兵力，向黎川方向逼近。刚出南城，就遇上了林彪、聂荣臻指挥的红军中央军的顽强阻击。此时的第十八军，经过几个月的整训，武器装备得到更新，兵员得到补充，实力更为雄厚。它带着复仇的疯狂，向红军猛扑过来。

罗卓英吸取了以往的教训，不再孤军深入，而是以四个师组成密集的重兵集团，轮番冲击红军阵地，飞机、重炮等重型武器不惜弹药，猛烈轰击，使山头成为一片火海。

经过数天血战，红军被迫撤退，黎川亦被攻占。

初战告捷，罗卓英欣喜若狂。初次采用"稳扎稳打，步步为营，堡垒推进，以守为攻"的新战术，就获得了成功。从此他们对新战术更加深信不疑，视之为对付红军运动战、游击战的"法宝"，并将此命名为"铁板战术"，即"密集重兵，平面推进，稳扎稳打，步步为营，碉堡公路，连绵不断，严密封锁，滴水不漏"的新战术。针对有些下级官兵对修路筑堡想不通、闹意见，认为十八军是主攻部队，不应该干这毫无意义的木瓦工，罗卓英还在军中提出了一句极有价值的口号："多流汗，少流血！"罗卓英一再命令部队，不许以师为单位，纵向突破，深入苏区。而只许各师紧密相连，一线展开，平面推进，规定"每天前进不得超过五里"。

第十八军的新战术，给红军擅长的运动战带来了极大的困难，而此时毛泽东也被挤出红军领导岗位，剥夺了军事指挥权。红军在博古以及洋顾问李德的指挥下，采取军事冒险主义战略，主张要全线出击，坚决"御敌于国门之外"，冒冒失失闯入国民党军的"堡垒阵"中，遭到惨败。在 10 月至 12 月的两个多月时间里，红一方面军奉命在敌主力和堡垒间连续作战，不仅未能御敌于根据地之外，反而遭受很大损失，完全陷入被动。

黎川的第十八军军部里，罗卓英翻看着前线战报，高兴至极。铁板战术的成功，使得与红军作战不再是十八军的梦魇，以往的屈辱委屈，都被这胜利冲得烟消云散。"该是我十八军雪耻复仇的时候了！就是要用层层堡垒，把红军困死。"想到这里，罗卓英在军用地图上重重地画了一个箭头，直指苏区的中心重镇——广昌。

广昌是一座位于抚河西岸的繁华县城，也是赣南的一所重镇。在第四次"围剿"中，第十八军曾想在此与红军主力决战，结果反倒遭到红军重创。此次卷土重来，气势汹汹，杀气腾腾。而红军在"左"倾路线的错误指导下，提出了"变广昌为马德里""武装保卫赤色广昌，不让敌人侵占苏区寸土"的错误口号，投入了九个师的兵力，实行"以集中对集中，以主力对主力，以堡垒对堡垒"的阵地战，在广昌这块狭小地区与第十八军展开了生死大决战。

这一下，正中陈诚、罗卓英的下怀。连日血战，在陈诚、罗卓英的严厉督战下，第十八军层层推进，逐渐逼近广昌城下。

霍揆彰的第十四师攻克罗家堡。

傅仲芳的第六十七师攻陷金坑。

李树森的第九十四师攻占罗家寨。

夏楚中的第九十八师攻克姜源。

4月27日，国民党军总兵力达到十一个师，他们立即对广昌城发起总攻。

经过连日苦战，红军主力伤亡很大，弹药消耗也十分惊人，部队到了筋疲力尽、弹尽粮绝的境地。据彭德怀后来回忆，红三军团在其中一天的激战中，"几次突击均未成功，伤亡近千人。在李德所谓永久性工事里担任守备的营，全部壮烈牺牲，一个也未出来"。而第十八军虽然伤亡惨重，各师减员达四分之一以上，但由于兵力雄厚，武器精良，弹药充足，仍然保持着较强的战斗力，气焰十分嚣张。此时红军本应"避其锋芒"，耐心等待有利时机。林彪、聂荣臻等前线指挥员向中央建议：红军主力应尽量避免与敌人长时间的对峙，而应采取运动防御，机动地消灭敌人。彭德怀极力反对固守广昌，他指出："广昌是不能固守的，必须顾及敌军技术装备。""在自己没有飞机大炮轰击的情况下，就算是比较坚固的野战工事，在今天敌军的装备下，是不起作用的。如果固守广昌，少则两天，多则三天，三军团一万二千人，将全部毁灭，广昌也就失守了。"但博古、李德等人拒不采纳，反而命令红军全力反击。红军集中了红一军团第一、第二师，红三军团第四、第五、第六师和红军第二十三师，共六个师的兵力，向第十八军发动了最后一次猛烈反击。

数万名国共双方的士兵在广昌城下展开了殊死搏斗。

4月27日晚，红军被迫撤离广昌。悲壮惨烈的广昌保卫战终于落下帷幕。

广昌之战是第五次反"围剿"作战中最激烈、最残酷的一次战役。红军在这一仗中伤亡达五千五百人以上，约占参战总人数的五分之一。这是红军历史上最典型的阵地战、消耗战，它给红军后来的作战带来了极为有害的影响。

随后的战局就急转直下了。红军虽奋力抵抗，但由于执行了错误的战略战术，始终没能跳出国民党军的"堡垒圈"，伤亡日益惨重。10月6日，罗卓英指挥第十八军攻克石城。陈诚也来到十八军军部视察，召集各师师长训话："困处赣南狭小地区的共军，似有向南或向西突围模样，希望大家最后努力，以竟全功。"

此时，博古、李德等人已成惊弓之鸟，他们没有足够的胆略利用敌人暂时不敢冒进的时机，对部队进行必要的动员教育，然后突破包围圈，寻机作战；也没有采纳毛泽东的建议：红军主力向湖南中部前进，调动敌人至湖南，在广大无堡垒地带寻求战机，歼灭敌人有生力量，争取反"围剿"的胜利。而是被国民党军的气势汹汹所吓倒，匆忙决定退出中央苏区，向湘西实行战略转移。在转移中，他们又实行退却中的逃跑主义，致使红军又遭受严重损失。

陈诚发现红军长征转移后，立即向蒋介石保荐薛岳为"追剿"军前敌总指挥，率领周浑元、吴奇伟等三个军跟踪追击，第十八军则留在苏区，原地"清剿"。

1935 年，浙西南地区红军活动频繁，罗卓英率领第十八军进驻浙江金华，"围剿"红军。由于对红军作战有功，罗卓英晋升为陆军中将。

第三章　保卫大上海

"七月七日桑乾水，忽起惊涛诉不平。最后关头今已到，战尘扬处马蹄轻。""今日卢沟桥上血，东流入海涌狂涛。卅载深仇终一洗，中华儿女尽英豪。"罗卓英的一首《卢沟曲》，鲜明地反映出抗日战争的全面爆发和中华民族优秀儿女浴血抗战的豪情。而抗日战争中，罗卓英第一次参加的作战就是惨烈异常的淞沪会战。

急赴淞沪

1937 年 7 月 7 日，注定要永远烙印在中国人民的心中。这一天，日军一部在卢沟桥附近借"军事演习"为名，向中国驻军寻衅，并以一名士兵失踪为借口，要求进入宛平县城，日方的无理要求遭到中方的拒绝。就在双方交涉还在进行时，日军向卢沟桥一带的中国驻军突然发动进攻，并炮轰宛平县城。这就是著名的卢沟桥事变。

中华民族到了最危险的时刻，每个人都被迫发出最后的吼声。7月 8 日，中国共产党向全国发出通电，号召全国人民、军队和政府团结起来，筑起民族统一战线的坚固长城，奋起抵抗日本的侵略。7月 17 日，蒋介石在庐山发表声明："如果战端一开，那就是地无分南北，年无分老幼，无论何人，皆有守土抗战之责，皆应抱定牺牲一切之决心。"全民族抗战轰轰烈烈地展开。

此时罗卓英率领的第十八军第十一、第十四、第六十七各师（第九十八师任武汉方面防务），驻粤汉沿线一带警备。8月4日奉命准备参加保定方面之作战。7日开始用铁路输送，11日先头部队越过郑州。

就在罗卓英率部准备赶往华北前线时，华东地区战火点燃。当时的日本对中国人民的抵抗意志和中国军队的战斗力是极端轻视的。日本认为中国不堪一击，以至于曾狂妄叫嚣"三个月即可征服中国"。在日军《1937年度对华作战计划》中曾有这样的规定："在发动全面侵华战争时，对华北要出动八个师团，必要时还可能在华北五省同时作战；在华中方面投入五个师团，占领和确保上海、杭州、南京三角地带；对华南，大致动用一个师团。"卢沟桥事变爆发后，日军的直接作战目标是夺取华北。同时，为了配合华北的作战，日军决定在上海、青岛等地进行牵制性作战，故而开始向上海增兵。

面对日军咄咄逼人的攻势，国民政府决定将战略防御重心置于华东。之所以采取这样的军事方针，是希望以此吸引华北地区日军的主力，从而减轻华北方面中国军队的压力，并迫使日军"不能按照预定计划，集中力量侵略我们华北"。同时，华东的江浙地区是国民党政治经济的中心，守住上海，确保江浙，就可以"巩固首都及保存经济策源地"。此外，由于上海是西方冒险家的乐园，是英美等国在华利益的集中地，国民党蒋介石认为，如果淞沪战事展开，就可能引起欧美等国的调停，甚至"引起国际的干涉"，这样就可以依赖英美等国来解决中日战争。

8月的上海，烈日炎炎，中日双方剑拔弩张，局势日趋紧张。

9日，京沪警备司令张治中密电蒋介石，报告上海日军的动向，电文中称：一、日军在沪兵力，近日来迭有增加，总合各方情形，计陆战队官兵约五千人，业经组织健全之在乡军人约三千人，壮丁义勇队三千五百人。各种轻重口径炮约三十余门，高射炮八门，战车及装甲汽车各约二十余辆。二、本日由长江上游抵沪之日舰计九艘，连原有在沪之日舰三艘，合计十二艘。各舰可随时登陆之水兵，共计约三千余人。三、准俞（鸿钧）市长鱼亥电：日海省对第二舰队已下动员令，准备向青岛集中，姬路师团定删日到青，广岛、熊本两师团定删日到津。四、日海军武官本田今晨电东京，略谓我保安队之设备，认为有增兵之必要，建议政府请将拟赴青岛之姬路师团及第二舰队调沪待机。

还是在这一天，下午5时，日本驻上海海军陆战队官兵大山勇夫等二人驱车闯入上海虹桥机场挑衅，并向中国守军开枪，虹桥机场事件由此爆发。对于此次事件的整个过程，俞鸿钧在给上级的密电中曾这样描述："今日下午5时左右，虹桥飞机场附近，有日军官二人，乘小汽车越入我警戒线，向飞机场方向直驶，不服制止命令，反向我守兵开枪，守兵初未还击。后该车转入牌坊路，该处保安队士兵闻枪声仰视，该日军官复开枪向之射击，保安队遂还击。一时枪声四起，该车前轮乃跌入沟内，车内一日军官下车向田内奔走，在附近因伤倒毙，另一军官伤毙车外。检查身内有名片两张，印有'海军中尉大山勇夫'字样。我方士兵亦倒毙一名。"从此电文中可以看出，虹桥机场事件乃日方挑衅所致，这一事件使得中日双方进一步加紧了作战准备。

11日，密切注视日军动向的张治中再次向蒋介石报告了日军的动向："本日4时，日军第二舰队由佐世保出发来沪；日陆军省对五十三岁以下之后备队下达了动员令；6时，有不明国籍飞机三架，在我虹桥飞机场上空盘旋；11时半，有日军巡洋舰四艘、驱逐舰十二艘向上海前进，加上原来在上海停泊的十三艘日军舰艇，合计有二十九艘日军舰艇。"该日晚9时，中国军事当局密令张治中率第八十七、第八十八师到上海杨树浦及虹口以备布防，并调第三十六师从蚌埠火速赶往上海，准备参加作战。张治中接到命令后，随即下达命令：八十七师一部进至吴淞，主力前进至市中心；八十八师前进至北站与江湾间；炮十团第一营及炮八团进至真如、大场；独立第

48

二十旅在松江的一团进至南翔；炮三团第二营及五十六师自南京、嘉兴各地兼程向上海输送；以刘和鼎为江防指挥官，率领五十六师及江苏保安第二、第四两团任东自宝山西至刘海沙的江防，并控制主力于太仓附近。

13 日，日军突然向闸北一带发动炮击，并在坦克的掩护下，向闸北、虹口、江湾的中国驻军发动大举进攻，淞沪会战的血幕由此拉开。

面对日军的大举进攻，国民政府迅速做出部署：将张治中部改编为第九集团军，在上海市区发动进攻，以歼灭在沪日军兵力；将张发奎部改编为第八集团军，在杭州湾北岸进行防御，保障上海的右翼安全；将刘建绪部改编为第十集团军，在浙江省沿海防御；另以一部兵力布防长江口南岸，保障上海的左翼安全。随即，中国军队的第八十七师在左，八十八师在右，此后又增加了三十六师、九十八师，分两路向日军发动攻击作战，目标指向汇山码头，企图实现中央突破，将日军截为两段，并最终扫荡之。

然而这一攻击行动并没有完全达到预期效果。一方面，是因为前线将领发动攻击过早，最终三十六师迫近汇山码头，但九十八师还没开到，致使进攻部队反陷入了被动，没有给日军以致命一击；另一方面，日军凭借先进武器和坚固工事负隅顽抗，虽然中国军队勇猛进攻，但伤亡较大。张治中对此曾有过一段细节性的回忆："突入杨树浦租界时，我们只凭几辆破坦克（是在厂内修理的，临时拉出，好的坦克早调到北方去了）冲进。带领坦克车的连长，也是军校学生，我命令他冲进杨树浦。他说：'车子太坏，而敌人的火力过猛，我步兵又很难跟上。'我说：'那不行，你的坦克不攻入，休来见我！'结果他冲到汇山码头，连人和车子一起牺牲了！我军虽一度冲到汇山码头，但未能确实占领，因敌人利用钢骨水泥的楼房作据点，放射密集小炮，火力异常猛烈，也不容易冲破敌方在街市的坚固据点。"

八一三淞沪会战爆发后，罗卓英奉令率部驰援上海。接到命令后的罗卓英，心潮澎湃，思绪万千，他想到了甲午海战的风云，想到了九一八事变的耻辱，想到了二十年前他在《凭栏》中的诗句："丈夫记取平生事，要把胡强一战擒！"于是，他写下著名的《书誓》一诗："莫更衔杯问浅深，呼江吸海万龙吟。廿年前语今犹壮，要把倭奴一战擒。"其中"呼江吸海万龙吟"鲜明地体现出罗卓英胸中的韬略与大气。后来，罗卓英于1937年7月到1946年11月所写的诗结集成书，书名即为《呼江吸海楼诗》，民国元老于右任曾题词赞颂说："行三万里程，打二百回仗；诗作凯歌声，十万健儿唱。"

　　8月14日，第九十八师到达上海江湾附近，并从20日起，对据守沪江大学的日本海军俱乐部、开林公司等地发动攻击（此时，该部奉令暂归张发奎指挥）。第十四师于15、16日先后到达苏州、唯亭一带集结，第六十七师推进至武进、无锡一带，第十一师推进至大场镇。到8月22日，罗卓英所部已先后到达淞沪战场。面对祖国大好河山，面对大战即将来临，罗卓英口述《东战场》一绝："海东鹰逐阵云飞，竞向江南猎一围。誓欲饱餐倭虏肉，眼前草绿马还肥。""誓欲饱餐倭虏肉"一句，不仅使人联想到岳飞《满江红》中的"壮志饥餐胡虏肉，笑谈渴饮匈奴血"，历史的时空虽然不尽相同，但誓卫家国、誓死御侮的壮烈情怀却完全相同。

血战罗店

　　就在淞沪战场正面的日军继续顽抗之时，日军增援来沪的第三师团、第十二师团、第一师团之第一旅团、第八师团之第一旅团于8月22日由狮子林、石洞口、川沙口及张华浜附近，强行登陆，向宝山、罗店、浏河一线进犯。战场形势突然发生改变，如果日军在这一线进攻得手，日军就可以进窥嘉定，直逼南翔、大场，不但可以解虹口之围，还会使在沪的国民党军左翼暴露，并切断前后之联系。

在这一作战区域，有两个地方至关重要。一个是罗店，一个是宝山。第十八师六军团及第十五、第十九集团军关于东战场淞沪战役的战斗详报中曾这样描述这两个地方的重要性："宝山城位于吴淞之北，紧靠长江。本军为扫荡狮子林、川沙口一带登陆之敌，该城实为右翼据点，且为左翼旋回扫荡战之旋回轴。其形势有类马尔奴河之威尔丹，罗店则巴黎。……罗店位淞沪之侧背，实第一次欧战时西战场之巴黎，交通四达，向南循浏（浏河）沪（上海）公路，经刘行、大场，可直趋淞沪方面我友军侧背，向西循罗（罗店）嘉（嘉定）公路趋嘉定，可断我后方主要交通线之沪宁铁路，故在地形上十分重要。"

就在日军发起进攻后，罗卓英指挥的第十五军之第十一师三十一旅，奉张发奎命令，以第六十二团携同保安团向进攻之敌发起攻击。该团第三营到达张华浜车站时，原驻该处的保安团已经被迫后退，于是该营官兵迅速投入战斗，发起猛烈攻击。日军此次的进攻决心很大，在陆上进攻的步兵同时得到了舰炮和飞机的支援，这给中国军队以很大杀伤，第三营被迫退回张华浜车站附近，死力抵抗，等待增援。在千钧一发之际，第六十二团团长余子温率第一、第二营及时赶到，中国军队抱着必死之决心，奋勇杀敌，终于在 11 时将敌人击退。15 时，教导总队之一团到达接防，于是第三十一旅重新归还建制。

22 日夜，罗卓英由无锡向苏州进发，途中接到敌情通报：兵力未详之敌，于 22 日 19 时起，由宝山、狮子林、石洞口、川沙口一带登陆中；第五十六师约有步兵四营，在浏河附近。宝山有该师两个连守备。虽然进攻之敌的兵力不详，但一种不祥的预感笼罩在罗卓英的心头。23 日，罗卓英到达苏州时，日军的先头部队已经成功抢滩登陆，其主力在狮子林附近上岸，一部向吴淞和宝山靠拢，并抢占罗店。

形势已经十分明朗，敌情已经十分危急。陈诚迅即命令罗卓英指挥第十一师、第六十七师附炮兵第十六团，攻击歼灭由宝山、狮子林一带登陆之敌，并完成吴淞—罗店—嘉定—太仓—昆山一线上的据点防御部署。

看着大幅军用地图的罗卓英深知：如果登陆之敌立稳脚跟，并继续攻击前进，整个淞沪战场的形势将发生大逆转，只有在敌立足未稳之际，予以歼灭，才能保证淞沪战场的侧翼安全，才能防止中国军队被一分为二。于是，他立即下达作战命令：令已向罗店前进的第十一师，即刻发起对罗店的攻击，夺回罗店，再图歼灭登陆之敌。同时，为了保持战役态势上的优势，保证后继进攻的持续，罗卓英还命令第六十七师第二零一旅即刻由苏州用汽车，经太仓向嘉定输送。到达后，以一部占领罗店，主力占领新泾河。余部由无锡用火车输送至安亭，徒步向嘉定前进。

第十一师接到命令后，随即以第三十三旅全部，向罗店疾进。为了给登陆的日军以配合，日本凭借空中优势，派遣大量飞机飞临战场，狂轰滥炸，力图阻止中国军队的进攻，从而为登陆日军争取喘息的机会。敌人飞机轰炸异常猛烈，亲赴前线指挥作战的张治中本来坐的是汽车，但敌机太多，汽车容易暴露目标，因此他把一个传令兵的脚踏车借来，骑车前往。黄埔军校第一期毕业、时任第十一师师长的彭善也曾对张治中说："简直炸得不能抬头，怎么办呢？"张治中深知情况紧急，因此命令说："不能抬头也得走，难道我能从南翔一路冒轰炸走到江湾，你们就不能从江湾走到罗店吗？"16时，彭善的先头部队到达罗店镇东南约三里之长浜站附近。当得知占领罗店的日军仅有四五百人，正构筑工事的情报后，第六十六团迅速抓住战机，发起对敌攻击。带着国恨家仇，中国士兵无惧敌人的猛烈炮火，奋勇冲杀，突入城内，并与日军展开激烈肉搏。日军无力抵抗，遂退据罗店以北的陆家村一带。当时，天色已晚，第十一师为了不给敌人以喘息的机会，命令第六十六团继续向陆家村发起猛烈攻击。日军没有想到中国军队来得如此之快，决心如此坚定，最终向北逃窜，弃尸累累。中国军队从被击毙的日军工兵上尉身上搜获到地图一幅，得悉敌首先登陆的部队是步兵第四十三、第四十七两个联队及工兵第十一联队。

23 日 24 时，夜色已十分浓厚，但罗卓英的指挥所却灯火通明。眉头紧锁的罗卓英终于等到了前线的捷报：第十一师已克复罗店，第六十七师两个旅的先头部队之三九八团和四○二团已赶到嘉定（其利用汽车输送的四○二团，经过唯亭站时，被敌机炸毁两辆，伤亡排长以下二十一人）。看到这份战报，罗卓英不禁舒缓紧锁的眉头。日军登陆之敌已初步被压制，同时后继部队正源源不断赶来，这为粉碎敌人图谋奠定了基础。于是，罗卓英决定趁热打铁，以正面的迅猛攻击，将登陆之敌压迫并歼灭于江岸。为了实现这一作战企图，罗卓英做了如下部署：第九十八师对杨家行—宝山线对左地区之日军发动攻击；第十一师由罗店，对新镇—月浦—狮子林一线左地区之敌发动攻击；第六十七师为军预备队，并以有力之一部，由罗店、嘉定，对罗店—聚源桥—东王庙一线左地区之敌进行攻击，右与第十一师、左与第五十六师取得联络。

做出上述部署后，罗卓英仍不放心，他决定亲赴前线激励官兵奋勇杀敌。24 日黄昏，罗卓英到了罗店镇第十一师三十三旅的旅部。他首先对战场情况进行了实地巡查，在罗店车站以北的公路上，当他看到三辆被击溃的日军装甲车时，问彭善师长："我们的战防炮尚未运到，你们怎么把它们打掉的呢？"随行人员报告说："这是我们旅部特务排的士兵们用扁担打掉的。"扁担能打掉坦克，这是从何说起？当时日军沿浏（河）大（场）公路突袭围攻第三十三旅旅部，叶佩高旅长急令特务排进行抵抗。在激烈的战斗中，中尉排长周大鹏身中数弹，以身殉职。但中国官兵并没有因此后退，反而越战越勇。面对敌人坦克的冲击，虽然没有战防炮，特务排的官兵灵机一动，把集束手榴弹绑在扁担上，然后由狙击手首先打坏敌人坦克的大灯，借着短暂的黑暗，士兵们拿着前端绑着手榴弹的扁担，敏捷地运动到敌战车附近，把手榴弹插入敌战车靠近油箱之处，随即引爆，最终炸毁敌战车三辆。罗卓英听后，不禁大为赞叹。

随后，罗卓英召集各师长、参谋长及相关人员参加作战会议，这是第十五军从粤汉铁路沿线和湘鄂两省各地驰援淞沪战场以来，首次举行的团级以上干部的会议。会上，罗卓英首先对第三十三旅首战告捷表示祝贺，接着他铿锵有力地阐述了日军的野心和我军作战原则。对此，《罗卓英将军纪闻》中曾有如下描述："七七卢沟桥枪声和'八一三'淞沪血战，已经揭开中华民族全面抗战序幕，这是全世界爱好和平、崇尚正义的国家和人民反对侵略战争之前驱。我们大家心里都很清楚，日寇蓄意谋我，可谓历时已久。自从甲午一役，失地丧师，敌人本其岛国野心，妄标大陆政策，鲸吞蚕食，肆无忌惮，攻城略地，何日无之？逞其淫威，肆其凶焰，蹂躏我主权，占领我土地，荼毒我人民。迄今为止，我国同胞含垢忍辱，徒抱复仇雪耻之愿，亦有四十余年。如今，他们经过充分准备，竟然发起挑衅，不宣而战，挥师南指，侵我华东，进占淞沪，遂其逐步吞噬之迷梦。可以说我们的应战是被迫的，完全是满怀同仇敌忾之心情，在装备和武器完全不及敌人的情况下，不得不拿自己的血肉之躯来构筑新的长城，保卫我们国家的领土主权。打好上海这一仗至关重要，务求全军官兵，坚定必胜信心，全面贯彻本军的战斗法则：'千方百计地去消灭敌人，尽心竭力地来保护自己。'也就是说，我们必须以最小最小的伤亡，去创造最大最大的战果。这次，第十一师第六十二团在张华浜战斗中的表现和第三十三旅在罗店的两次胜仗，都是上述战斗发展的体现，希望在今后战斗中，我军各部还要很好地运用它。"

接着，罗卓英根据目前战场态势，做出了乘胜追击的部署：第十一师、第九十八师由现地进行攻击前进。第六十七师以三九七团取捷径，进至浏河及浏河口，并指挥五十六师之一团，制敌西犯；

三九八团沿罗店至浏河公路进行游击，其余主力集结罗店镇附近，派一部佯攻尤家楼之敌，使十一师攻击更为容易。

8月25日凌晨，血肉横飞的战场迎来了短暂的寂静，只是不时的冷炮冷枪声响划破暗夜，预示着即将到来的大战。

3时许，望着满天的星光，十一师师长彭善心中涌出一丝喜悦，这正是进行夜战的最佳时机。于是，他根据此前罗卓英的部署，以该部第三十一旅（欠六十二团）为右翼，三十三旅为左翼，六十二团为预备队，发起对日军的进攻。同时，他又命令炮兵第十六团第九连于马家宅附近进入阵地，以协助部队的进攻。3时半，第一线部队推进至月浦、周宅附近，其左翼三十三旅随即以一部向狮子林炮台及石洞口搜索前进，作为预备队的六十二团及炮兵第九连推进至新镇附近。正当部队继续向狮子林、石洞口扫荡之际，突然接到探报：有兵力不详之敌，由聚源桥方面向新镇前进。彭善得知这一情况后，随即命令第六十二团并指挥炮兵第九连，就地展开，准备迎击日寇。7时许，两百多日军开始发动进攻，同时其后继部队也源源不断地赶来，顿时炮火冲天，厮杀声不绝于耳。鏖战至当日黄昏，因敌人阵地前有河流阻挡，前进不易，加之第一营营长张杰负伤，官兵伤亡惨重，遂与日军成对峙状态。

就在第十一师与敌激战之时，第六十七师副旅长兼四〇二团团长李维藩，亲自率领该团及四〇一团一个营，向罗店聚源桥、东王庙以左地区发动攻击，以协助第十一师的行动。此外，该师又以第二〇一旅重点进攻尤家楼，一九九旅（欠三九八团）星夜沿径河向浏河镇前进。3时许，四〇二团展开于张宅、郭宅、钱宅、马家楼一线，向尤家楼攻击前进。此时，第十一师已经到达月浦附近，但由于联络不畅，情况不明，未能协同作战。第六十七师为策应第十一师并掩护其左翼安全，遂向敌人发动猛烈进攻。因该师缺乏炮兵掩护，且敌人阵地异常坚固，加之敌人后继部队不断增援，战至天明，敌人飞机又前来助战，作战双方遂进入胶着状态。团长李维藩负伤殉国，营长张培雨也不幸阵亡。其余连长以下干部伤亡过半，旅长蔡炳炎目睹情形十分危急。蔡炳炎，别字予遗，安徽合肥人，黄埔军校一期生。曾参加第一、第二次东征，以及第一、第二次北伐，由于在东征、北伐作战中屡建战功，由排长升为连长、副营长、营长、团长等职。1929年调陆军大学特别班第一期学习，1936年任第十八军第六十七师第二〇一旅旅长，并调南京陆军军官学校学习，5月晋升为陆军少将，7月调庐山军官训练团受训。奔赴淞沪战场后，他在阵地前给夫人赵志学写下亲笔信。在8月21日的信中这样写道："新秋入序，暑气渐消，尤以夜间气爽，想皖地谅亦同此景象。于沪战间，我军连日胜利，敌方大有恼羞成怒之势。昨日报载，又由日运来援军五万余口，果尔，则二次大战即将爆发。同时又据报载，上海汇山码头为我军占领，敌人虽有大部援军，无法登陆，虽多众无以为。我等刻仍在此间休息，如沪寇日内再不解决，或即参加战斗也。前函家用账目由你管理，望即实行，无得疏忽，此为最要紧之事。余亚、哲等儿辈均好吗？甚念。"在8月22日写的家书中说："……我等于本日仍在此间休息，因沪上连日胜利且战运狭，不能使用巨大兵力，故也困难。周难于此次过汉，乘机潜逃，此人瘦弱无忠骨，所以不可靠。殊不知国难至此已到最后关头，国将不保，家亦焉能存在？……老八资质甚佳，我颇爱之，希注意保育为要。"谁也不曾料到，在写完这封家书后的五十六个小时，蔡炳炎以身殉国。

蔡炳炎看到日军突入、防线撕裂的情形，亲自率预备队三九八团第二营投入左翼，他巡视时激励官兵："誓与阵地共存亡，前进者生，后退者死。"广大官兵在他的激励和指挥下，士气大振，不顾伤亡，反复肉搏，战况更加激烈。蔡炳炎目睹此情形，振臂高呼："我辈之忧两条路，敌生，我死；我生，敌死。"最终因寡不敌众，胸口中弹，成仁于前沿阵地。事后，蔡炳炎被国民政府追赠为陆军中将。罗卓英得知蔡炳炎、李维藩壮烈殉国的消息后，曾作《罗店》一诗：

"三来三往力争持，十荡十决扫虾夷。淞沪风云罗店血，大书蔡李是男儿。"

正在中国军队阵线动摇之际，三九八团向罗店驰援，广大官兵痛官长之阵亡，杀敌之心更加强烈，遂扼罗店而拒敌。因此，敌人伤亡惨重，不敢迫近，双方相持于罗店以北。入夜，该师四〇二团牺牲过半，最终调回嘉定进行整理。

该日夜 21 时，蒋介石发来作战电报："今晚必须恢复罗店，占领罗店后即在罗店附近构筑野战工事，一面在淑里桥、南长沟、封家沟村构筑据点工事。第十一师、第九十八师今晚仍照预定目标攻击前进。第十四师留一团在太仓，一团在福山口构筑工事，主力今夜向嘉定、罗店推进。第六十一师在大场、杨家行一带，赶筑工事。"

罗卓英接到此命令后，于 26 日 9 时半，下达了攻击准备命令："当面之敌约一加强旅，昨日于新镇、罗店以北地区与我激战，并处对峙中。因此，军以攻击当面之敌为目的，决定先占领宝山—月浦镇—罗店—周家桥一线，完成攻击准备。"各师接到命令后，随即将部队展开，准备新的战斗。

27 日，各师调整阵线，部署完毕。17 时，罗卓英根据所得知的情况，决定向敌人发动攻击，攻击命令称："当面之敌先头部队在罗店东北，出没于孙宅、龚家宅附近，与第十一师对峙中。在罗店西北之敌也出现于吴家村，与第十四师曹王庙部队对峙，企图攻击罗店。因此，军决定 27 日晚，由月浦—新镇—罗店—蒲家庙之线攻击该敌，并相机由第十一师方面与第六十七师左翼包围，攻击而歼灭之。"命令下达后，各部队遵命部署，准备进攻。罗卓英于当日午夜，到罗店西南三宫殿附近的六十七师指挥所，面授机宜，指挥作战。

大战开始。

28 日 4 时，第十一师三十三旅由金村、金家宅、李家宅一线发动攻击。日军凭借村落负隅顽抗，经过反复冲杀，格斗混战，到5时许，日军伤亡百余，其残余向罗店东北潘家宅方面逃窜。中国军队攻占周家宅、龚家宅后，随即向潘家宅等地攻击。战至拂晓，日军飞机开始频繁活动，加之地形十分不利，中国军队乃撤占罗店东南、马路塘南岸。7时，千余日军在大炮和飞机的掩护下，开始反攻，战况尤烈。鏖战至12时，敌人被迫后退。此战斗中，六十六团第三营营长王仲彬身先士卒，不幸阵亡。连长以下伤亡二十五人，士兵三百余人。

与此同时，第六十七师一九九旅以主力守备罗店，以两个营由左翼出击。5时，三九七团（欠一营）由左翼进驻陆家桥、张家堰、蒲家庙一线。天明时分，日军飞机六架、炮十余门，猛烈轰炸。同时，其一千余步兵，分数路向罗店猛扑。该师三九八团第三营罗店东北端阵地，被敌人炮火集中轰击，粉碎无遗。混战至11时，营长欧阳佐负伤，全营官兵伤亡殆尽。虽经数度增援反攻，终因敌人飞机投掷炸弹，尘烟弥漫，火光接天，敌乘机突入罗店。中国守军在熊熊烈火中与敌人进行巷战。12时，罗店陷落。该师师长即令四〇一团中校团附汪化霖，率领师预备队余部，协同三九八团余部，反攻罗店，并于16时40分冲入罗店南部，与敌进行激烈巷战，因众寡悬殊，难以进展，乃固守小堂子附近阵地，与敌对峙。最终，汪化霖热血洒淞沪。邱行湘在《随罗卓英血战淞沪纪略》曾有如下记述："罗店，血战旬余，伤亡枕藉。在残酷的拉锯战中，罗店镇已成一片焦土。为了构筑新阵地，我六十七师四〇一团中校团附汪化霖亲率步兵一个排，在金家宅附近占领前进阵地，掩护全团构筑工事。汪化霖临出发前，团长朱志席心情沉重地对汪说：'任务艰巨，希望你多坚持一点时间。'汪化霖斩钉截铁地回答：'成功不敢预期，成仁我确有决心，不坚持到日暮，决不生还。'敌在飞机、炮舰连续轰击下，一再向金家宅进攻。汪化霖率部反复搏斗，终于坚持到黄昏，完成了团长交给他的任务后，和他率领的一个排全体官兵均壮烈牺牲。"

血战罗店，可以说是罗卓英在淞沪战场指挥的最为惨烈的一场作战，罗卓英曾专门写下《罗店争夺记》以描述当时战局的激烈："敌以沪战不进，竟于八月养（22）晚，由川沙口狮子林一带大放烟幕，强迫登陆进，漾午宝山城（原有某师一营防守）罗店镇均告失守。本军奉命堵击，（23）以××两师由××战线抽出向罗店转进，×师由××向嘉定急进。漾西我×师先头，驱逐该敌，克服罗店镇。是役于击毙敌工兵上尉尸身上搜出地图一幅，得知敌首先登陆部队，为第四三、第四七两联队，及工兵第十一联队。敬日，我××两师向东扫荡，先后收复宝山城、狮子林、月浦镇，×师担任罗店浏河之线防务。有（25）日拂晓，××两师正转向西北方扫荡中，敌即乘我罗店镇阵地筑工未固，集中飞机舰炮向我轰击，掩护其步兵向我猛犯，同时新镇附近，发现一联队之敌，击我×师后卫团，该团即转而应战。自午至酉，激战奇烈，往返冲击七八次，卒将该敌击溃，双方死伤各七八百名。至罗店镇守备部队，因受机炮轰炸，村屋被焚，大部退出，仅留一营死守孤镇。戌刻×师由浏河抽回之一团赶到，立即前进反攻，支援该营，而再度收复罗店镇。感（27）晚，我军第二次部署，向川沙镇攻击，压迫该敌于江面而歼灭之，××两师正向右翼地区进展中，殊敌以新上陆部队三攻罗店。自俭（28）辰未刻，飞机大炮拼力轰击，房屋阵地，多遭炸毁。申刻，我守兵又被迫出罗店镇，是时适我×师之一旅，由××开到嘉定，乃令×师主力以一部固守宝山、狮子林、月浦镇一线，主力仍照原定目标进展。×师主力由新镇向西转出，协同×师之一旅，向罗店立即作第三次猛烈之反攻，血战五小时，冲锋十余次。×师一旅由东南向西北，于夜半奋勇夺回罗店镇南半部，×师一旅由西向东猛攻，破坏敌铁丝网二道，冲入罗店以北长桥敌之清耳司令部，击毙其指挥官一员，俘敌数十名，获敌小钢炮一门，轻重机枪八挺，手枪图囊望远镜乘马脚车各一，文件颇多，是役也，因××两师通信隔断，不得协同，×又深夜为河川所阻，遂致未奏全功。艳日以后，敌我两方即在罗店镇各占半部形势下，往复争夺，日夜不停，但我军仍逐步向左右两翼筑工进迫，已将该镇北半部三面包围，截至现在，仍成争持之局。罗店一镇，目前为敌我必争之要点，苦战旬日，异常惨烈，敌军伤亡已逾三千，我军牺牲亦重。浏河方面，亦有五六次激战，敌均不得逞。总合十日来战训，敌完全利用白昼之飞机舰炮压制我军活动，击毁我军阵地，以掩护其陆军步兵之前进。换言之，即敌以陆海空军联合之总力，对付我之陆军也。敌之陆军并不坚强，战场经验尤为缺乏，而我军则充分发挥夜战之精神与突击之战术，士气始终异常旺盛，查当面与我对战之敌，已发现之番号有二十二、四十二、四十四、四十七四个联队，则其已上陆者，至少在一个师团以上……"

无奈后撤

日军在石洞口、川沙口方面登陆成功并占据罗店后，即企图再攻宝山，直趋月浦，先打通淞沪、罗店间的联络，然后进窥嘉定、南翔，截断淞沪方面中国军队后方联络。

当时防守宝山、狮子林、月浦一带的第九十八师经过准备，以迎接即将到来的大战。

8月31日拂晓，日本飞机不断向该师阵地进行猛烈轰炸，同时日军舰艇沿岸扫射整日。到9月1日9时许，狮子林江面敌舰二十余艘、飞机十余架，突然集中轰击狮子林、月浦一带阵地，并施放烟幕弹。9时30分，千余日军，利用烟幕、炮火掩护，分别向狮子林、谭宅第五八八团第二营阵地进犯，其守狮子林之第六连受到敌人陆海空军联合轰击，阵地被毁殆尽，伤亡惨重，形势十分危急。该团第二营唐营长即刻命令赵营附，率第五连由谭宅前往增援。这

60

时双方肉搏混战，该营附率第五连反攻，激战一小时，将敌人击退，情况渐趋稳定。不久，四五百敌人由西南冲入杨家宅，包围狮子林，战况更趋激烈，双方肉搏冲锋达四小时。该团派第三营前往增援，被敌机轰炸，运动困难，未及时赶到。而赵营附因率部冲锋，身负重伤，官兵伤亡殆尽。到14时，狮子林陷入敌手。

9月3日拂晓，两千余日军凭借海陆炮火的掩护，向该师杨家桥、月浦间阵地全线攻击。先以炮火集中轰击杨家桥等地，致使守军阵地尽毁。继而以步兵于烟幕掩护下，发起猛攻，守军五八八团第二连全部壮烈牺牲，阵地也被突破，情况危急达到极点。该师即令五八三团一营，由月浦出击，威胁其右翼。敌人乃转移主力于江边，攻右翼五八八团第三营阵地，激战四小时，伤亡惨重，营长蒋作庸负伤，全营伤亡殆尽。

5日，敌人为打通吴淞、狮子林间的交通，不惜投入全力猛攻，并由上海方面调来战车三十余辆为前导。该师伤亡过半，被迫向后撤退。于是，狮子林、吴淞间的联络，被敌人打通，致使守备宝山的第五八三团第三营陷入重围。这时，敌人以海军炮火及飞机，向该城轰炸整日，守备该城之营长姚子青，沉着应战，凭坚固守，敌人终不得逞。

姚子青，字若振，广东平远县人，黄埔军校第六期学员。淞沪会战开始后，他所在的第九十八师开往上海，为了免除后顾之忧，他派人把妻子和刚出生的孩子送回广东老家。他对妻子说："素珍，谁不爱自己的妻儿？谁不想合家团圆、幸福？日本侵略军打进来，破坏我们的幸福，这是绝对不能容忍的！保家卫国是军人的天职，我一定要杀敌立功，为国效劳。你们母子要多保重，不要记挂我。"他还曾留下遗嘱："此去尚能生还，固属万幸，如有不测，亦勿悲戚，但好好抚养儿女，孝奉翁姑。"

13时，敌全力猛扑，并以战车向各城门猛冲，官兵伤亡惨重。该师夏师长接到姚营长电报称："敌以兵舰三十余艘，排列于我东门江面，飞机十余架轰击我各城门，复以战车向我各城门冲击，职决遵命死守。"

夏师长当即回电："宝山城关系全局，该营长应仰体委座意旨，战至一兵一卒亦须固守。吾辈成功成仁，本无二致，该营应以宝山为归宿地，建立不世之奇功。并应准备充分巷战，万一城池被陷，亦当与敌偕亡于城中。"

这天晚上，该师接姚营长电，其中称："职等受主义之熏陶、领袖之恩德，敢不尽死，以报国恩。誓本与敌偕亡之旨，固守城垣，一息尚存，奋斗到底。职营官兵均抱与敌偕亡之决心，唯孤城无援，日久难立，恐人城俱亡，与大局无补，仍恳速援解围。"

最终，宝山城被敌人攻破。当时，姚子青不幸腹部被敌人炮弹片击中，血染全身，但他仍振臂高呼："兄弟们，杀身成仁，报效国家民族的机会到了！"边呼边向敌人扑击，终因伤势过重，流血过多，倒地身亡。

该营独一生还之第九连二等兵魏建巨报告如下："敌以优势兵力，并兵舰三十余艘、坦克车十余辆，自5日起，在炮、空掩护下猛攻宝山城。我第三营死守孤城，极力抗战，城多被毁，建筑物无一幸免。我众寡悬殊，伤亡惨重，孤军无援，激战彻夜。6日晨，敌复以坦克车堵塞四门，海军炮火及空军齐来轰击，城无全瓦，我官兵犹复为最后之苦斗，与敌巷战，猛烈肉搏。斯时营长姚子青、连长任之均阵亡东门，其他官兵伤亡殆尽。宝山城遂于10时失陷，全营官兵亦偕城作壮烈牺牲矣。"

罗卓英知道这一壮举后，写下《吊宝山殉营官兵》的诗句："鲸涛鳄浪撼危城，全仗吾曹抵死争。五百健儿齐殉国，中华何止一田横。"为了纪念姚子青，他还专门写了《挽姚子青营长》："英雄年少气如云，八载相从念虎贲。今日海疆成壮节，临风洒泪哭将军。"

最终，日军将两块登陆场连成一片。也是在这一天，国民党中央监察委员会通电全国："宝山之战，姚子青全营与孤城并命，志气之壮，死事之烈，尤足以惊天地而泣鬼神……"军事委员会追授生前为中校的姚子青为陆军少将，并在南京为其铸造铜像。

宝山陷落后，中国军队逐渐处于被动局面。实际上，早在9月6日制订的《淞沪抗战第二期指导计划》之《第三战区第二期作战指导计划》中就预料到了此种结果。该计划首先对敌人的企图进行了判断，认为："敌增援部队，在浏河、川沙口、张华浜等处登陆，其主力必由罗店向南突进，以威胁我围攻部队之左侧背，形成大包围。同时张华浜方面之敌，亦必向江湾镇方面攻击，吸收我攻围部队之兵力于其包围圈内。并对围攻上海租界之我军，形成小包围，以遂其迅速击破我军，完全占领上海之企图。甚或以此为其扩大侵略之根据地，再由其国内增加兵力，继续分向昆山、吴县及淞江方面发展，以图威胁我首都。"为此，该计划提出的作战指导要领包括：

一、本战区为保持经济重心，巩固首都，并有利于全局之持久作战起见，务就现已形成之包围态势，对于上海及各处上陆之敌，运用优势兵力断绝其联系，限制其发展，并努力围攻由狮子林及川沙方面上陆之敌，打破其包围企图，而收各个击破之效。

二、如各个围攻之目的不能达到，则依状况逐次于后方占领阵地，采取攻势防御，乘其海陆火力不能协调之际，发扬我之精神与物质威力，一举而击破之。

三、于万不得已时，则退守后方既设阵地，做韧强之抵抗，以待后方部队之到达，再行决战，期获得最后胜利。

宝山的陷落，表明中国军队希望以断绝联系、各个击破的作战预想没有达到，因此，只能采取逐次占领后方阵地，利用攻势防御的手段，做韧强抵抗，以待后方援军的到来，再行决战。

按照这一作战指导思想，罗卓英下令：第九十八师要竭力保持月浦附近之战线，万不得已时，应逐次抵抗，向后撤退，并移至广福附近待命；第十四师要构筑坚固据点，掩护九十八师撤退；第十一师固守原阵地，钳制罗店之敌；第六十七师要继续构筑预备阵地。

此后的作战更加艰苦，特别是中日双方都拼尽全力争夺罗店，罗卓英对此曾有过如下描述："9月12日至18日，日军集中炮火，采取锥形展进法，猛力向罗店攻击，我军沉着应战，浴血杀敌，敌终失败而去。敌野心不死，两日来又向我罗店阵地猛攻。23日下午5时，敌战车五辆冲至我某处阵地，嗣因我守军密集射击，并冲出壕外，截断其步兵跟进，战车仓皇溃退。同时杨行敌军亦向我刘行阵线猛攻。敌人利于昼战远战，我则利于夜战近战，士气之旺盛，前未曾有。故剧战已四十余日，敌始终未占领一较好之阵地。敌对沪战，以极重大代价，迄无相当收获。"

10月，日本编成第十军，作为上海方面的派遣兵团，司令官为柳川平助中将，日军由此发动了更猛烈的攻击。虽然中国军队勇猛顽强，但毕竟日军武器装备优越，特别是得到了空军海军的支援，而中国军队虽然杀敌热情高涨，但在作战技能、战场管理方面还存在明显的差距。随着战事的持久，日军逐渐掌握了战场的主动权，而参加淞沪会战的中国军队伤亡特别大，"主力各师都补充了四五次，后方各省的保安团整团整团地补充上来，原有下级军官和士兵伤亡达三分之二，旅团长也达半数"。

此时的罗卓英更加忙碌，对此，从一篇时人所写的《罗卓英将军访问记》中可见一斑："罗先生是广东人，短短的个子，结实的身体，充分地表现出十足的'广东精神'。他是保定军官学校出身，军事方面造诣固然很深，而文学方面亦有相当的修养。上海战事发生不久，他就到达东战线，到现在有两月多了。虽然每天工作相当的忙，睡眠的时间相当的少，但是他的精神还是很健旺。同罗先生与我见面的还有施伯卫参谋长，他与罗先生也有同样的性格。罗先生致谢社会各方的厚意，他说作战了两个月，还没有表现出什么成绩来，先蒙各方人士的奖饰，实在当之有愧。其次他谈到最近的战况。他说，敌人在上海战事里，到现在已经实施了四次总攻，每次总连续攻击一星期或十余天之久，但是结果完全失败，受我们相当的打击，就是有些微小的进展，也只是一二里路的一条阵线，或破碎的一个村庄。这回敌人所谓第四次总攻，其目的在突破大场，威胁南翔、真如，迫我江湾闸北守军撤退。计划固然不错，然而结果适得其反，不但目的未达，且受了严重的牺牲。预料敌人在这方面未得手，又得另想别的办法。至于最近敌舰在沿江各口的活动，那完全是扰乱性质……结果毫无所得而去。但是敌人对该方面仍将继续有所企图，那是不难想象的。至于敌我比较，我们虽然物质方面不如人，但是我们有中心思想，抱定了牺牲的决心，精神能克服物质，于是一切都不成为问题。反之，敌人根本没有牺牲的决心，虽然物质优良，奈士兵不能勇敢作战，那又有什么办法？我们常在俘房身上搜出写而未发的信，满纸俱系思家之言，试问这种军队如何能对外作战？最后罗先生说，敌军在上海把新式武器完全使用尽了，在我们退出其海军射程后，其海军已失效用。最近乃将其海军炮拆卸上陆，但是因为太笨重，运动不便，效力已大减。关于敌军使用毒气事，业已发现数次。在罗店及蕴藻浜，敌人曾使用过，我们死伤有二三十人。这次敌军在沿江各口登陆失败，又经我军检获其毒气放射器，敌军之不顾人道，由此可见！"这篇在战时对罗卓英的采访，虽然其中有不少不实之处，但从其中可以看出罗卓英指挥战斗的英勇。

10月下旬淞沪战局处于十分艰难的阶段，日军逐渐逼近上海市区，中国军队退守苏州河南岸。当时郭沫若、夏衍、田汉诸人在上海创办《救亡日报》，经常到前线进行采访，撰写抗日文章，鼓励国人斗志。一次，他们访问罗卓英，其间罗卓英畅谈上海战局。田汉、郭沫若诗兴大发，田汉写下了"敌机整日绕城飞，虎帐从容写近诗。十万健儿齐肉搏，东南今日决安危"诗句，郭沫若写下了"报国精忠有岳飞，满江红浪泛新诗。一心运用君诚妙，狂寇已如累卵危"诗句。为此，罗卓英随即写下《和田汉》一诗："民族高潮已怒飞，矛头蘸血写征诗。管他倭寇如狼突，阵稳心坚国不危。"在这首诗后，罗卓英自注如下："10 月 25 日，郭沫若、田寿昌、夏衍、吴中一四君见访于嘉定战地，敌机威胁下纵谈不辍，寿昌写诗，沫若继作，余亦和之。"

11 月初，罗卓英调任第十五集团军总司令。而此时，日军柳川平助率第六、第十八、第一一四师团等部，并集结八十余艘军舰，突然在杭州湾登陆。而该地区的中国军队大部已调往上海进行作战，仅有第六十三师的少数部队进行防守。因此，中国军队的防线很快被突破。随后，日军占领金山，控制了沪杭公路，并切断了京沪线和沪杭线的联络，在上海的中国军队立刻陷入被动。11 月 8 日，蒋介石被迫下达全线撤退的命令。13 日，罗卓英率部向吴县、福山一线转移，并与日军激战于常熟、福山、兴隆桥，击沉日舰四艘。19日，向锡（无锡）澄（江阴）线撤退。

上海最终陷落。

淞沪会战是中国全民族抗战中的第一次大会战，中国方面为此投入了六个集团军七十个师七十余万人，而日军方面也投入了九个师二十二万余人，双方参战兵力总和接近百万。此次作战，历时三个多月，毙伤日军五万多人，粉碎了日军"三个月灭亡中国"的狂妄叫嚣，使得其速战速决的战略被粉碎。此后日军沿江西上，屡经南京保卫战、徐州会战、武汉会战，最终一步步走向泥沼，走向最后的失败。

在淞沪会战中，罗卓英指挥军队，奋勇杀敌，书写出可歌可泣的壮烈篇章。经历过淞沪会战的罗卓英，看到了中华儿女忠勇爱国的决心，看到了中国抗战取得最后胜利的希望所在，他曾感慨地说："东战场诸役，是八年抗日血战的一个开始，我们不敢说：'好的开始，便是成功的一半。'而事实证明，东战场诸役，确是表现了我中华儿女忠勇爱国的气质，留下了许多可歌可泣的事迹。这里所记的不过是一部分战绩。虽属一斑，也可由此略窥全豹了。我们知道，日本帝国主义蓄意谋我已历数十年之久，经过充分准备才来向我挑衅，以至不宣而战。但这种应战是被迫的，完全是以同仇敌忾的心情，在装备和武器完全不及敌人的情况下，不得不拿血肉作长城，以求保卫我们国家的领土。"特别是在10月1日，嘉定城开军民大会，罗卓英对此记述说："军民情绪欢洽，牺牲的官兵虽然不少，但士气却愈战愈为旺盛，而真正做到了前仆后继。民心也坚定而乐观，认为日军必败，最后胜利一定属于我们。"值得一提的是，在此次作战中，中国军队还从敌人的尸体中，找到一页日记，上面写下了日本士兵对战争的悲观："向支那进军，意义不明，我不知为什么要去作战。明天拂晓，要实行敌前登陆，也许会战死。一想到死亡，就担忧家中今后将没有男丁了，怎么过活呢？我的妻子正怀孕，愿菩萨保佑生个男孩吧。"罗卓英为此曾说："有些敌人战败被俘，他们愿意投降。我们对他们很优待，把他们护送到后方去了。在罗店，前后共计俘获了三十二个敌人，中间有一个中尉军官，其余都是士兵。'武士道'精神哪里去了？《祈战死》的军歌丢进纸篓里去了吗？反观我国官兵，宁死不屈，绝没有一个投降敌人的。真不愧为堂堂的中国军人！中华儿女！"

在此次作战中，留给罗卓英印象最深的要属罗店血战，他曾说："卓英奉命率陆军第十八军一部分队伍，扼守罗店一线。罗店在离上海不远的海边上，是嘉定与浏河之间的一个小镇。市面虽不大，却是极富战略意义的据点。守住罗店，嘉定、浏河一带就可以保全，间接也就是守住了苏州和上海的门户。但是这地方一展平阳，没有山岭，也没有特殊的设备可资利用，连个像样的战壕也来不及修筑，勉强建立了一点简单的工事，可以说是只是象征性的。在敌军重炮和坦克车的疯狂攻势下，只有拿我们的血肉去和他们硬拼。我在罗店作战，赖诸将士用命，大战七天七夜，敌人进犯三次，三次都被我军击退……敌军本想一鼓而下罗店，长驱进犯，无奈我方坚守，敌与我隔水相持，不敢越雷池一步。"广大中国官兵不畏牺牲、与敌血战、壮烈殉国的英雄事迹深深地烙印在了罗卓英的心中。除了上述罗卓英赋诗以吊宝山殉城姚营官兵外，他还曾对雷汉池营殉国的官兵写诗凭吊："10 月 5 日，我第十一师雷汉池营长率军守'徐宅'阵线。敌以战车二十余辆，冲我阵地，并施放毒气。我官兵誓死不退，与阵地同存亡了。最令人感动的是有士兵十八人自动将手榴弹捆在身上，伏地以候战车冲来。结果，人亡战车同时被炸毁。这是古今中外所未有的壮举，也是空前的惨剧。不敢不为记出，借以稍慰这些壮士们的英灵。"诗中写道："姚营而后又雷营，溅血成仁性命轻。毒弹战车何足畏，浩然正气作干城。"

在淞沪会战中，罗卓英不但在战场上指挥中国军队用枪与日军血战，同时他还以其斐然的文采去动员官兵们的抗战斗志。除了上述罗卓英所写的诗外，他还曾专门写了一篇《告抗日负伤官兵书》，以此来激发负伤官兵杀敌报国的热情，这篇文章写道："最光荣的对日抗战，在全面开展了！最伟大的抗战胜利，在哄传中外了！我们……曾以最大的努力、奋斗和牺牲，奠定了我们国家和民族的坚固基础。今天对日抗战的胜利，就是建筑在这个坚固的基础上面。开始和敌人的陆军接战，始终钳制上陆的敌军于狭小的地区里，粉碎了敌人能号称最剽悍最精锐的'久留米'师团和'熊本'师团。这都是我们英勇的官兵同志艰苦奋斗的成绩和代价，在历史上是永远记载着的。宝山城里的五百官兵，孤军苦斗两昼夜，结果与城偕亡，演出淞沪战役中最壮烈最沉痛的一幕民族抗战历史剧！全国民众皆赞颂我们的姚将军！世界各国皆叹服我们的革命军！我们英勇官兵同志这种浴血抗战的精神和光辉，在中华民族史上尤其永远不会磨灭的。流血便是我们的光荣；敌人无所得，便是我们的胜利；粉碎敌人进攻的计划，歼灭敌人精锐的部队，更是我们的光荣和胜利。我们要发扬最大的光荣！我们要争取最后的胜利！各位负伤官兵同志们：'受伤不退'是我们一贯的精神！'受伤服务'是我们一贯的精神！'遵守医院规则'是我们一贯的精神！'伤愈即行归队'

68

是我们一贯的精神！这一贯的精神，大家牢记着，实行着！军长师长因为都负着前线指挥的责任，不能亲身回来探视，特派代表，分赴各院发放以前的薪饷劳金，并代致慰问之热忱！顺祝各位早复健康！"

第四章　一寸山河一寸血

日军占领上海后，随即乘胜追击，企图一举攻占南京，迫使中国政府投降。从淞沪后撤的罗卓英临危受命，先后参加了南京保卫战、武汉保卫战，为抵抗日军的进攻做出了重要贡献。

保南京

在淞沪会战结束前，对于是否继续进攻、占领南京，日军内部存在不同的意见，根据其总参谋部战争指导处的堀场一雄回忆，"主张把作战地域限定在太湖以东的思想依然占着支配地位"。然而，随着国民党军的溃败，日军方面主张进军南京的意见开始占了上风。

11 月 22 日，日华中方面军提出：为了使事变迅速解决，乘现在敌人的劣势，必须攻占南京。对此，日华中方面军进行了如下分析："现在敌之抵抗在各阵地均极其微弱，很难断定有彻底保卫南京的意图。在此之际，军如停留在苏州、嘉兴一线，不仅会失去战机，而且将使敌人恢复斗志、重整战斗力量，其结果要彻底挫伤其战斗意志将很困难。从而事变的解决越发推迟，国民也将无法谅解军的作战意图，有害于国民舆论一致。为此，利用目前的形势攻占南京，当在华中方面结束作战。""为了要解决事变，攻占首都南京具有最大的价值。""方面军以现有的兵力不惜付出最大牺牲，估计最迟在两个月以内可以达到目的。""我们认为第十军随着后方的建立将可继续跃进，上海派遣军经过十天休整即可向南京追击。"还是在这一天，日本第十军的报告也提出了相同的意见。

最终，日本大本营同意了侵华日军当局的要求，日华中方面军立刻制定了《第二期作战计划大纲》。12月1日，根据"大陆第七号"命令，日军下达了华中方面军战斗序列令，由华中方面军、上海派遣军、第十一军组成，松井石根为方面军司令官。同日，日军大本营下达"大陆第八号"命令：华中方面军司令官须与海军协同，攻占南京。

松井石根迅速对所属部队进行部署，开始向南京前进攻击。其具体部署是：上海派遣军12月5日主力开始行动，重点保持在丹阳、句容公路方面，击败当面之敌进入磨盘山山脉；以一部从扬子江左岸地区攻击敌之背后，同时切断津浦铁路及江北大运河。第十军12月3日主力开始行动，以一部从芜湖方面进入南京背后，以主力击败当面之敌进入溧水附近，特别须对杭州方面进行警戒。

日军的魔爪一步步伸向南京，南京城危在旦夕。

南京，地处长江下游，濒江临海，是中国重要的交通枢纽。南京历史悠久，三国时期的吴、东晋、宋、齐、梁、陈、五代、南唐、明初、太平天国及辛亥革命时都曾建都于此。北伐战争兴起后，国民革命军占领南京，蒋介石遂将南京定为首都。南京在华东地区地位十分重要，因此在历史上发生过三十余次大战：公元224年孙权抗击曹丕十万人渡长江，晋灭吴之战、北齐攻梁之战、晋灭陈之战、唐灭辅公祏之战、朱元璋灭元之战、郑成功军与清军的"南都之战"、太平军与清军在南京的攻防战等，都曾在这里发生。

面对从东面涌来的日军，南京城并不好守。由于南京城在长江的弯曲部，地形背水，日军完全可以凭借其水面舰艇优势，进入长江，截断长江南北交通，并可利用舰炮轰击南京；此外，日军在陆上还可以凭借其优越的机动性，沿沪宁、京杭交通线快速挺进南京，并可直插芜湖截断南京后方的交通线，从而使南京成为军事上的孤城。早在淞沪会战期间，刘湘曾与唐生智讨论南京的战事问题。

唐生智说："上海的战事是不能长久打下去的，只有拖住敌人一些时候，并利用这个时机，在后方休整部队和做好长期抗战的准备工作。至于南京的问题，的确不大好办，守是要守的，就是没有完整的部队来守。不过，依我的看法，可以派一个军长或总司令率领几个师来守卫南京，以阻止敌人迅速向我军进逼，从而赢得时间，调整部队，以后再撤出南京，以拖住敌人。"

对于唐生智的看法，刘湘说："听蒋说，准备要你守南京。"

"根本没有这个必要，要我守，我只好拼老命。"唐生智无奈地回答说。

刘湘继续问道："你看能守多久？"

唐生智只用了三个字做出回答："天晓得。"

上海战事爆发后，蒋介石也在考虑南京城的防守问题。实际上，华北事变爆发后国民党方面就开始做战争准备。到抗战全面爆发时，国民党已经在京沪间主要防御方向上构筑了从长江下游的福山线，到乍浦吴福线和江阴到无锡的锡澄线两道国防工事，以及以茅山为中心的南京外围防御线。此外，在南京地区还构筑了外围和复廓两道阵地。在日军步步向南京进逼之时，蒋介石对南京城的防守问题更多是从政治方面进行考虑。11月中旬，蒋介石在南京连续三次召开高级幕僚会议，商讨南京的防守问题。

第一次会议参加者有何应钦、白崇禧、徐永昌和刘斐等人。作为当时国民政府军令部第一厅（作战）厅长的刘斐对于南京的防守问题进行了深入的思考，他在后来回忆时曾说："我认为日军利用它在上海会战后的有利形势，以优势的海陆空军和重装备，沿长江和沪宁、京杭通道（宁杭公路）等有利的水陆通线前进，机动性很大，故可由江面用海军封锁和炮击南京，从陆上也可由芜湖截断我后方交通线，然后以海陆空军协同攻击，则南京将处在立体包围的形势下，守是守不住的。我军在上海会战中损失太大，又经过混乱的长途退却，已无战斗力，非在远后方经过相当长时期的补充整训不能恢复战斗能力。基于我军当前的战斗任务，为贯彻持久抗战方针，应避免在初期被敌强迫决战。故应以机动灵活的运动战，争取时间，掩护后方部队的整补及进一步实行全国总动员，争取在有利时机集中优势兵力，对敌进行有力的打击。针对以上的情况判断，我认为南京是我国首都所在，不做任何抵抗就放弃，当然不可。但不应以过多的部队争一城一池的得失，只用象征性的防守，做适当抵抗之后就主动地撤退。对兵力使用上，以用十二个团，顶多十八个团就够了，部队太多将不便于机动。"

对于刘斐的建议，大本营副参谋总长白崇禧首先表示支持，何应钦和徐永昌等也说有道理。蒋介石听后，也认为刘斐的看法是对的。但他却说："南京是国际观瞻所系，守是应该守一下的，至于如何守法，值得再加考虑。"

过了两天，蒋介石又一次召开第二次高级幕僚会议，此次参会的人员比上次多一点，除了何应钦、白崇禧、徐永昌外，还有唐生智、谷正伦等人。在这次会上，唐生智力主守南京，他认为：南京是首都，为国际观瞻所系，又是孙中山总理陵墓所在，如果放弃南京，将无以面对总理的在天之灵，因此南京必须死守。蒋介石对此没有做肯定的决定，只是说："孟潇（唐生智的号）的意见很对，值得考虑，我们再研究研究吧！"

显然前两次的高级幕僚会议的情况并不符合蒋介石的意愿。于是，他又第三次召开了高级幕僚会议。

在此次会议上，蒋介石面色沉重地看着参会人员，问道："守不守？"提出这个问题后，蒋介石又自言自语说："南京一定要守。"

唐生智思考再三说："我同意守南京，掩护前方部队的休整和后方部队的机动，以阻止和延缓敌人的进攻。"

蒋介石心里很清楚不少人是不主张守南京的，看到唐生智的想法正符合自己的意思，心里稍有宽慰，继续问道："哪一个守呢？"

会场顿时鸦雀无声，每个人都在默默地盘算着。

对此，蒋介石十分恼火，赌气地说："如果没有人守，我自己守。"

见此局面，唐生智把从前见刘湘时的看法说了出来："用不着你自己守，派一个军长或总司令，带几个师或几个军就行了。从前方下来的人中间派一个人守，或者要南京警备司令谷正伦守都可以。"

蒋介石摇摇头说："他们不行，资历太浅。"面对大家的沉默寡言，蒋介石接着说："再商量吧！"

唐生智在会上的表现让蒋介石看到了希望。第二天，蒋介石把唐生智找去商讨南京城的防守问题。对此，唐生智曾做过如下回忆："他说：'我们出去看一看吧。'到了复廓一带，主要是看桂永清所指挥的教导总队的阵地。他说：'这个地势，应该有办法。'我说：'现在从上海撤下的部队伤亡很大，新兵多，没有几个老兵，任务是艰巨的。'我回家以后，就要参谋处赶快拟一个城防计划准备次日亲自送给蒋看，并推荐谷正伦、桂永清为城防正副司令，或再加上罗卓英为总司令。因为罗是陈诚的副手，我考虑到将来陈的队伍退到皖南时，他们还可以相互呼应（谁知陈诚的部队在上海撤退时，就一气退过了宣城、广德，而敌人也跟着到了宣城、广德，另一支直趋芜湖了）。下午，蒋又找我去，对我说：'关于守南京的问题，要就是我留下，要就是你留下。'我说：'你怎能够留下呢？与其是你，不如是我吧！'他立即问：'你看把握怎么样？'我说：'我只能做到八个字：临危不乱，临难不苟。'我自从九一八事变回到南京以后，始终是主张抗日的。同时担任的工作也是筹划抗日的工作。上海战事开始时，我又兼任军法执行总监部总监，我能违抗命令，不守南京吗？加之，在这种情况下，蒋介石这样来将我的军，我明知不可为而为之，事后，又任说我办蠢事。我说：'世界上有些事也是要蠢人办的。'"

这样，固守南京的方针就此确定下来。很快，国民党方面成立了首都卫戍司令长官部，以唐生智为司令长官，罗卓英、刘兴为副司令长官，下辖第七十二军孙元良部、第七十八军宋希濂部，以及首都警备军谷正伦部、桂永清的教导总队和宪兵部队等。与此同时，国民政府迁都重庆，并将统帅部迁至武汉。

11月20日，唐生智发布戒严令，南京地区进入战时状态。由于当时固守南京的部队兵力严重不足，加之大都是从淞沪战场撤至南京尚未整训完毕的部队，因此国民党方面确定的防守方针是以固守复廓据点及城垣为重点。具体部署如下：以第八十八师任雨花台及城南之守备；以教导总队任中央地区紫金山及城垣东部之守备；以第三十六师任幕府山及城北之守备；以宪兵部队任清凉山附近之守备；以一个团及五龙山要塞部警戒长江封锁线；并且命令各部队征集民夫于各地区赶筑工事。

刚经过淞沪会战的罗卓英，面对固守南京这一艰巨的任务感到肩上担子的沉重。

此前，作为罗卓英好友兼上司的陈诚虽然反对蒋介石死守南京，但看到蒋介石决心已定，便推荐罗卓英为南京卫戍副司令长官。罗卓英对此非常不理解，他对陈诚说："南京的保卫战应该是在外围。上海总撤退时的混乱，你是最清楚的。现在，要固守南京只能准备巷战，能有好结果吗？"可以说，罗卓英深知日军武器装备的精良，深知南京城防的困境，更深知守备部队的不足。但民族大义、军人的天职使他义无反顾地投入到南京城的守卫战中。

然而，中国军队固守南京的种种不利因素使得其无法阻止日军进攻的步伐。12月4日，日军开始向南京外围第一线防御阵地发动猛攻，中国军队伤亡惨重，阵地相继失守。12月9日，南京保卫战进入复廓阵地防御阶段，10日，日军向雨花台、通济门、光华门、紫金山第三峰等阵地发动全面进攻。中国军队进行了猛烈还击，给予日军以极大杀伤，南京保卫战进入到白热化阶段。

面对日军的猛烈进攻，罗卓英的隐忧不断增强：南京城还能防守多久？为了进一步了解战况，也为了给在第一线浴血奋战的官兵打气，12月11日，罗卓英与第十六军团司令部中校参谋王晏清一同亲临前沿阵地视察情况。对此，王晏清曾有过如下回忆："沿途经过山西路、鼓楼、大行宫、新街口一带，看见十字路口都在构筑工事，工事都用沙袋堆起，是准备巷战的。我们又继续向中华门方向走。那时，日军的飞机正在向中华门投弹，爆炸的声音震耳欲聋。沿途商店都关门停止了营业。到了中华门附近，看到被炸后的惨景，很多房子被炸塌了，远处传来老百姓的号哭声，撕心裂肺。我们从中华门的东侧登上城楼，发现附近有一些战士的尸体，这些战士都是第八十八师孙元良部的，尸体倒卧在路旁，个个咬牙切齿，怒目而视。他们还没有打败日寇，就为国捐躯了。我们看后心里非常悲痛，当时我就叫第八十八师的军官把这些抗战烈士好好安葬，以慰忠魂。我们刚登上城楼就遭到日军狙击手的射击，子弹嗖嗖地从耳边飞过。我们沿城墙边走到城门附近用望远镜观察，发现有一股日军在城外行动。同时听到密集的机关枪声音；也看到了我军的人在运动，知道城外还有我军在同日军激战。我身后的第八十八师的军官告诉我说是他们的一个团。正说话时，枪声异常激烈，这个部队与日军成拉锯状态。那个军官又告诉我：'前天有一部分日军突入到中华门的城楼底下，并有少数日军冲进了中华门城门下，占据了沙包掩体工事，用机关枪向我们扫射，情况十分危急。'但是，我们没有畏惧，马上组织反攻。冲来冲去，结果把突入城楼下占据沙包的日军打了出去，同时城楼上的人把集束手榴弹往下扔，日军一看站不住，也就不再攻上来了。我们马上恢复了中华门城楼下的阵地，解除了日军对城内的威胁。但是日军的飞机还是不断地向城里投弹，没有投到城墙上，只是落在城墙里面附近的街道上。我们又向东走了一段，城外的日军离我们很近，他们不停地用机枪向我们射击，中华门外有一些民房，日军就利用这些房子构筑了工事，开了枪眼向城上射击，所以在城墙上活动很难。我们看了一些情况后就回长官部了。"

通过此次视察，罗卓英对南京保卫战有了更直观的认识。罗卓英对王晏清说："今天南京是个孤城，城外除紫金山有我们的部分部队外，没有大部队集结，只能利用城墙为依托来消耗敌人。因此，我们守城是持久防御。我军将士是勇于杀敌的，但我们的守城部队粮弹都缺乏，因此，守南京是仓促的、草率的。要守到哪一天，还要看委座的决策。"从中不难看出罗卓英对南京守卫困难的认识，但对于这样一个艰巨的任务，罗卓英更多是从政治大局方面考虑。他说："南京是先总理葬身之所，如果不战就放弃是我们的耻辱，我们有何脸面见先总理于地下呢？所以必须同敌人决一死战。"罗卓英后来还曾说："人生总有一死，我们死在南京，葬身钟山之下，必为后代所敬仰，还可以教育后人。"如何在劣势中寻求主动，罗卓英认为：要守住城，必须以城为依托，牵制敌人，以城外部队进行机动，里应外合才能守住城。

此时的南京城已经危在旦夕，南京城已无法防守。12 日凌晨，唐生智、罗卓英等人召开紧急会议。唐生智脸色严峻，他沉重地说："现在城已被击破，无法守卫了，委员长已有命令，叫我们撤退，你们赶快去准备撤退命令吧！"

大家对此早有心理准备，但真正听到唐生智下达撤退令时，仍然很难接受。但大势已去，无力回天。

也就在这一天，从拂晓起，日军用飞机、大炮密集地向各城门进行猛烈轰击，妄图打开前进的通道。有着数百年历史的南京城墙被敌人的炮弹炸得石块乱飞，通过被炸开的缺口，中日双方的士兵甚至都可以对视。与此同时，数十架日军飞机也在天空盘旋，炸弹和劝降宣传品从天而降，日军试图以此来瓦解中国军队的斗志。

面对这种严峻的形势，面对唐生智下达的撤退命令，罗卓英更多考虑的是如何使部队安全地后撤。这天上午，罗卓英让王晏清到江北去了解友军的情况。王晏清首先到了下关，找到了当时的海军舰队司令欧阳格，对他说明去江北的意图。结果欧阳格却说现在没有船。王晏清顿时感觉情况不妙："下关没有船，将来部队要撤到江北怎么办？"欧阳格对此搪塞而过，最后派了只小火轮送王晏清过江。其实早在12月9日，日军总司令松井石根就通过飞机向唐生智和中国的守军投掷了《投降劝告书》。对此，唐生智置之不理，同时严令各部队应以与阵地共存亡的决心尽力固守，擅自撤退者即按连坐法严惩。此外，唐生智还命令各部队所有船只一律上缴，沿江宪兵队、警察严禁部队散兵私自乘船渡江，违者拘捕严办，抵抗者以武力制止。唐生智的这一命令虽然在当时恶劣的环境下能够树立起官兵死守的决心和意志，但这也堵塞了南京城被攻破后，中国士兵及民众撤离之路。

当日下午4时，罗卓英参加了唐生智召集的南京保卫战中的最后一次会议。唐生智首先宣布说："南京现已十分危急，少数敌人业已冲入城内，在各位看来，以为尚有把握再行守卫否？"

与会人员彼此面面相觑，罗卓英心里十分不平静：从感情上讲，南京城不能放弃，如果放弃，国家的颜面何在？南京的百姓何去何从？从理智上讲，南京城已无法防守，与其死守，导致官兵无谓的牺牲，还不如保存实力，以图再战。

唐生智打破会场的沉寂，他向与会人员公布了蒋介石在该日下午给他的电令："如情势不能久守时，可相机撤退，以策后图。"随后，唐生智又把撤退命令、突围计划和部队集结地点进行了详细说明。最后，唐生智说："战争不是在近日结束，而是在明日继续；战争不是在南京卫戍战中结止，而是在南京以外的地区无限地延展，请大家记住今日的耻辱，为今日的仇恨报复！各部队应指出统率的长官，如其因为部队脱离掌握，无法指挥时，可以同我一起过江。"

天渐渐黑了，不绝于耳的枪炮声预示着南京城即将进入最黑暗的时刻。唐生智、罗卓英等在当晚9时坐船离开了南京。在船上，看着南京城中的冲天大火，听着炮弹划破空气时的尖啸，罗卓英心潮澎湃，他暗暗下定决心：这个仇一定要报！

战 武 汉

南京保卫战结束后，日军并没有停下侵略的脚步，一步步向中国腹地深入，最终将魔爪伸向了武汉。日军占领南京后，其大本营陆军部就开始研究攻占武汉作战。日军认为：为了早日解决中国问题，必须进行汉口作战。只要攻占汉口、广东，就能支配中国，并且以现有的兵力完全可以实施此次作战。最初，日军大本营计划以一个军沿京汉线南下，一个军沿长江进攻，但由于考虑到沿京汉线作战，需要很大兵力，加之华北地区不够巩固，因此这一计划被推翻。日军遂决定以主力部队沿淮河进攻大别山背面地区，以一个军沿长江进攻。1938 年 5 月底，日军大本营制订了作战准备方案，其内容主要包括：一、华中派遣军在 6 月中、下旬占领安庆，做好以后的作战准备。占领安庆后，编好属于华中派遣军的第十一军，由该军担任沿长江的作战。二、华中派遣军另派第十三师团占领寿县、正阳关、六安附近，然后进行以后的作战准备。6 月底将第二军（约两个师团在 7 月底前置于华北方面军指挥）转属于华中派遣军，再加上第十三师团，担任沿淮河作战。三、华中派遣军应在安庆及寿县附近分别为直接协助两军第一线的飞行团建立基地，并在蚌埠、庐州附近为空军轰炸部队建立基地。四、华中派遣军应在安庆及寿县、正阳关、六安附近，为两军的第一线建立补给基地。

对于日军的野心，国民党方面也早有察觉和准备。1937 年 12 月 13 日，军事委员会制订了《第三期作战计划》，其中规定：国民党军以确保武汉为核心，持久抗战，争取最后胜利之目的。应以各战区为外廓，发动广大游击战，同时重新构成强韧阵地于湘东、赣西、皖西、豫南各山地，配置新锐兵力，待敌深入，在新阵地与之决战。

该作战计划还专门对长江及武汉之守备进行了明确：湖口以西、武汉以东之各要塞，应力事增强，并统一指挥，以江防总司令统兵守备之，并加封锁。武汉之守备，以二十个团（五师）担任之。设武汉卫戍总司令，任保护核心之全责。

随着时间的推移和日军的深入，到了 1938 年，国民党对日军的战略企图已经看得越发清楚。1 月 11 日，蒋介石在一次军事会议上对守卫武汉的重要意义进行了阐述。他说："我军的战略是什么呢？简单明了地讲起来，就是东面我们要保持津浦路，北面要保持道清路，来巩固武汉核心的基础。大家知道自从上海、南京失守，我们唯一的政治、外交、经济的中心应在武汉，武汉决不容再失，我们要维持国家的命脉，就一定要死守武汉，巩固武汉。"

此外，一份 1938 年的"对武汉附近作战之意见"的档案如今被发掘出来，该档案清晰地反映出当时国民党对日军战略的洞察和对武汉防御的部署。

该档案首先对日军的动向进行了深入的分析：敌人打通津浦线后当以郑州及武汉为其作战目标，且判断其侵袭郑州及武汉之路线约有三：一、以一路沿陇海线西进图取郑州，以断我平汉线之联络，同时安阳方面之敌沿平汉南下，以夹击黄河北岸之我军。二、以一路由合肥经六安、潢川趋信阳，以图截断平汉线，再转而南下进逼武汉，或待陇海一路占领郑州后，再沿平汉线南下取信阳、武胜关，同时以一路由合肥、六安经商城、潢川，再南转经麻城、黄安，与平汉路之敌会攻武汉。三、以一路沿长江北岸经大别山脉南麓，由安庆、太湖、宿松、黄梅与海军协同而会攻武汉。再，敌若兵力许可，则待浦信（合肥、六安线）及平汉两路作战得手后，更转移一部兵力沿京赣、浙赣两路趋南昌、长沙或于九江登陆，沿南浔路进攻南昌，以截断浙皖我军之后方联络线。

按照上述对日军进攻的可能路线，该文件提出应为保卫武汉做相应准备："武汉已为我抗战之政治经济及资源之中枢，故其得失关系至巨。唯武汉三镇之不易守，而武汉近郊尤以江北方面之无险可守尽人而知，更以中隔大江外杂湖沼，尤非可久战之地，故欲确保武汉则应东守宿松、太湖，北扼双门关、大胜关、武胜关诸险，依大别山脉以拒敌军，并与平汉北段之积极行动相呼应。若敌悬军深入则可临机予以各个击破，或在大别山预为隐伏待其深入，出奇兵以腰击之。如此方可制胜，方可以确保武汉，否则据三镇而守，于近郊而战，则武汉对我政治经济资源上之重要性已失所保者，仅此一片焦土而已矣，且受敌之包围，则势如瓮中之鳖，困守南京之教训实殷鉴之不远，故欲确保武汉而始终保持武汉为我政治经济资源之中枢，则应战于武汉之远方，守武汉而不战于武汉是为上策。"该档案中提出的"守武汉而不战于武汉"可谓高明，为此，该文件还专门阐述了第一次世界大战期间德军的行动部署以资借鉴："如1914年秋季欧战时东战场之作战，德国在该方面之兵力仅为第一、第二两军为湖沼地带所分离，乃决心转守为攻，集结优势兵力于南方而造成坦能堡之空前歼灭战。迨百余战，德军在东战场始终占于有利之地位使西战场之德军无后顾之忧，而柏林得以无恙也。但德军若依当初计划退守外克塞尔河，则东战场之资源既失而首都之能否安全保障亦成疑问也。虽以衡目前之形势未必为当，但其以攻为守之精神则一也。"通过对于此战例的分析，该文件对武汉会战的作战指导进行了明确："若我万不得已而战于武汉近郊时，亦应于武汉以北地区，如孝感、花园及广水、武胜关间配置重兵，使成犄角之势，敌若以主力趋武汉则可依武汉之既设工事坚韧抵抗，以吸引敌之兵力，同时由孝感、武胜关间击其侧背。敌若不直攻武汉而先攻武胜关、孝感时，则以武汉之守备部队出击，是为中策。如1914年马尔纳河会战，法军依其巴黎要塞为依托，待德军由巴黎东侧侵入时，乃由左翼转移攻势，击德军之右侧背，结果德军不支而退，亦属良好之战例。"

多年后，白崇禧在其口述自传中曾对当时的敌情做了简明扼要的阐述："军委会以当时之情况判断，敌人进攻武汉使用之陆、海、空军兵力据估计：陆军十个师团，海军一万吨以下之兵舰约一百艘（万吨以上之兵舰不能驶入武汉），并配有陆战队，空军至少四百架。敌人进攻武汉之方略判断，主力将循江而上，分进合击，另一部沿大别山北部经商城、罗山、信阳威胁汉口以北之地，再以一部占领九江，向阳新、大冶进出，攻击武昌之侧背，企图包围武汉，消灭我野战军之主力。"

根据对敌情的判断，国民党军迅速做出了部署：由李宗仁为司令官的第五战区共辖二十六个军五十八个师负责大别山南北及长江北岸的防务；由陈诚任第九战区司令官，下辖二十三个军四十九个师，负责武汉及长江以南防务；武汉卫戍部队和江防守备部队固守武汉核心地区和外围沿江要地。

大战即将来临。

1938 年 6 月 15 日日军攻陷安庆后，将侵略的矛头首先指向了马当。

为了守住武汉的门户，早在 1937 年 12 月 14 日起，中国海军逐次破除安徽荻港至江西九江的长江航路标志，并在东流至马当一线布设水雷八百余枚，沉塞船只三十九艘，建成人工暗礁三十处，并派"宁"字、"胜"字炮艇在阻塞线附近江面巡逻。1938 年 4 月，中国海军在香口、牌石矶、凌家嘴、羊山矶、土桥等处加布锚雷和漂雷。6 月，中国海军在马当阻塞线附近加布水雷六百余枚，在东流江面加布水雷一百余枚。

日军拿下马当志在必得。时任武汉江防要塞守备司令部陆战队支队第二大队大队副的杜隆基回忆说："24 日上午 8 时，敌炮弹落在长山后洼地的我军炮兵阵地附近，香山约比长山高，香山顶端能看到我军炮兵阵地，判断敌炮兵阵地设在香山反斜面，敌我展开炮战。这时，敌步兵组成三个突击组，抬着重机枪，从太白湖的水荡里向我长山阵地突击。太白湖口至江边约有八百公尺宽，纵深约六百公尺，原是一片水稻田，水稻开始放穗。由于长江水涨，漫上江边堤圩，灌进水田，使这片水田变成湖荡，是我长山阵地的屏障。敌突击组一进入湖荡，就有半截身子陷在水里，轻重机枪的火力也就减弱，我长山阵地的轻重机枪一齐射击，火力异常猛烈，只见敌突击组的士兵和机枪手纷纷倒在湖荡里，未见有人回去。24日上午，敌人组织两次突击，下午又组织两次突击，均被我长山阵地守军全部消灭。"

也就在敌陆军进行突击时，敌海军舰艇也参加战斗。24日上午，日军海军舰艇闯进中国守军布设的雷区，并向长山中国步兵阵地猛烈轰击。最初敌以舰头的火力轰击，但毕竟只有两三门炮的火力，于是日军调整进攻方式，将军舰全部横过来，舰首、舰尾和舰侧的火炮全部用上，顿时中国守军阵地上炮火冲天，硝烟弥漫。

中国军队的部署并没有阻挡住日军的铁蹄，很快马当要塞失陷，长江门户洞开。

此时，作为第十九集团军总司令的罗卓英临危受命，指挥马当的争夺战。于是，罗卓英急令刘多荃的第四十九军、李韫珩的第十六军反击日军。28日，第四十九军第六十师和第一〇五师合力向香山敌军进行反击，8时许，第六十师的第一八〇旅和第一〇五师的第三一三旅收复香山，击毙日军台湾旅团第一联队第一大队队长藤井少佐以下官兵三百余人。

然而，由于日军有备而来，马当最终失守。

罗卓英接任第十九集团军总司令（原总司令陈诚，代总司令薛岳），归第三战区司令长官顾祝同指挥。1938年9月12日，他又代替陈诚，出任武汉卫戍总司令，参与组织、指挥了武汉保卫战。武汉会战从1938年6月12日安庆失败算起，至1938年10月24日国民党守军全线撤退，历经四个半月之久。它以广阔的长江中下游地区和淮河流域为战场，日军共投入四十八万人的兵力，中方投入一百二十余个师，这是中国近代史上第一次规模超百万的大会战，它给日军造成死伤近二十万人的巨大损失，从而直到 1944 年豫湘桂作战止，日军的战线始终无法超出湘、赣、豫等地区。罗卓英身为这次战役主要的指挥官，应该说是功不可没的。

6 月 29 日，日军攻陷彭泽县。罗卓英得知这一情况后，迅速令第十六师和第十一师先头部队进行反击，并令第三十四军王东原团长加强湖口的守卫。然而，固守彭泽的日军兵力十分强大，不但拥有四千多人的守兵，同时还拥有山炮大队和十多辆装甲战车，中国的反击力量相比之下要弱小很多。此外，日军不断增兵，准备拿下湖口。湖口不保，九江堪虞。在这种情况下，王东原于 29 日急电罗卓英，请求将第十六师放弃对彭泽县的攻击，转而协助防守湖口。

罗卓英在军事地图前踌躇很久，最终做出决定：同意土东原所做紧急处置，但第十六师必须留置一部固守原有阵地，等待第六十师第一八〇旅接防后才能撤离。同时，罗卓英还令第十八军第十一师为主力，会合第十六军第五十三、第一六七、第六十师担任反攻彭泽、马当的作战。

还是在 29 日这一天，罗卓英向蒋介石发去密电，阐述香山作战的概况。据四十九军刘军长俭电转据一〇五师高师长报称："攻击香山、香口经过如下：一、职师到秋浦后遵令攻击香山之敌，于感（27 日）晚以三一三旅（欠六二五团第二营）附山炮二门为第一线攻击部队，展调于香山东北侧，以六二五团第二营为预备队，位置阜民圩附近，攻击重点指向香山北侧。俭（28 日）子攻击开始，乘夜向香山东方山麓前进，直逼敌阵，战至俭卯，敌不支，向香山溃退，我遂收复香山。当以有力一部行战场追击，其余部队确保香山，补修阵地，扫除战场，准备翌日攻击。二、俭戍仍以该旅展开香山西侧，西攻香口残敌，与敌冲搏，艳（29 日）子卒以敌阵坚固，士兵疲劳过度，敌增援二千余反攻，反复肉搏数度，加以拂晓敌机、敌舰轰炸猛烈，致未奏功。当令该旅固守香山与敌对抗。三、香山、香口两役，伤中校营长李指阁一员，伤亡尉官廿余名、士兵六百余名，详呈另报。等情。职于俭辰亲赴下隅坂侦察，香山三面环水，山坡急峻，不易进攻，此次攻击奏功，系由东南面前进。香口为敌登陆，根基工事坚固，敌机、敌舰随时支援，已严饬该师死守香山，不得放弃一步。查该师由宁国远来此间，喘息未定，即立此功，该师长及副师长事先计划周密，亲冒弹雨，亲临指挥，官兵用命，殊堪嘉尚。职已与该师长计议，抽有力部队再袭香口，以挽大局。请速饬五十三师及一六七师与该师协力，俾竟全功。等语。除已迭令五十三师及一六七师协力共歼残敌外，谨报鉴核。"

然而增援日军源源不断，迅速突破了中国军队的防线。7月3日，罗卓英不得不下命令：第十八军停止对彭泽日军的进攻。

9月7日，国民政府军事委员会电令：罗卓英接替陈诚出任武汉卫戍总司令，固守武汉核心地区和外围沿江要地。

10月5日，罗卓英奉命扩编第五兵团，指挥第十二军、第十三师、第十七军团、第十六军、第一〇六师、第三十一军奋勇作战，以阻敌继续西进。

由于日军进攻力量的强大，武汉最终不保。10月21日，罗卓英统一指挥第三十二军团及第十一军团作战，掩护各部队撤退。

武汉会战从1938年6月12日安庆失败算起，至1938年10月24日国民党守军全线撤退，历经四个半月之久。中日双方在此地区投入重兵，激烈苦战，日军在此次战役中遭受到重大伤亡。罗卓英身为这次战役重要的指挥官，功不可没。

第五章　南昌会战

武汉会战结束之后，国民党参战部队损失甚重，亟待整训，而日军也同样陷入困境。面对陷入中国战场的泥沼，面对战争向持久转化，日军不甘心失败，于是开始调整战略，强调政治诱降的重要作用。但这并不意味着日军放弃了军事打击，于是在正面战场中日双方交战线上发生了一场场更加激烈的作战。而罗卓英参加的南昌会战，无疑是其中的一场。

指向南昌的战刀

1938年11月，蒋介石在南岳军事会议上，总结整理抗战一年以来的经验教训，宣布自武汉会战结束之后，已经正式进入所谓的第二期抗战。在这个时期日军已呈强弩之末，不再具有如第一期能大举突入攻城略地的实力，而国军也不可能一下子便将日军逐出国土。所以第二期抗战将是所谓的持久抗战时期。在此同时，侵华日军的确已达其能力之极限，华中派遣军司令官畑俊六在汉口沦陷后，呈报武汉会战后的情势判断，即将其目标局限在肃清占领地区及占领华中华南之海岸要地，以期"封死长期抗战之态势，促进对华时局之收拾"。

侵华日军此时已成为日本国力的庞大负担，但日军又不可能遽

86

言退出。此时，日军侵华的部队包括陆军二十四个师团及一个飞行集团，而其配置于中国东北用以防卫和进攻苏联的兵力有九个师团及两个飞行集团；在日本国内就仅剩下近卫师团，可以说其兵力已经捉襟见肘。特别是日军在其侵入中国的过程中，由于遭受到中国人民的顽强抵抗，日军自身实力也遭受重创，兵员额迅速减少；而由于直驱中国腹地，其战线不断拉长，兵力更加不敷使用，已无力发动大规模全面进攻。故而，日军大本营被迫将"速战速决"的侵华战略方针改为"持久作战"。正如蒋介石在南岳会议所言："照敌人理想，他何尝不想一举挺进我们的长沙和南昌，而他进到岳州就不能再攻进来，这不是他战略上没有算到这一着，而是他事实上力量已经用尽。"

为此，日本大本营陆军省制定了一个《对华处理方略》，规定：以攻占汉口、广州为行使武力的时期，以后应以恢复治安为根本，除特别需要外，不应企图扩大占领地区，并且将其划分为以确保安定为主之治安地区与消灭抗日势力为主之作战地区。从中可以看出，日军的战略主旨在于：放弃速决战略，改取持久战略，在不扩大所占地域的原则下，企图依靠局部有限攻势、战略轰炸及遮断中国国际补给线，以打击中国人民的抵抗意志；同时通过进攻占领区域内的国共两党领导的抗日武装，来安定占领区域，以达到"以战养战"的目的。在此指导方略的指导下，日军收缩了对前沿一线的进攻，转而加强对占领区的确保和控制。

在1938年武汉会战前后，侵华日军的庞大开支成为日本政府财力民生上的梦魇。1939年在日本估计的政府财政总预算一百亿日元之中，即有八十亿充作军费，使其国计民生极度紧张。但是日方却抱持乐观态度。因为国民党副总裁汪兆铭在1938年12月于河内发表和平宣言，使日本认为在侵华方式上，已经找到了"以华制华"的新途径。日军大本营此时的情况分析，认为战局的拖延并无大弊："本来对华战争在本质上为持久战，对已沦为一地方政权之国民政府，无须执着以武力急迫攻击，毋宁保有所需之战力，为新中国建设工作而迈进。如果单纯以作战观点寻求敌军之弱点而乘胜追击，或夺取局部战略要点，虽有部分优点，但此等作战多劳而未必获有成果。因此当前之局势以确保占领地区为主，然而对国民政府必须进行适当之崩溃工作。"

在汪精卫变节之后，日本政府对建立一个如伪满一般的新中国政权兴趣浓厚，并且突然宣布不以国民政府为对象。其野心由1937年7月卢沟桥事变后的"膺惩暴戾支那，促使南京政府的反省"转而成为"期望能真正与本帝国合作之新兴中国政权成立而且发展"。此时日本达到其侵华战争中自信的极点，居然狂吠着"如重庆政府固执抗日政策，本帝国非见其溃灭决不罢休。如此向沦为一地方政权的国民政府表示武士道的宽宏大量，同时明示必要时将彻底惩罚之决心"。并且训令侵华日军确保占领地域，促进亲日政权之安定，以坚实的长期围攻态势压制残存的抗日势力。

1938年12月12日，蒋介石在日记中写道："今日之处境虽在倭寇多方困迫之中，然较之西安遇难之状态则胜千万矣。上帝既拯救余出此万恶绝险之地，自能拯救余四万万生灵于涂炭之中也。唯祈上帝能早日赦免余之罪恶，而使余国家民族即脱离压迫实现独立耳。"

武汉会战，中日双方都付出了巨大代价，日军也实现了占领武汉的战略目标，但是，日军在华中实际上沿着长江只占领着一条狭长地带。从战略上看，几十万日军正处在第三战区、第五战区和第九战区的百万中国大军的包围之中，在这条从上海到武汉水路沿线的日军占领区，要害是赣北，只要中国军队在赣北有一次攻击成功，就可以把华中的日本侵略军从腰上斩断。而南昌就在赣北，正是关键中的关键。武汉会战期间，日军便想乘胜攻占南昌，作为华中侵略军的左翼依托，不料在万家岭遭到第九战区薛岳兵团的沉重打击，第一〇六师团基本全军覆没，第一〇一师团伤亡惨重，共损兵折将三万多。他们只好忍痛舍弃攻占南昌，专打武汉。

如果把冈村宁次的第十一军三十多万人马驻扎的武汉这个点比作一个人的脑袋，那么，合肥至芜湖以下就如同这个人的身子，而从芜湖至武汉这漫长的水路，就正好是这个人的脖子了，一个被拉扯得特长的"脖子"。

在冈村大军的"脖子"上卡着一把"钢刀"。这就是第九战区陈诚、薛岳的五十多个师的大军。他们配置在江南鄱阳湖西面，以九宫山、幕阜山为依托，一直在积极整训，准备反攻，随时可能挥刀斩断冈村大军的"脖子"（长江水路交通线），使武汉日军陷入重围死地。武汉西、北方，更有李宗仁第五战区的三十多个师，在靠近日军第一线的随县一带地区构筑阵地，窥视近在眼前的武汉城，这支大军恰如一把高举着的铁锤，随时可能砸向冈村宁次大军的"脑袋"。

冈村宁次很快就感到被这一"刀"一"锤"压迫得喘不过气来，伸不出腿去。为了占领湖南，在汉口时，冈村宁次就利用闲暇时间阅读了《湖南省要览》等关于中国的书籍，重点研究了包括周朝屈原，宋朝的周茂叔和米芾，明朝的李东阳，清朝的曾国藩、胡林翼与唐才常，民国的黄兴、蔡锷、谭延闿、何键等人，并进而认为：湖南人的性格是"自尊心强，排外思想旺盛，富于尚武风气，信仰释、道，笃于崇拜祖先，淡于金钱，反抗心理强，迷信思想深，有嫉妒、排挤风气，多慷慨悲歌之情"。于是冈村宁次遂竭力向日军大本营请求补充兵员弹药，增加战力，发动大的进攻，向外扩伸，驱除这一"刀"一"锤"的威胁，以确保武汉占领区的安全。

1939年2月，日军大本营陆军部闲院宫参谋总长和陆相杉山元等人认为，冈村宁次中将的意见不无道理，因为在未取得自给自足、以战养战之前，长江水路交通就是武汉几十万日军的生命线，必须确保。而南昌是江西省省会，是南浔铁路和浙赣铁路的交会点，是中国第九战区和第三战区后方联络线和补给线的枢纽，具有重要的战略地位。中国空军以南昌机场为基地，经常袭击九江附近在长江中航行的日海军舰艇，对九江及武汉日军的后方补给交通线威胁甚大，故日军要改善其在华中的态势，必然要进攻南昌，并占领之。

天皇批准了此次进攻作战（代号为"仁号作战"），并派教育总监西尾寿造大将和陆军大臣板垣征四郎中将来华主持协调这次作战。

2月6日，日军"华中派遣军"向第十一军下达《对南昌作战要领》，其中指示："攻占南昌的目的，在于割断浙赣铁路，切断江南的安徽省及浙江省方面敌之主要联络线"；"第十一军应从现在的对峙状态下，以急袭突破敌阵地，一举沿南浔一线地区攻占南昌，分割和粉碎浙赣线沿线之敌。同时要以一部从鄱阳湖方面前进，使之有利于主力作战"；"攻占南昌附近后，应即确保该地以南要线"。"华中派遣军"还和"中国方面舰队"商定了协同作战计划，并命令在湖北的第十六师团和在杭州的第二十二师团在南昌作战开始前，先在汉水方面和钱塘江方面采取若干行动，以牵制和迷惑中国军队。南昌作战时间定为3月上旬，开始攻击时间由第十一军司令部确定。

冈村宁次得到大本营进攻南昌的命令，立即着手调动集结部队，抓紧进行战前准备。冈村宁次一共调用三个师团和一个混成旅团。一〇一师团和一〇六师团是南昌正面攻击的主力，第六师团单独攻击武宁。这出乎很多人的意料。因为第一〇六师团刚刚在万家岭战役中遭到毁灭性的打击，是日军中很弱的一个师团，而第一〇一师团从沪战打到赣北，损耗甚重，在万家岭也丢了两个联队，这两个师团被公认为是日军中战力最差者。冈村此举，看似荒谬，却有他自己的理由。一是日军向有武士道传统，希望他们能知耻而后勇，重伤之下必有惊世之举，复仇之焰定能激发战力；二是他对当面之国民党军，依然很是蔑视，认为一次小败，无足挂齿。当然，为了谨慎起见，他也做了周密安排。在传统步兵兵力之外，冈村宁次别出心裁地集中使用了战车部队与炮兵部队，组建了一支强大的机械化攻击纵队，步兵与装甲、炮兵单位的比例竟然达到一比一。除了独立炮兵之外，各师团本身另有编制的五十六门各式山炮和步兵炮，会战前统一合并为一个迫击炮大队与山炮大队，以加强近战火力。另外，空军方面，日本陆航的第三飞行师团还组建了五个轻轰炸机中队、一个战斗机中队及三个侦察机中队参战。

南昌失陷

万家岭战役结束后，赣北形势较为稳定。薛岳上将在长沙大战之后调到长沙代理第九战区司令长官，赣北地区的守备则由第十九集团军总司令罗卓英以第九战区前敌总司令的名义负责。罗卓英是陈诚"土木系"的第二号领袖，抗战军兴之后始终以救火队的面貌在华中各大战场周旋。淞沪会战时罗卓英率部血战上海，日寇在战史中以"肉磨之线"形容罗店方面的战况。嗣后调任南京卫戍副司令长官，在南京防卫战前夕临时飞到南京协助指挥，还没坐定，南京已然沦陷。南京失利之后调任武汉卫戍总部副总司令，代理陈诚坐镇武汉建立防线。随后徐州会战失利，豫南方面危急，又急调第五战区豫南兵团总司令，主持信阳方面作战。信阳沦陷后湖北金牛方面战局危急，此时罗卓英连名义都来不及发表就直接赶往金牛督导第九战区第二兵团作战。在这段期间他始终只有一个光杆司令部，没有固定隶属的部队。在豫南作战时被日军追击，其兵团参谋长张襄中将居然搭乘缴自日军的三轮机车直接到日军的行军队伍间观察敌情。在金牛则因张发奎兵团后退时联络不良，一个"豫南兵团"指挥部流落鄂南战场，幸亏"土木系"的旧属方靖保驾，才突出敌阵。武汉会战结束之后，罗卓英继薛岳上将之后出掌赣北兵权，才算有了一个较稳定的发挥环境。

这种没有效率的临时调动方式是国军在长期人身领导传统中所演化而成的特殊做法，也可以说是蒋介石个人的一个习惯。"土木系"部队算是国军中的禁卫军，所以"土木系"将领时常被视为各战场紧急应变的王牌。如枣宜会战失利之时，陈诚临时调第五战区右兵团长主持宜昌守备，连兵团部都来不及组织宜昌已然沦陷。武汉会战时同样在豫南战场，"土木系"的另外一员大将第十二军团军团长樊崧甫中将临危奉命，居然只带了一个军团部往前线冲，军团部到达战线而部队尚无配署的消息。不可否认这也是最高统帅在大军统率上的一个弱点。战场上瞬息万变，临时组织的指挥机构实在无从应付。在罗卓英之后武汉卫戍副总司令换成原第二十五军团军团长万耀煌将军，结果战局危急之际，万将军又临时调到豫南作战，同样是一个光杆指挥所，而武汉防卫的领导结构就这么给破坏了。在武汉弃守之前，武汉卫戍总司令临时由原武汉警备司令郭忏将军代理，而武汉城防的真正主持者则是直到最后一刻才飞离危城的蒋介石本人。这种城防指挥系统可说完全没有稳定性可言。这也许是蒋介石最大的人身弱点。1938年12月，罗卓英因为在武汉会战期间督导各战场作战而奉颁华胄荣誉奖章，虽有奔波之劳，但是实际上的作战指挥则可谓全无效率可言。

赣北方面守卫部队主要是武汉会战时由前线撤下来整补的久战疲惫之师，此时于赣北一面整补一面布防。赣北共有两个集团军，一个是南昌方面沿修水右岸布置的罗卓英的第十九集团军，这个集团军下辖五个军，计有第三十二军宋肯堂部、第四十九军刘多荃部、第七十军李觉部、第七十四军俞济时部、第七十九军夏楚中部，以鄱阳湖为依托，沿修水一线展开。武宁方面是王陵基的第三十集团军，下辖三个军共八个步兵师，在修水左岸一线布防，衔接第十九集团军的战线。另外，第三十集团军还有一个湘鄂赣边区游击总指挥部。

为了解决国民党部队一贯以来各自为政、互不配合的陋习，1939年3月23日，蒋介石专门致电罗卓英明确指出："一、兹为作战指挥便利起见，第三、第九两战区作战地境暂定为鄱阳湖南岸，沿抚河，经南丰，再沿闽赣边境之线，线上属第三战区。二、第三战区应速调一〇二师开南昌，归罗总司令卓英指挥，另调十六师及七十九师，移驻东乡、进贤，警戒鄱阳湖南岸，并策应南昌方面之作战。仰即分别遵办，并具报为要。"

蒋介石还电令各部必须明确服从罗卓英的指挥。这样，蒋介石和薛岳就把在南昌对日作战的重任交给了罗卓英。

南昌，位于江西省北部，地势西北高，东和东南低，有鄱阳湖（部分）、金溪湖、军山湖、青岚湖。河渠纵横，赣江、抚河、潦水、锦江纵横，形成东部水网地区。南昌在历史上也素为兵家必争之地，元末的朱元璋攻取此城建立反元根据地，清末太平军三围南昌城，北伐战争时北伐军也曾攻占南昌城。

虽然蒋介石把南昌的防守重任压给了罗卓英，但此时蒋介石等国民党高级将领并不认为南昌能够不落入敌手。

如今一份"1939年2月24日刘斐张秉钧致徐永昌等签呈"的档案已经公布，从中不难看出当时国民党对南昌防守问题的看法：

一、第九战区之敌有先行攻占南昌之企图，现已判明。

二、敌人兵力共约五师团（南浔铁路方面约两师团，武、修方面约一师团，粤汉铁路及湘鄂公路方面约两师团，鄱阳湖尚有番号未明之少数水上部队），我第九战区兵力共约四十七个师，与敌兵力相较，为九与一之比。

三、根据过去经验，在此种比例之下，如战略上不发生意外之错误，有与敌胶着战场，周旋二三月时间之可能。同时，又依过去作战经验，敌之补充圆活、装备优越，如其坚持必夺某一要点或某一要线时，我军至最后亦难保其不失南昌。

四、依上述关系，大本营对第九战区之作战指导，应考虑二问题：一即我军战力消耗至如何程度，即应决心放弃南昌；一即放弃南昌后，应如何变更态势。职管见所及，有如次述：

（一）今后我军对敌之作战，因无必用全力以图确保之要点存在，故前方部队消耗至某种限度（二分之一）后，即应变更战略，避免决战，转移态势。盖不牺牲，固不能消耗敌人；不存战力，亦不能贯彻持久之目的，二者皆须兼顾也。

（二）就南浔、粤汉两线及湘赣公路方面之地形、交通与敌我态势观察，南昌放弃之后，敌若乘胜以其主力沿湘赣公路进窥浏、澧，则长沙即感受莫大威胁。粤汉正面之我军，斯时若维持原有态势，则有受敌包围之危险。如抽转兵力或向后撤退，则有被当面敌人突破与拱手奉送一长沙之不利。过去晋北与娘子关两方面之作战关系与得失，可为目下第九战区作战之良好例证，不可不引为殷鉴者也。故南浔路方面之我军于放弃南昌之后，应以主力位置于湘赣公路线上。同时由长沙方面增加一部兵力，以保持长沙之目的，与粤汉路方面之友军互相提携作战，实有必要。

五、南昌放弃，南浔方面我军主力转移至湘赣公路以后，乘敌做战线之延伸，第九战区仍应以一部，由侧面山地继续扰击南浔线上之敌，再沿赣江两岸，应配置一部兵力，以行警戒，自不待言。同时，第三战区方面亦应以有力一部，位置于东乡、进贤方面，与第九战区部队相呼应，使敌进入南昌以后之作战陷于困难，是为要着。

所有以上理由，如蒙裁可，拟请对于第三、第九两战区下达要旨训令，申其有所遵循。是否有当，伏候钧裁。

25 日，何应钦、蒋介石对此文件的批示是："意见甚是，拟请如拟办理。职何应钦。""照办。但应即指定部队制订整个部署方案

94

为要。中正。"

从中可以看出，出于整个战局的考虑，蒋介石等人并不认为南昌城必须死守，这实际上也注定了此后南昌失守的命运。此后，3月23日蒋介石给罗卓英的电报中也表达了同样的看法："此次战事不在南昌之得失，而在与〔予〕敌以最大之打击。即使南昌失守，我各军亦应不顾一切，皆照指定目标进击，并照此方针，决定以后作战方案为要。希以此意明告各将领，严督所部各向指定目标积极进击，达成任务为要。"

但放弃南昌，并不意味着不守南昌，无论是从舆论看，还是从军事看，在南昌必须还要给日军以一定打击。这个重任就落在罗卓英身上。

肩负重任，罗卓英自是不敢怠慢。他首先强调收集情报，掌握日军动向。会战前，日军华中派遣军精心设计了许多欺骗方案，华中派遣军司令官山田乙三甚至把指挥所都搬到了杭州，摆出要以主力攻击第三战区的姿态。但罗卓英并没有被假象所迷惑，而是根据各方面情报判断，日军企图攻击南昌。

2月28日，重庆。蒋介石和统帅部的将领们，已从武汉日军集结的种种迹象中，正确判断出：日军第十一军将进攻南昌。当即电令第九战区代理司令长官薛岳，速将武长路上可移动之兵力增进永修、武宁一带，而主力出击部队应用于武宁方面。

3月8日，蒋介石、陈诚等人根据日军的动向，判断敌将于4月发动进攻，于是决定先敌下手，发动4月攻势。制订了"4月上旬先期制敌，御敌于修河以北、潦河以西"的进攻作战计划。但是，当时第九战区各部队正在整训之中，又无车船运兵，部队机动性极差，调动颇感困难；又加上南昌地区为第九战区和第三战区的结合部，涉及两个战区部队的协同作战。由于以上原因，贻误了蒋介石和陈诚关于在3月10日前完成集结部队，并进入攻击态势，于3月15日发动进攻的命令。

战机转瞬即逝。日军却凭借其大量的汽车、舰船和优良的装备，迅速调动集结了第一〇一、第一〇六、第一一六、第六等四个主力师团的兵力，以及重炮兵四个半联队，战车一个半联队和海军、空军一部。

3月17日，拂晓。冈村宁次一声令下，日军分三路向鄱阳湖西面中国军队各部，全线发动进攻。

在防线的配置上，罗卓英依然采取一线展开的传统单线布防。他虽然拥有多达二十一个步兵师，但是，因为每个正规步兵师仅能负责三到六公里的正面，罗总司令将所有部队摊到第一线，才勉强将长达百余里的战线填满，这样一来，连预备队都没有了，这样庞大的兵力却没有战略纵深，日军如果从一处攻破，全线就溃败了。据时任第七十军第一〇七师第三二一旅第六四一团第二营第六连连长邹继衍后来反思："像我们这样一字长蛇阵的河防配备，既少纵深，又无重点，处处设防，处处薄弱，突破一点，全线皆垮，纯粹是一种疲劳兵力、被动挨打的消极防御。纵观敌军态势，则以逸待劳，主动灵活，既保持有高度的机动自由，又使对方无从窥测其方向。两相对照，优劣显见，胜算谁操，岂待筮卜？"罗卓英除了沿修水而设的第一阵线之外，并利用地形在南昌城外的天然屏障抚河区域筑有复杂的阵地带，第一线阵地带纵深两公里左右，阵地编成完整。在阵线规划上，罗卓英利用赣北地区的山丘与湖沼依势布防，要让日军在修水右岸正对南昌进攻之际，被逼着只能局限在永修方面一道十余公里的狭窄正面。在防线的编制上，罗卓英尽了全力。军委会也要求他一定要死守南昌，不能把南昌城让给日本人。

南昌城四面环山，前依赣江，后倚抚河及锦江，河流纵错，丘陵绵延，按说易守而难攻。但是，南昌城在赣江下游，鄱阳湖畔的三角洲上，是湘、赣、浙的水陆要冲，浙赣铁路与南浔铁路就在南昌交会，向塘公路与京湘国道衔接。国民政府在江西"剿共"的时候把公路线修得四通八达，正便于日军的机械化部队进攻，而日军也正好看准了这一点，组织了强大的机械化部队来攻击南昌。

左路日军。第一〇一师团，海军陆战队一部，配上大、小军舰三十余艘，汽艇五十多艘，飞机多架，从鄱阳湖北面扑来，向永修方向我军防务中枢吴城进扑，开启会战之序幕。吴城位于赣江边，地处修水流入鄱阳湖的入口处，为南昌的北屏障。罗卓英对这个要点十分留意，3月13日，他就亲率第三十二军军长宋肯堂等人来到吴城视察防务。视阅完毕，他对宋肯堂说："长官部判断日军主攻方向，可能指向虬津、张公渡方面，而后向安义、奉新、生米街纵深迂回。鄱阳湖水上战力薄弱，且系第三和第九战区的结合部，间隙巨大，敌很可能同时以陆战队攻我吴城，从水上进逼南昌，形成两翼包围，第三十二军应该指派一强有力的团队坚守吴城。"宋肯堂判断当面之敌攻击方向有两个：一是铁路公路大桥两侧即涂家埠西端地区；二是吴城。同时考虑到吴城至狗子岭间防御阵地正面过宽，且河流沟渠纵横不便支援，决定各师各以有力一部，沿修河直接配置。并各抽调一个加强团，分别控制于赤岸山、南山农场、横岗蔡家，作为军预备队，预期使用于吴城、永修两地区。

第三十二军战力颇强，是商震上将的起家部队，在商震调任河北省主席后，第三十二军便独立于晋军之外，别树一帜。军长宋肯堂毕业于陆军大学第八期，是一位智勇双全的将领。在1937年津浦路阻击战中，第三十二军力战不竭，损失惨重，后划归第五战区。徐州会战时该军于萧永地区参战，掩护第五战区主力后撤，再受重创。随后调许昌整补，守备开封，开封沦陷后再调往赣北，成为罗卓英手中的一张王牌，这次被摆在了吴城这个防御中枢之地。

然而在日军强大的空、炮、步协同火力面前，守军预五师和第三十二军一个团拼死抵抗，所有预备队都拉到第一线作战，仍无法阻击优势日军的猛烈进攻，全城被日军炮火和飞机炸成一片废墟。战至3月23日，吴城失守。

右路日军。第六师团和军直辖炮兵、战车、骑兵各一部，在飞机的掩护下，由箬溪向武宁东北守军第八、第七十三两军进攻。

第八军是以国民革命军第三师为骨干扩编而成，该军就是日后在抗战历史上赫赫有名的第十军。第三师是中央军劲旅，由上海打到鄂南，大小会战无一不与。师长李玉堂是著名骁将，1938年9月刚刚接任军长。

第七十三军以第十五师为基础扩编，是何键的湘军主力，战斗力强韧，也是由上海打到武汉的久战之师。

激战九昼夜，双方死伤惨重，日军第六师团之四十七联队被全歼。在棺材山的大规模肉搏战中，中国军队之第八十九团生还者仅五人，余皆壮烈牺牲。

中路日军。3月20日下午，冈村宁次亲自到前线督战。日军升起观测气球，共集结两百三十余门重炮，对我观音山阵地倾泻炮弹。此是开战以来日军火力最密集的一次炮袭，修水河畔观音山阵地顿时被硝烟笼罩，成为人间炼狱，工事全毁，人员伤亡惨重。第一〇一、第一〇六师团数万人，在两百多门大炮的怒吼声中，强渡修水河，中国军队江防阵地顿时陷入混乱。战士们面对河岸，看不见敌人一个影子，徒拥步兵武器不能自卫反击，唯有干等挨打了！据时任第四十九军第一〇五师辎重兵营营长杨佐周战后反思："其实当时我各军、师都有炮兵营（连），早应集中机动使用，不能分散弃置于无用武之地。第七十四军的炮兵，留置在后方，第四十九军的山炮营因为缺少弹药，补充困难，留置阵地后方之滩溪，第七十军和第七十九军的炮兵，随军配备在两翼，等于虚设，罗总部直接指挥的苏式野炮营，控制在张公渡，也没使用上。炮兵为军中之胆，特别在防御战中，更居重要地位。倘能在备战期间，早为集中，有计划地扼要配备，构成坚固炮垒，以逸待劳地机动使用，敌人就不敢这样猖狂大胆，集中暴露炮兵于公路地平面上，它的自由活动，即会遭到我军的压制和摧毁。这样就会造成攻防旗鼓相当的声势，解除守军被动挨打的局面。"

修河战役是南昌保卫战中关键性的一战。因为这条横贯赣西北的水上动脉，为保卫南昌外围的天然防线，加上工事林立，重兵防守，以为天堑可恃，难以逾越。可是，当日军发动攻势后，整个防线，只经历了一昼夜的战斗，就被一点突破，全线皆溃，从而放弃了全部河防，任敌长驱直入。部队云集，竟然束手无策。担任张公渡河段的守军，在敌优势兵力的强攻下，虽然奋起抗击，顽强战斗，坚持了七八个钟头，阵地被突破后，还曾一再组织反攻逆袭，遭受惨重伤亡。但由于大势已去，局部的努力和牺牲，当然不可能扭转或补救全局性的失败。但对官兵们奋勇杀敌、流血牺牲的爱国精神与壮烈行动是不能抹杀的。

日军突破守军防线后，随即组织一百多辆战车向奉新奔袭，第一〇六师团随后跟进。国军永修防线全线溃败。面对规模庞大的日军战车队，中国军队无计可施，因为赣北部队主力都已经使用在第一线上，缺乏纵深配备，后方完全没有防线部署，连南昌都没有留下野战部队。

3月22日，国民党军最高统帅部电谕罗卓英坚守南昌阵地待援："我军务尽全力歼灭渡过修水进攻之敌，第一集团军四个师已兼程由修水向安义推进，第七十四军23日可在清江逐次下车北返，第十九集团军应固守阵地，以待合围。"这是抗战初期的典型战略思维，即把主要兵力放置在防御阵地上，缺乏纵深配备，待被敌军突破后，即全线崩溃，再想调动援军来堵，已是于事无补了。日军早已摸清国军这一战法套路，总是采取中间突破，迂回包抄的手段，一点突破后，利用机械化部队快速推进，对国军心理造成毁灭性打击，从而不战而逃。这种局面直到后来罗卓英利用"磁铁战法"组织上高会战，薛岳用"天炉战法"进行长沙会战，方有改观，此是后话，暂且不提。

面对战局迅速急转直下，蒋介石坐不住了。虽然战前他并不认为南昌应该守住，但南昌如果这么容易就落入日军手中未免说不过去。23 日，他给罗卓英、薛岳发去电报，要他们命令部队迅猛出击，给予日军以打击，电文甚至还对具体的作战部署和战术使用进行了详细的规定，其中称："我出击部队应由在山地蹊径，选定孔隙，独立向敌军远后方一意挺进。务派有力部队约两师兵力，分为三个支队。以第一支队直冲马回岭附近，占领阵地，截断铁路交通，对九江方面防备，即以一部向黄老门、九江袭击，一面须令沿途破坏公路与铁路，其第一任务在节节截断交通，阻止敌军之增援部队。第二支队直冲乌石门附近，向德安袭击而占领固守之。第三支队约以三团兵力，向德安、永修间之骚南站附近前进，然后再向永修、涂家埠之侧背进攻。至于武宁方面之出击部队，应先占领范家铺附近之据点，并派一部向瑞昌袭击，先断绝其后方接济为要。以我军欲求战胜敌军，必先节节截断敌军之交通为唯一要诀，并防敌军在其后方有控制部队。故须分别道路与多选目标，若有一二处达到目的，则计划成矣。但各支队前进道路不可寻求大路，最好能不依正道，越超山岭，出敌不意也。担任此种任务之部队，应以中正名义，切实训诫，并悬重赏，必令达成目的，否则当以畏缩违令论罪也。如何部署，盼复。"

3 月 25 日，罗卓英训令第七十九军与第一〇七师对奉新、安义方面索敌进攻的电令被日军截听。冈村宁次接到情报后，得知南昌方面防务空虚，大喜过望，他立即命令战车队由奉新出发，乘虚占领南昌。随后又命令第一一一旅团攻陷高安，第一〇一师团、第一〇六师团主力马不停蹄奔袭南昌。3 月 26 日，日军两大师团迂回包围了南昌城，并在南昌城和市郊与中国第三十二军一部、南昌市警备队展开激烈巷战和争夺战。全城火光冲天，狼烟四起，喊杀声震天。大街小巷，无处不在展开惨烈的肉搏战。

3 月 27 日夜，南昌城停止了枪声，日军完全占领了市区。

在三路日军会攻南昌之时，第九战区第三十一集团军总司令周磊将军指挥本部，和关麟征第三十七军，对湘东北和鄂东南岳阳、临湘、崇阳、通山地区之敌，主动出击，意在牵制日军兵力。但终因此举纯属"远水"，无法救南昌之"近渴"。

反攻南昌

南昌失陷之后，蒋介石对此后的战略进行了重新部署。4 月 1 日，他给薛岳发去电报，其中称："此后战略应以避实击虚为主旨。长岳路前线主力应赶速撤退到湘阴、平江之线，且以长沙、湘阴、平江三据点，形成掎角之势。至于新墙河之线，只作为前进阵地，但须准备一个有力部队，留于桃林、羊楼司一带山地内，以牵制敌军之前进，勿准其后退。至于湘东布置，应以浏阳、萍乡、醴陵三据点，造成三角形，则无论敌军如何进来，必可以最大之打击。但株洲、湘潭、录〔渌〕口之线，应派固定部队，专事守备，且切勿调动，以为最后抵抗之准备。接此电时，应即下令，先将新墙河一带之主力星夜撤调至湘阴、平江，而其重点，则置于平江为要。"

而此时的日军，以其第一〇一师团分驻南昌及高安，第一〇六师团驻守安义、奉新、靖安一带三角地区，第六师团驻守武宁、箬溪。而其后方德安至永修之间则以第十四混成旅团据守要点维持交通。日军原即准备在鄂东发动会战，所以第十一军军部与第六炮兵旅团在攻陷南昌之后立即调往武汉，战车队则原地解编分散。

白崇禧从整体战略提出了南昌失守后的应对之策，他在给蒋介石的密电中称："一、综合最近倭寇企图，似先向我中央地区之南昌、长沙、宜昌三点依次攻取，一面将晋绥及平汉、粤汉以西地区之游击队肃清，树立伪政权，达到以华制华之目的，进而图我西北、西南，断我国际交通，使我早日屈服。二、职拟本钧座最高持久战的战略，侧重游击战与运动战的战术，指导所属各战区的作战。三、经济地使用兵力，非有利地形、有利时机，不轻于决战。四、三、九两战区兵力转用及布〔部〕署，计划上已决定，各部位置亦将就绪，职拟即赴前方视察。"这份电文中所称"侧重游击战与运动战的战术"可以说也预示着此后国民党军在南昌战术演变的一个方向。

而军委会研判赣北日军处于分散状态，如果能以大军奋力一击，收复南昌并非绝无可能之事。蒋介石在南岳军事会议上即宣示将以有限攻势牵制消耗敌人，反攻南昌符合最高统帅所指示的抗战原则。所以在南昌失陷之后，军委会反而磨刀霍霍，准备乘日军兵力分散之际乘虚出击。蒋介石在4月份军委会军事会议上宣布将集结三十万大军反攻赣北与广州，并提出要更进一步牺牲六十架轰炸机轰炸日本本土，以贯彻第二期抗战攻势歼敌原则。第九战区积极整训部队，准备反攻南昌。

4月17日，军委会颁布4月攻击训令，明定第三、第九两战区应先以主力进攻南浔路之敌，确实截断敌联络，再以一部直取南昌。

一、第一集团军以一部监视奉新、安义、靖安之敌，相机攻略之，主力至少两师由奉新安义向乐化永修间南浔路挺进，彻底破坏交通截断敌之后路及支持。

二、第七十四军以一部监视高安之敌并相机攻略之，主力由大城西山万寿宫向牛行乐化间南浔路推进，截断敌之支持并协力南昌之攻略战。

三、第四十九军逐次向高安方面推进，为总预备队。

四、第三十二集团军应以一部固守现阵地，主力至少三师与第九战区相策应击破南昌之敌，相机占领之。该集团军应编组袭击部队一团，务以奇袭手段袭取南昌。以上各部皆归第九战区前敌总司令罗卓英指挥。

五、武宁方面第三十集团军以有力之一部向永修以北南浔路挺进，主力攻击武宁之敌相机占领之。

南昌攻势仍由第九战区前敌总指挥罗卓英负全线指挥之责。

左路由第一集团军代总司令高荫槐指挥第五十八、第六十两军，向靖安、安义、奉新之敌进攻，并负责切断日军后方交通线。

中路以宋肯堂第三十二军等部，沿赣江西岸北上，直取南昌。并以一部在西山牵制虬岭、生米街、牛行之敌，切断西山周围日军的交通线。

右路由俞济时第七十四军东渡赣江，从东面进攻南昌。

4月21日，三路大军开始反攻。

罗卓英此时坐镇上高，主要指挥第十九集团军高安方面的作战。对左翼的第三十集团军与南昌方面的第三十二集团军则仅有名义上的指挥权。第十九集团军此时的攻击部队为军委会调来支持的总预备队第七十四军与第一集团军。

第七十四军在抗战第一年内已显剽悍本色。这支由浙江保安团、原山东北洋省军与中央军第一师旁支部队合编而成的奇异组合，是抗战八年战功最为辉煌的部队之一。在派系林立的国民党军队中，中央军和浙系军队的地位最为突出，第七十四军二者兼备，加之军长俞济时又是蒋介石的外甥，更算得上是嫡系中的嫡系。作为国民党军"王牌"中的明星部队，该军名震中外的原因不仅仅是它出身显贵，更与其在抗日战场上立下的赫赫战功有关。他们的战歌唱道："我们在战斗中成长，我们在炮火中相从。我们死守过罗店，保卫过首都，驰援过徐海，大战过兰封。南浔路显精忠，张古山血染红。国家的武力，民族的先锋！"

第一集团军乃滇军精锐，1938年5月徐州会战，第一集团军血战禹王山，损失颇重，几乎失去战斗力，整训半年后才逐渐复原，此时作为战区的预备队。

第十九集团军以第四十九军为攻击军之依托，并分两路进袭。一路攻取西山万寿宫，一路则在高安当面分途佯渡，使敌军不能判明我军渡河位置。第七十四军是右路攻击兵团主力，全军正面进攻赤土街、高安。而第一集团军则兵分两路，一路攻取马鞍岭，掩护攻击军侧翼，并牵制位于奉新第一〇六师团主力；一路则牵制安义、靖安周围之敌，另以一个师切断靖安、安义敌后交通。第一集团军战力不强，所以仅负责围困截击，广泛切入敌阵，使敌军不能相互呼援，将第一〇六师团绊在奉新、安义地区，解除第十九集团军北面侧翼的压力。罗卓英的最终目的不仅在攻取高安，而且要进出牛行、生米街，抚南昌之北翼，配合第三十二集团军攻城。甚至准备袭取涂家埠，断敌第一〇一师团之归路。

第三战区的第三十二集团军是攻击军的主力。第三十二集团军总司令为上官云相中将，参谋长为陈以忠中将，集中了一个军七个师的兵力。上官云相以第七十九师、预五师及第一〇二师组成南昌攻城部队，全集团军中战力最强的第七十九师为攻击军主力，预定单师突进突袭南昌东南角，预五师主力则以团营为单位潜入南昌城袭击敌军，并抽出一个团换穿便衣，混入南昌城中，准备在第七十九师突袭时起而策应。第一〇二师则作为攻击军的预备队，并负责在抚河及南昌城郊各支流上搭建浮桥。集团军以第二十六师为总预备队，随第七十九师之后向抚河推进。第十六师及预十师则在抚河、赣江之间自南向北攻击，截断日军沿公路建布的各据点，切断铁路、公路交通。第四十师则控制为预备队驻守抚河阵地。

第三十二集团军的进攻以突袭为原则，意图在日军新占重地，疏于防范之际，以里应外合一鼓作气攻取南昌。第三十二集团军的攻击发起处距南昌市区相隔不到五十公里，急行军只有一天路程，不过在攻击路线上横着一条抚河，攻击部队必须在敌前渡河。为了维持隐秘性避免被日军察觉，上官云相只能在夜间分批运渡部队。而部队在渡河后很快就会与日军的前哨警戒据点遭遇而被察觉。在这两重限制之下，攻击部队的集结效率大约只来得及展开一个师。日军在城中的守军为第一〇一师团主力，上官云相明白不可能单靠一个师的力量歼敌，所以只期望第七十九师能与预五师在一击之下造成恐慌将日军逼出城区，之后第一〇二师与第二十六师再抢渡抚河，进入南昌抢占阵地。届时罗卓英的攻击兵团应该也已到南昌城北，第一〇一师团若不撤退则将遭围歼。日军的交通线在理想中也应该被第一集团军与第三十二集团军本身的南下部队切断，则南昌城将可于敌前巩固。这个进攻计划极有创意，活泼大胆，但在执行上存有极大风险。

第四十九、第七十四军等部自南昌西南方开始进攻，激战十余日，未能接近市郊；第七十四军亦未能渡过赣江。

高荫槐第一集团军所部向南昌西北方进攻，恶战十多天，也未能接近南浔铁路线。

4月23日，蒋介石命令第三战区上官云相第三十二集团军参加反攻南昌。

上官云相以第十六师和预十师一部由赣江与抚河中间，从南昌正南方进攻，该部攻势十分勇猛，很快攻抵南昌市郊。

日军调动大批飞机助战，敌机群对市郊反攻部队进行疯狂扫射轰炸。

此时，由于南浔铁路未及时切断，日军从上海抽调的海军陆战队数千人，乘坐列车，风驰电掣般赶到南昌。海军陆战队接任南昌城防，使第一〇一师团主力得以腾出手来，对市郊进行猛烈反击。

上官云相的部队是一支十分剽悍的劲旅，虽势单力薄，却在南昌同围与优势之敌反复争夺拼杀，鏖战一周余，双方成胶着状态。

5月3日，上官云相集团军所部第二十九军军长陈安宝中将，接到反攻南昌的命令，亲自赶到前线，立即指挥预五师、第二十六师和第七十九师，火速向南昌开进。部队在荏港渡过抚河，投入战斗。

此地日军是由炮兵、战车、飞机加强的，约四个联队的兵力，又有坚固的工事可资利用。第三战区的部队只有三个师九个团，按兵力、战斗力的对比属于劣势。以九个团对日军四个加强联队的防御都嫌弱，何况是进攻呢？第七十九师是重点师，到达日军阵地前，受到日军炽盛炮火的杀伤，进又进不去，退也不能退。这样，日军一反攻，就全线崩溃了。5月5日深夜，陈军长率领军警卫部队和第二十六师两个直属营向南昌疾进，在高坊附近遭日军包围，激战半夜，天亮以后，日军增援部队赶到，集中炮火猛烈轰击，并出动六架飞机大肆轰炸扫射，陈部官兵伤亡惨重，数度突围不成。战斗至5月6日下午5时10分，陈军长在指挥部队作战时，突遭敌机俯冲扫射，身中数弹，壮烈殉国。

陈安宝军长，生于1892年，浙江省黄岩县人，保定军校第三期毕业，是原浙军将领。陈安宝将军自卢沟桥事变以来，从华北战场到上海会战，转战于大江南北。继后，率部在江浙水乡展开轰轰烈烈的敌后游击战，指挥所部抗日健儿出没于河湖港汊，予敌以致命打击。他身经百战，屡建奇功，因功勋卓著，于1938年7月，由师长擢升为第二十九军这支在国内外享有殊荣的抗日英雄部队的中将军长。他在南昌攻城阵亡给国军造成极大震动，这也是军委会终于决定停止进攻南昌的重要原因。1940年7月追赠陆军上将。他是抗日战争中国民党军队中阵亡的三个高级将领之一。第三十三集团军总司令张自忠在枣宜会战中力战不退阵亡；第九军军长郝梦龄是在山西忻口会战中亲赴第一线督战阵亡。陈安宝军长殉职之后第二十九军军长由刘雨卿将军继任，军部日后在战区整理中被裁编。

陈军长阵亡后，第二十九军参谋长徐志勖上校率军部撤下火线。第七十六旅几乎被日军包围，伤亡惨重。第一五三团谢北亭团长在督战时阵亡，部队在混战中伤亡殆尽，蔡大为团附率残部百余人突围。第七十六旅在陈军长殉职后士气大跌，周志群旅长无心恋战，率部突围。

5月7日中午，罗卓英得知南昌攻城战况后，明白南昌攻城已经没有成功的可能，为避免进一步的损失，只好准许第二十九军退往抚河占领阵地。上官总司令接到命令后，灰心至极，电令全集团军停止攻势，第二十九军、第一〇二师与预十师封锁抚河各渡口，在抚河一线展开，第十六师也停止沙埠潭方面攻势，原地待命。

功败垂成

5月5日，第二十九军攻城时的惨烈伤亡，使第九战区明白在缺乏重型炮兵支持的窘况下强攻日军的既设阵地，只会徒然招致重大伤亡。薛岳将军面对旷野之上尸山血海，深知已无法争夺战场主动权，克复南昌。遂决心主动承担南昌失守责任，期望统帅部下令停止反攻，以减少无谓之牺牲。当日，向陈诚去电："查对南昌方面敌之攻击，自4月23日开始已经十一天，因我军之装备不及敌人，而敌人之重兵器机械化部队与飞机能处处协力敌陆军之作战，因此攻击颇难摧毁敌之坚固阵地。现迭奉委员长电令，我军作战之方略在消耗敌人而不被敌人消耗，避实击虚达成持久抗战的目的，故此次南昌之攻击，即在消耗敌人、避实击虚的原则下预行设伏，采用奇袭方式四面进攻侧翼，以最迅速敏活之手段夺回南昌。现时已持久，攻坚既不可能，击虚又不可得。敌势虽蹙，但欲求5月5日前攻克南昌，事实上恐难达成任务。除严令各军排除万难，不顾一切继续猛攻。拟恳与委员长通电话时，将上述情形，婉为陈明。"

陈诚在接获薛岳电呈之后，悲痛部队损失之重，乃以直接语气电请蒋介石停止南昌攻势："今后之作战指导，似仍本持久战消耗战之方针，采以攻为守以进为退的原则，力求机动。或胜或败，或得或失，均应勿犯过去死守笨攻之覆辙。"

桂林行营主任白崇禧在了解实况后，向蒋介石电陈意见，婉转陈请撤退："窃惟我军对敌军之攻击，必须出其不意始能奏效。今南昌之敌既已有备，且我军兼旬攻击，亦已尽其努力，为顾虑士气与最高战略原则计，拟请此后于南昌方面以兵力三分之一继续围攻，三分之二分别整理，对外仍宣传积极攻略，而实际则变换攻击目标……"

5月之后的第二阶段南昌攻势原本已经失去了奇袭的意义。第十九集团军虽顺利推进到牛行、生米街一线，与南昌只有一水之隔，但因为第一集团军的畏缩避战，第一〇六师团始终威胁着第十九集团军侧翼，所以第七十四军不能尽情向牛行方向转用，西路合围部队等于没有效用。第三十二集团军在上官总司令的亲自督促下，最多也只能一次展开两个师，而日军光是在南昌城内的守军经增援后就多达一万五千人以上，以区区两个师的兵力实在不足以攻克南昌。对这些情况远在重庆的蒋介石自然了然于胸。蒋介石之所以严令第三十二集团军在这种恶劣态势下继续对南昌的进攻，不惜有生兵力的损失，则有一种以精神战力压过尴尬实情的企盼。蒋介石深知部队已经达到作战能力的极限，继续进行攻击只是徒然耗兵力而已。5月9日，蒋介石电谕桂林行营转知第三战区，第九战区停止攻势。"国军对南昌之攻击兼旬，师久无功，屯兵坚城之下，敌已有备难以奏效。令第三、第九两战区停止对南昌之攻击。"

桂林行营主任白崇禧收到停止进攻南昌的电令之后，即指示第三战区扼守抚河东岸，一面积极佯攻，以免敌军乘虚进犯，一面在抚河、赣江之间构成泛滥。第九战区则固守高安至武宁一线，各部均原地整补。南昌会战结束。

国军在南昌会战期间，伤亡官兵五万一千三百七十八员，其中阵亡官兵军长以下两万三千二百四十二员（含军官七百零六员）。另于前期作战中溃散未归队的失踪官兵达一万零五百六十五员，并没有战后的收容记录。日军第十一军声称伤亡两千二百人，实际伤亡人数则无从查考，也难以估计。

南昌会战，中国军队既未能在防御中守住南昌，也未能在反攻中夺回南昌。但它在军事、政治上的影响，却有积极的一面。南昌会战表明日军虽然占领了武汉三镇，但既未能迫使国民政府屈服，也未能歼灭中国军队的主力，更没有摧毁中国广大军民的抗战意志。中国军队不仅继续进行抗战，而且还开始实施战役范围的反攻，这是七七事变以来的新发展，同时也证明国民政府军事委员会在战略指导上确有改单纯防御为攻势防御的意图。可惜的是，由于最高决定者和某些高级将领，或是理论与实践脱节，或是缺乏优良的战略战术素养，以致在作战指导和作战指挥上产生不少失误，在造成消耗敌人的同时，过多地消耗了自己，却未能实现自己的战役企图。

首先是作战指导与战略方针相抵牾。蒋介石在口头上一再声称"不复与敌人做一点一线之争夺"，"我军作战之方略在消耗敌人而不被敌人消耗，避实击虚，造成持久抗战之目的"，等等，但是在反攻南昌的作战中，当奇袭未能成功，已形成以弱我向强敌进行阵地攻坚战时，不顾战场的实际情况，仍限令于 5 月 5 日前攻下南昌，以致不仅南昌未能按其主观愿望攻克，而且部队遭到大量不必要的伤亡。据时任第九战区司令长官部参谋处副处长的赵子立评论道："1939 年是抗日的第三年，虽然日军的战斗意志和战斗力较之 1937 年战争开始时，已经降低了不少，但未到反攻大城市的时机，还未到进攻坚固阵地的时机。当时正确的作战指导，应当是采取守势作战，在日军进攻或扫荡中，抵抗反击它，消灭或击退它。按当时敌强我弱的实际情况，不容易把南昌攻下来，纵使尽最大努力攻下来，也是得不偿失的，1939 年南昌的阵地进攻，是为时过早。"

其次是对敌情判断错误，防御阵地缺乏韧性。第九战区保卫南昌选定的主要防御方向为南浔铁路方面，而日军的主突方向则在修水以西，相差甚远。有些担任防御的军队（第七十九、第四十九军等）仅部署一个师在第一线，正面长达十五公里，而军的主力却部署在第一线后方一日行程之处，这在当时的机动条件下不仅策应困难，而且也违反了以军为基本战略单位，军长应直接指挥战斗的原则，致一点被突破，即全线陷于被动，不能有效地遏止、迟滞敌人。赵子立检讨道："以第七十九、第四十九、第七十等三个军，采取直接配备，排列在修河南岸，一经日军突破，即不堪收拾，这是失败的主要原因。反之，如以一部兵力，在修河南岸至奉新间，采取持久抵抗，虽然仅有百余里，也不致连失三城，而能赢得时间。"

再次是有些高级将领在作战指挥上缺乏积极进取精神，执行命令不力。反攻南昌作战计划的主要内容是以主力进攻南浔路沿线之敌，彻底破坏交通，切断日军的增援及联络，以一部攻南昌。而担任这一主要任务的第一集团军和第七十四军为相隔甚远的几个日军独立据点所阻，无一点兵力进至南浔路上，对战役产生极不利的影响。

此外，国民党军内部派系林立，指挥系统不畅。南昌会战，跨第三、第九战区，动员兵力超过二十万人。罗卓英虽领"总司令"之衔，却无号令三军之权。会战整个过程的最高指挥权实际控制在蒋介石手中。从会战目的，到会战方案；从兵力调配，到对将领之奖惩，一切均操之于蒋氏之手。南昌会战失败，还暴露出中国军队在指挥系统方面的严重弊端。以第二阶段进攻南昌为例，正面进攻与侧翼牵制的部队分别为四个不同系统的集团军，虽然设立了战时前敌总部，但罗卓英作为前敌总司令，并没有完全的指挥权，战前的参谋作业由军委会转达各集团军，前敌总司令只能以督导方式督促各部队。对第三十集团军的命令要由第九战区确认，对第三十二集团军的命令也要由第三战区署名，第一集团军对前敌总部的命令更是熟视无睹。命令传达如此之复杂，怎能应付战场瞬息之变化？南昌会战之败局，非罗卓英所能力挽。

中央系和杂牌军之间的矛盾亦暴露无遗。据时任第三十二军第一四一师第七二三团团长的王启明回忆："抗战救国是光明磊落的千代伟业壮举。但是蒋介石与其领兵要员都利用抗日作战，消灭杂牌军，发展壮大其嫡系部队。就以在赣北一年来抗日作战为例来说吧！商震原是第二十集团军总司令兼第三十二军军长……命他坐守南昌不让他指挥军队，将第三十二军拨归第一兵团薛岳指挥，薛岳将第三十二军分割使用……以上分割使用第三十二军，目的是为了掩护在万家岭打好歼灭战。在万家岭打歼灭战的主角是第四军和第七十四军。第四军和薛岳有历史渊源，非常关心和爱护，第七十四军军长俞济时是蒋介石的亲戚、黄埔一期学生。第三十二军是为主角跑龙套……第三十二军在德安、万家岭、麒麟峰、覆血山同敌生死拼搏，伤亡损失很大。撤到南昌附近地区休整，实际上是大整小补。取消了六个旅长、旅部和三个步兵团。由两旅四团制的师，整成三团制的师，各特种兵单位亦有缩减。武器装备不补，薪饷减少，新兵补充不足……商震曾对王兴纲说：'在北方我们是吃干饭的，到了南方我们是喝稀饭的。'"

另外，日军在南昌会战中大量施放毒气，也是修水防线被迅速突破和中国军队在战斗中伤亡惨重的重要原因之一。日军在强渡修水前进行炮火准备时，使用了全部能够发射毒气弹的火炮进行急袭，仅 19 时 20 分至 30 分的最后十分钟中，即发射毒气弹三千余发。紧接着，日军野战毒气队又在十二公里进攻正面上施放了中型毒气筒一万五千个（其中第一〇一师团正面施放了五千个，一〇六师团正面施放了一万个），修水河中国守军阵地的两公里纵深内完全为毒气所笼罩。守军伤亡极重，当时中毒的团以上军官即有第二十六师师长王凌云、旅长龚传文、团长唐际遇和第一〇五师团长于桧源等。部队缺乏防毒手段及措施，处于惊慌之中，指挥失灵，致战斗力接近丧失，日军得以顺利渡过修水河。参加南昌会战的日军野战重炮兵第十五联队联队长佐佐木孟久大佐，在其所著《十加部队的变迁》中说："3 月 21 日拂晓是阴天，有约三米每秒的风吹向敌方，这是使用特种弹的绝好天气。按照预定计划，从拂晓开始，进行试射、校正射效，以后转入炮火准备后，一百四十门大炮的炮声盖住了修水河畔，实为壮烈。最后发射特种弹，亲眼目睹了浓浓的红云渗透至敌阵的情景。结束炮火准备后，前沿步兵放射特种筒，战斗进展很顺利。当炮兵按计划延伸射击后，步兵一齐进攻，突入敌阵……如入无人之境。"与此同时，日军第六师团第十一旅团在进攻武宁中国军队阵地时，也使用了大量含有窒息性毒气的特殊发烟筒十二个，致守军官兵五百人遭烈性毒气伤害，阵地被攻占。由于日军规定"对特种烟实施地区，务期歼灭华军，希图灭口"，所以据被俘的日军上等兵野上今朝雄笔供，在武宁中毒的中国官兵全部被日军刺杀。以后在高安附近战斗及强渡锦江等作战时，均曾使用了大量的毒气弹和毒气筒。

第六章　上高一役斩获最高勋章

1938 年，武汉沦陷后，抗日战争进入战略相持阶段。赣北、鄂南成了江南防卫的第一线。它面对长江，东西扼守洞庭、鄱阳两湖，形成了半壁江山的天然屏障。上高则是反攻南浔路的前沿阵地，也是吉安的外围堡垒。

又报前军战鼓催

从江西省南昌南行一百一十公里处，一道巨龙般的山峦横卧前方，再沿劈山而建的宽阔公路前行，由南而北的锦江河水缓缓流淌。上高县就坐落在距南昌西南约一百二十公里的锦江上游北岸，扼湘赣公路（南昌至长沙）要冲，东临鄱阳平原，背靠九岭山与罗霄山，既便于东出南昌，也便于西进长沙，自古以来就是兵家必争之地：唐代镇南节度使钟传在此聚众起兵，威震江南，后封南平王；南宋名将岳飞屯营上高，岳飞坪遗址至今犹存；太平军转战上高七年之久，金戈铁马仍未销。

如今，上高已成赣北唯一一座战略重镇了。上高以西无险可守，日军如果占领了上高，不仅会沉重打击国民政府主力，还可以向西侧击长沙，造成整个第九战区全线动摇。故对敌我双方来说，上高都是必争之地。驻扎在这里的中国守军，是十九集团军，位属薛岳辖区第九战区，总司令官罗卓英。中日军队在此方向的对阵形势是：

国民革命军第七十军（军长李觉，十九师师长唐伯寅，第一○七师师长宋英仲，第九预备师师长张言传）、第七十四军（军长王耀武，第五十一师师长李天霞，第五十七师师长余程万，第五十八师师长廖龄奇）。1941 年 2 月，罗卓英又通过军令部将在赣江东岸抚河一带的守备部队第四十九军（军长王多荃，第二十六师师长王克俊，第一○五师师长王铁汉，第五预备师师长曾夏初）由顾祝同管辖的第三战区划入第九战区指挥参加上高会战。

而对面的日军守备部队，是日军的第三十三、第三十四师团，这两个野战师团，都是为了替换下在中国大陆第一线作战甲种野战师团，于 1939 年 2 月在日本而组建的三十字号的治安师团。

第三十三师团，1939 年 2 月 7 日在日本本土仙台组建，3 月到达中国编入第十一军，编成之后立即被投入到中国战场，从事华中地区的警备和主持治安工作。1939 年 9 月第一次长沙会战在鄂南长寿街方向作战，1939 年冬季作战在赣北方向；1941 年 3 月上高会战担任北路，后转入华北方面军；1941 年 5、6 月参加中条山会战；1941 年 11 月调南方军第十五军；1942 年 1 月进入泰国曼谷，在缅甸北部扫荡英印联军；1944 年 3 月，参加英帕尔作战。1945 年 8 月第三十三师团在泰缅边境向英军缴械投降。

日军第三十四师团于 1939 年 2 月 7 日在日本本土大阪组建，编成之后立即被投入到中国战场。3 月初到达中国，编入华中派遣军第十一军，从事武汉地区的警备和维持治安工作。1939 年 12 月以后移师南昌方向作战。1941 年 3、4 月的上高会战中作为主力被投入到最前线。所属野炮兵第三十四联队中第八中队遭遇围歼，无一幸免。1941 年 9 月参加第二次长沙会战，1942 年 5 月参加浙赣会战，1943 年 5 月，三十四师团由乙种师团降级为没有炮兵的丙种师团，所属的野炮兵第三十四联队被解散。1944 年 5 月至 8 月在长衡会战中担任中路，同年 9 月至 11 月参加桂柳会战，1945 年 4 月 18 日列为中国派遣军直辖调往沪宁地区，"八一五"时到达安义至九江一线，在九江附近的浦镇向中国军队缴械投降。

在战局相对静止的间隙中，除双方有时互派小部队袭扰偶有接触外，未曾发生过大的战斗。两军相互对峙一年有余，看似相安无事，然树欲静而风不止，随着战局的发展，赣西北的上空战云渐密。初春季节，春寒料峭，风急天高的锦江河岸上空偶尔飘来血腥的涩风，抗战已四个年头的春天变幻莫测，动荡不安。

1941年3月上旬，国民革命军第十九集团军总司令部上高瀚堂村。

罗卓英从来没有忘记过南昌会战给他带来的耻辱。这位喜欢写诗的将军身上并无一点文人的迂腐之气，即使打了败仗，也从不会为自己鸣冤叫屈或寻找战场以外的各种借口。

他的名言是：军人事业在战场，军人功罪也在战场。

哪里跌倒了就从哪里爬起来，既然是在战场上吃的亏，教训还得到战场上去找。

罗卓英总结出的第一个教训是麻痹大意，敌情观察不仔细，结果仅仅相差九天，主动就变成了被动。

于是，从九江到南昌，罗卓英都派出了很多情报人员。最近南昌方面日军蠢蠢欲动，似乎有大的动作。情况错综复杂，扑朔离奇，各类情报源源不断从敌占区报送总司令部作战参谋部。

南昌之敌最近调动频繁，南浔（南昌—九江）铁路北上火车，每一车厢的窗口均露出人枪，南下火车则车窗紧闭。

据九江坐探报告，九江市内，夜间时有整齐的部队通过，当局严令市民，必须紧闭窗户，严禁开窗窥视。

据南昌坐探报告，最近有部队乘军舰于鄱阳湖登陆。

南浔铁路坐探在夜间贴耳于铁轨，觉察南下火车车身沉重，而北上火车则车身轻浮。

日炮兵将野炮改装为马驮，进行野外训练，为行进于山地做准备。

日军大量征集民夫，运送军用品，进攻迹象至此明显。

由此，罗卓英判断，以上述敌情来看，北上火车所露人枪，系迷惑我军的假象；南下火车，车身沉重，必满载部队与武器装备。

综合上述情报，3月3日罗卓英向重庆发去了敌情电报："急。重庆军令部长徐、军令部第二厅杨厅长，另报主任李、长官薛：毖密。综合情况。（甲）丑月下旬，增南昌敌约五千，现集结于南昌、望城岗，似尚无动静。其队号有池田、森重、木本等步兵部队，金井炮兵部队。又增安义敌约一千五百，均分开前方，似补充兵。（乙）自寅月东起，敌机暂行活动，每日侦察赣东〔江〕西岸我阵地。江午，敌机五十六架，分向南城、贵溪、弋阳、上饶、玉山各地。（丙）依上判断，敌似有进扰企图。罗卓英。寅江西。曙。印。〔上高〕"

罗卓英判断：南昌方面之敌，必有向我大规模进犯的企图。

这个判断没错，日军将有大动作，这还得从共产党这边说起。

1940年8月，在日军占领区，我华北八路军主力部队展开百团大战：彭德怀指挥八路军一二九师和晋察军区等共一百零五个团二十余万兵力，对华北日伪军发动了一次大规模进攻战役。战役持续了四个月，共进行大小战斗一千八百余次，攻克据点两千九百多个，歼灭日伪军四万五千余人，给日伪军以沉重的打击。

华北严峻的局面终于迫使日本军部猛然惊醒，身藏战略后方的八路军原来如此强大。华北方面日军也忧虑异常：共军此种企图，在今后长时期内是否还会持续进行，或者根据兵力的扩大而采取某些新的作战方式？遂决定把战略重心移至华北，并从华中抽调两个师团增援华北。［1941年2月14日，日本中国派遣军正式下达命令，从第十一军中抽调第三十三师团（缺一个步兵联队），从第十三军中抽调第十七师团增援华北。］

冈村宁次时任日军第十一军司令官，为最大限度地迎合参谋本

116

部，决心把这个配角演好，筹划了他在华中的最后一次军事行动。从 1941 年 1 月起，他就开始在赣北积极调兵，确定了以活泼、短切作战为主的作战方针，以驻南昌和安义的两个师团，以及刚刚新调来并驻南昌以西约十五公里的望城岗的独立混成二十旅团，对南昌西南锦江两岸中国第九战区罗卓英所指挥的十九集团军进行短切突击，以巩固南昌外围占领地区。

日军这种作战称"短截断距离的作战"，即"短切突击"：伺机集中一部进行短切突击和攻而不占的作战方法，企图不断地在袭扰中消耗中国守军，重在打击中国军队有生力量，而不以夺取、确保城市为主。其攻击的前进距离一般为四十公里到一百公里左右，时间大致定为七天到十天，以此为限，随即回转，美其名曰"短切突击"。

当时集结在南昌的日军总兵力接近六万五千人，冈村宁次的如意算盘是在第三十三师团北调前三路并击，给对面的中国军队十九集团军致命一击，平静了快一年的赣北局势顿时紧张起来。随后冈村宁次调任，接替他担任第十一军司令官的是园部和一郎。

上高会战前夕日军的蠢蠢欲动，综合各种情报，第十九集团军罗卓英总司令对其做出了精辟分析：一、为军事上的打击：企图击破我之野战军，摧毁我之军事部署，使我无力反攻，俾达其抽兵南进以攻为守之目的；二、为经济上的掠夺：抢劫我之现有物资，以解决其经济困境之一部，摧毁我之生产工具，以增加我经济困难；三、为政治上的毁灭：即以焚杀奸淫的手段，造成政治的恐怖、战地的浩劫，使战场内无村落、无人烟，我军队无法进驻。

他接受上次南昌攻守战的教训，对日军可能采取的突袭计划已有所预备，不再将防御主力单线配置，而是定下了层层抵御诱敌深入的磁铁战术，将设立三道防线，在第一线、第二线阵地节节抗击，阻滞和消耗日军，诱敌进至第三线阵地并相当疲惫时，以主力反包围，予以歼灭。决战地点就选在上高。

然而方案归方案，最终的落实还要靠实力说话。要想获胜，必须拥有战场的绝对指挥权。对此，浸润国军体系内多年的罗卓英深有体会。南昌会战失败，罗卓英吸取的另一个教训就是：如果部队平时不归你统领，战时再划拨，会直接导致指挥失灵。蓝介愚（时任第十九集团军总司令部少校参谋）就曾回忆说："以赣江为第三、九战区的作战地境线，极不合理。总司令为此曾经发过脾气：'赣江东岸的部队，平时不归本集团督训，战时才拨归我指挥。各部队情况一切不明，打了败仗就要杀我的头。'"

所以大战在即，罗卓英的第一个动作就是要统一指挥权。他给重庆军令部打了一份报告，陈述了如下意见：

一、不能以大河川、大道路为作战地境线，此乃战役、战术一致之结论。

二、第三战区五省正面兼江海湖防，南昌正面让出后，可免战区预备队之奔忙。

三、南昌方面为一整体，赣江两岸的部队统一指挥后，无论攻防，均多便益。

练兵与用兵，必须紧密合一。证诸以往，赣江两岸的部队平时不归本集团督训，临时才归本集团指挥，窃以为不可。

电报上呈军令部后，四十八小时内就批准了。将赣江东岸十五公里的正面、七十五公里的纵深，划归第九战区，由罗卓英统一指挥。

同仇敌忾，士气高昂。第十九集团军主办的《华光日报》发表的《赣江战歌》写道：

天苍苍，水茫茫。鄱阳湖畔好战场，赣江两岸阵堂堂。

短兵时相接，长刀映日光。战时归来饮百盅，醉将敌血写诗章。

上！上！南昌就在望，前头还有巍巍的古庐山、滔滔扬子江。

天苍苍，野茫茫。上高东北好战场，锦江夹岸阵堂堂。

挥戈除小丑，弹落阵云黄。歼灭倭奴三百万，黄龙痛饮返家乡。

上！上！紫金山在望，前头还有巍巍的长白山、滔滔黑龙江。

且看包围奋一锤

1941 年 3 月 14 日夜，南昌日军兵分三路发起进攻。日军兵力约为六万五千余人，除二万余人为守备部队外，其余四万多人尽数出动。北路为第三十三师团，由樱井师团长指挥，兵力一万五千余；中路为第三十四师团，由大贺师团长指挥，兵力二万余；南路为独立第二十旅团，由池田旅团长指挥，兵力八千余。空中亦有远藤少将指挥第三飞行团助阵，三路并进，采取闪电战术向我赣北猛烈进攻，发动了所谓的"鄱阳湖扫荡战"。

日军具体作战方案为：以上高为其扫荡顶点，运用分进合击战术，一举攻略上高后即向左旋回，横扫新余、清江，复东渡赣江扫荡樟树、丰城，企图歼灭国民党野战军于赣江两岸。因战事区域主要分布在著名的鄱阳湖主要水源地赣江、锦江两条江河之处，因此日军将此次作战行动称之为"锦江作战"（又称"鄱阳作战"）。

战斗最先在北路的奉新打响。日军三十三师团步兵、骑兵、炮兵组成的联合战队五千多人，携带山炮十多门，3 月 14 日深夜开始向奉新城方向进发。3 月 15 日凌晨 5 时左右，从左家、宋埠一带出动的一千多日军，一路杀到了赤田张家、儒里温村一带。日军炮兵在猛烈朝中国军队的石子棱、米峰防线发动轰击时，其步骑兵和七十军预备第九师的警戒部队开始激烈交火，上高会战正式打响。

防守奉新的是国民党第七十军，军长李觉，其前身是唐生智所属湘军一部。七十军在唐生智手下具有非常光荣的历史。尤其在北伐期间，唐生智凭借第八军称霸两湖，而这个第八军，就是早期的七十军。李觉本人是土生土长的湖南长沙人，但因出生于云南，故字云波，又名淑志。1924年，李觉毕业于保定军校第九期。后入湘军，参加过北伐战争。抗战期间，李觉率领七十军参加过"八一三"战役、武汉保卫战、长沙会战等，屡挫敌锋。

上高会战初期的奉新战斗主要在第七十军预九师防线，由于日军火力凶猛，当时几乎成一边倒局面。从15日早上6点左右开始，仅仅携带两门炮的三百名日军在九架战机的协助下，朝奉新县城发动了猛烈进攻。两个小时后，当日8时左右，奉新城陷落，这是上高会战初期我方陷落的第一座县城。

15日凌晨，第十九集团军总部有关上高危急的紧急电报，很快送到正在吉安开会的罗卓英总司令手中。"当面敌人由集中地开始向我前进，斥候时常出没于我警戒线阵地……15日晨3时许，安义方面步骑炮联合之敌五千余人、炮十余门，分两路向我七十军正面进犯……"

该来的还是来了，而且来势汹汹啊！罗卓英严令七十军李觉部按原计划执行阻敌、滞敌、延敌任务。然后星夜赶回上高，紧急召开作战会议，商讨对策。

大敌当前，形势严峻，是固守上高，与敌决战，还是主动撤出，保存实力，会议上争辩激烈，气氛凝重。副参谋长黄国华认为"这不过是敌人的扫荡战，只要避其锋芒，等到鬼子撤退时再进行掩击，可收事半功倍之效"。与会者竟大半附和。如果是在南昌会战前，也许罗卓英一点头就同意了，他就是这样一个人，相貌慈眉善目，性格平易近人，属于多谋寡断型，对人宽怀，处事柔韧有余，但用在军事上则是弊大于利。但自南昌失利后，他得到了第三个教训：作为主帅，在从谏如流的同时，一定还要有自己的主见。

罗卓英沉吟片刻，环顾四周，提出了一个很尖锐的问题："上高战略地位险要，如果我们不做抵抗，撤出上高，日军继续攻击怎么办？"

他指着地图继续说："上高以西，无阵地可守！"如果放弃上高，日军必然得寸进尺，沿湘赣公路直趋长沙。"

众人闻言，顿时都说不出话来。

为慎重起见，罗卓英决定扩大决策层次，让所有幕僚人员与会发表意见。

多数底层幕僚都反对撤退，主张与日军在上高展开决战。这些小伙子大多血气方刚，做梦也想干他一场，况且位卑责就轻，对于打仗，自然要积极得多。

客观地来讲，高层幕僚的主张也不是没有道理。日军的"短切突击"，一共出动了两师一旅团。其中，第三十三、第三十四师团虽非常备老师团，但比原来那两个"最弱师团"要强得多，在新编师团里至少属于中上水平。独立混成第二十旅团则是从广岛第五师团中抽出了一些老兵打底子，然后重新组建的新老混搭部队。

罗卓英能集中的兵力，光从编制看有三个军，但由于兵员严重缺额，数量上一个军只与日军一个师团勉强相当，这样一算，光人数就不占优势。

无论是按照先前日本人的换算方式还是实际作战经验，即便部队满额的话，中国军队也至少需用两到三个军才能对付一个师团。第一次长沙会战的例子表明，日军一旦打好了，四个军都不一定挡得住一个师团，哪怕是被称为"日本最弱师团"的第一〇六师团。

何去何从，最后还是要看军事主官如何决断。罗卓英思忖片刻，一锤定音："打！"罗卓英后来在《上高会战奏捷（四首）》中曾写下这样的诗句："不再转移新阵地，还须收复旧山河。"就是当时内心真实的写照。主帅尚且如此，官兵怎不用命？命令下达后，近十万将士均能坚决执行命令，齐心协力勇猛杀敌，涌现出众多可歌可泣的英雄事迹。

临淮壁垒不容开

罗卓英之所以敢下这个决心，是因为他心中早已经有了应对之法。

日军的分进合击，属于迂回包围的老套路，之所以屡屡奏效，是因为其机动能力强，火力旺盛，运用得好，足可以使对手未战先怯，自乱阵脚。

但是这个战术也有明显的弱点，那就是容易分散兵力，结果导致被各个击破。台儿庄战役即为明证。

罗卓英输过一次，不能输第二次。他认真研究过台儿庄战役，知道如何利用这一战术的弊端。

打个比方，日军的三路兵马，假如中路的第三十四师团是身子的话，北路的第三十三师团和南路的第二十旅团则是左右两只胳膊，"分进"之后，它们必然要在上高实现"合击"，发挥最大效能，才能完成预想中的迂回包围。

罗卓英首先要做的，就是拗断那两只胳膊。

他将李觉的七十军和刘多荃的四十九军作为诱击兵团，置于左右两翼，将驻高安的七十四军作为决战兵团，置于中路。左右两翼，犹如两只拳头护住面门，左拆右挡，灵活接敌，待敌人疲惫，便集中全力，重拳出击。

而此役的关键就在于，磁铁牢牢吸住敌人之后，能否集中全力重创对方。罗卓英思量半晌，决定打电话至重庆国民政府军政部，请求同意七十四军参与此次上高保卫战。罗卓英的电话请示在当天就得到批示,蒋介石亲自指示七十四军参加守卫上高的战役。接到这一消息后,罗卓英将军悬着的一颗心总算放了下来,于是马上下达命令,第七十四军王耀武军长马上指挥所部做好迎战准备。

为什么调动辖区内的一个军,还要兴师动众打电话给军政部呢?这是因为如今的七十四军已非昨日之吴下阿蒙了。

七十四军是十九集团军的精锐,下辖五十一、五十七、五十八三个师。军长王耀武素有"铁枪"之称,黄埔三期毕业。一路从排长干起,到1936年年仅三十二岁,就被提升为第五十一师师长。七七事变后,王耀武率第五十一师参加了淞沪抗战、南京保卫战,多次重创日军;1938年参加南浔路战役,毙伤日军四千余人,取得与平型关、台儿庄鼎足三立的万家岭大捷,1939年被提升为第七十四军军长。强将手下无弱兵,七十四军中尚有李天霞(五十一师师长)、张灵甫(五十八师副部长)等骁将,"哪里有大仗,哪里有硬仗,哪里吃紧,哪里就有七十四军"。罗卓英很是看重七十四军,在诗文中曾有"铁枪在手吾无敌,神箭当风尔奈何"之句,就是赞扬"铁枪"王耀武、"神箭"李天霞的。

上高会战前夕,正是七十四军脱胎换骨的时候,刚刚被选为攻击军——国家四大主力之一,非常来之不易。当时国民党军事委员会决定在西北、西南两地区各成立两个攻击军(即主力军)为大江两岸的机动部队。攻击军与普通军的区别是军司令部的编制要大一些,仅直属部队就计有炮兵、工兵、辎重兵各一团,还有半机械化搜索营、高射炮营、战车防御炮营、通信营、特务(警卫)营建制,增加的人员和武器比一个师的人还多。

当时在西北地区已经确定改为攻击军的是第一军和第二军。第一军是中央军嫡系部队,1925年8月编成。首任军长是当时的国民政府委员长蒋介石,党代表廖仲恺,政治部主任则是后来的共和国总理周恩来。国共两位大人物都曾经担任过第一军的要职。第二军主要是以蒋鼎文的中央军嫡系部队第九师为基干组合成，蒋鼎文号称蒋介石的五虎上将之一，声名在外。

另外两个主力军的名额在西南地区则竞争激烈，当时已经定了的广西驻军新五军杜聿明部为其中之一，这是国军第一个机械化部队，在昆仑关和日军的第五师团硬碰硬，打出了军威，打出了气魄。

剩下的一个名额，经军令部提名的就有四个军，其中以第十八军和第七十四军最强。蒋介石经过反复考虑，最后终于圈定七十四军为攻击军。

3月15日，恰逢全军第一期整训教育完毕，就接到了参战命令，利剑终于出鞘了！

七十四军军长王耀武迅速做出如下部署：第五十一师集结于刘公庙附近地区，以后做机动使用；第五十七、五十八两师，迅速在阵地后方集结，适时占领石头街、泗溪、官桥、棠浦之线的既设阵地，阻止日军西进。并令各师加强工事，努力搜索敌情，军部移驻上高西南的高亭桥，并在上高东北的花园设置指挥所，严阵以待。

此时，北路日军第三十三师团虽然攻克了奉新，但连日征战，该部也付出了两千五百余人的代价，李觉的预九师、第十九师及江西保安团的部队，如梦魇一样，时而缠着他们死打，时而高飚远逸，不见踪影，即将北调的他们实在没有耐心也没有信心来打这场战役，于是，三十三师团于3月19日独自撤回了安义防区。

南路独立混成第二十旅团主力被阻止在灰埠，被迫渡江北上与第三十四师团会合。

中路日军大贺茂的三十四师团则一路高歌猛进，自3月16日出动后，先击败七十军一〇七师宋仲英部于祥符观，继而夺下高安城，最后以骑兵追逐该师至田南圩，攻势之锐，几无可挡。上高，七十四军驻扎的上高，已经成了大贺茂的眼中之景了。可他做梦都不会想到，上高，将成为他的梦魇。

激战数日，形势已渐明朗。日军的分进合击战术在第十九集团

124

军将士的奋勇抗击下未能取得预期，南北两翼均受阻击，第三十四师团已成孤军冒进之势。第九战区副司令长官兼第十九集团军总司令罗卓英于19日下决心：利用既设阵地，逐次抗击，诱日军进入上高地区予以围歼。当即电令："严饬各军积极对敌猛攻，务将深入之敌，歼灭于高安锦河南北地区。"为了增强罗集团的攻击力量，第九战区长官部抽调王陵基川军陈良基、傅翼两个师迅速增援。各军知援军即将到达，士气大振。

困兽犹斗，日中路军第三十四师团虽已陷入绝境，但其歼灭罗集团主力夺取上高的野心却未死。

3月20日，罗卓英给蒋介石发去电报，对作战部署进行了详细汇报："一、集团军为占主动，先解决锦河南岸之敌。二、令刘军廿六师除留一部解决窜过新市街之敌外，主力向清江以北地区前进，皓拂晓前，展开于经楼圩、大坪、青山之线，重点保持在左翼，联系七十四军向北攻击。三、王军长指挥该军及一〇七师，皓拂晓前展开于华清山（不含）、刘公庙、占愚岭、辽山、灰埠之敌重（点）在右（翼），对东向敌攻击，留一部兵力固守石头街亘棠浦之线阵地。四、七十军（欠宋师）右翼联系七十四军，猛攻当面之敌，务一举（于）离树、下凤凰圩、店前、伍桥何〔河〕之线，策应除〔我〕主力作战。谨报。"

还是在20日这一天，罗卓英的部队已经与日军交火，战斗异常激烈。第三十四师团采取锥形突入之战术，集中大炮十余门、飞机三十余架，集中轰击泗水西岸唐、港西罗地区，阵地被毁，日军遂乘机分由档口、港西罗强渡，五十八师一部奋勇堵塞缺口，激战至夜，敌军大队拥至致塘坎附近，阵地被突破。此时指挥五十八师战斗的是副师长张灵甫，师长廖龄奇当时去湖南岳麓山参加军官训练团学习，不在任上，于是新来乍到的副师长张灵甫就代理起师长职务，指挥全师行动。张灵甫因伤在后方歇息了一年有余，他是习惯了长年在前线征战的真正军人，不能上战场简直像失业一样难受，如今一回来就碰上了大战，格外精神抖擞。面对蜂拥而来的日军，张灵甫兵来将挡，他镇定地按既定布置将补充团顶上一线。补充团在团长何澜的带领下，向扑来的敌人发起迎头反击，高地上的迫击炮和重机枪也以猛烈的立体火网，将日军的后继冲锋波次遮断，成功遏制住敌人的进攻势头。五十八师的阵地当晚稍向后移动之后，稳住了阵脚。

第七十四军参谋长陈瑜劝王耀武撤出上高，保存实力。罗卓英知道后大怒，亲自打电话呵斥，并派中将总参议张襄前往七十四军，名为慰劳，实为监督。王耀武给罗卓英打电话，拍着胸脯说："请总司令相信我，我是能够贯彻您的命令的。"罗卓英一面慰勉他，一面把自己的看家队伍特务营派出前往增援。

参战各军在罗卓英的严令督导下，无不奋勇赴战。王耀武给扼守上高北城的第五十七师师长余程万下了死命令："必须固守上高，失了北城就枪决！"

这个时候，第三十四师师团长大贺茂才有点恍然大悟了，他发现自己撞上了南墙。该师团自16日从南昌出发以来，相比南北两路与中国军队的缠斗，他这中路相对轻松，没费多大力气就打穿当面中国军队的阻击，向着目标长驱直入，这助长了大贺茂的骄横之气。其时，他的右翼已经由于第三十三师团的过早撤离而暴露，左翼的情况也出了毛病，第二十混成旅团因轻率分兵正在被李天霞的五十一师和第四十九军的二十六师各个击破。头脑发热的大贺茂居然对此都视而不见，他不理会两翼的空虚，自己带着中路主力继续向上高突进。或许是七十军前几天的佯败使大贺茂产生了轻敌和麻痹，他判断面前的中国军斗志不强，攻取上高指日可待，却未意识到自己已经中了诱兵之计，一脚踏入了对方预设的决战陷阱。至此，我方第一阶段诱敌深入的战役目标已经达成。

经与五十七师和五十八师的接触之后，大贺茂明白遇上了劲敌，对方在他倾其主力的猛攻面前毫无惧色，阵地岿然不动，这最后一

126

道防线的抵抗越来越强韧，与之前的一二线完全不是一回事。大贺茂决定孤注一掷，集中兵力做定点突进，他向空军搬来援兵，呼叫航空兵第三飞行团远藤少将派出数十架轰炸机助战，并在进攻前向守军大量施放毒气。日军战后曾将大批的化学武器遗弃在上高战场，1992 年，就在泗溪官桥街，扩建圩集的民工不慎挖到地下锈迹斑斑的毒气弹，造成无辜群众一千三百多人中毒。掩埋半个多世纪后挖出的毒气弹还有二百余枚，足见当时日军使用毒气的数量之多。

23 日凌晨，第十九集团军军部依旧灯火辉煌，罗卓英紧锁眉头，正在盯着地图沉思。战场上的尸山血海，有时会令军人对生死产生职业性的冷漠。消逝在枪炮下一条条鲜活的生命，在参谋的笔下化作一连串冰冷抽象的数字，罗卓英翻阅着战斗的报告，他的关注焦点更多落在未来的战局上。连日激战，在各部的密切配合、浴血奋战下，战场形势正在朝着他的预想发展，但是由于日军火力强大，我军伤亡甚重。况且主力七十四军防守正面宽度过大，稍有不慎，就可能被日军突破，合围之势难以确保。该是做调整的时候了。战场用兵，不在乎一城一地之得失，而要集中优势兵力，形成拳头。为了确保上高，罗卓英决定开放宜丰，命令下达到第七十四军，王耀武当即修正部署，以第五十七、第五十八两师主力占领上高城附近核心阵地，吸引敌人。同时，为了鼓舞士气，争取胜利，一向重视思想鼓动的罗卓英又亲手拟定了《当前胜利保障十则》，立即颁布执行：

一、记住委座的训示："我不怕敌，敌便怕我。"

二、记着司令长官的训言："苦斗必生，苦干必成。"

三、记着本总司令的训告："军人事业在战场，军人功罪也在战场。"

四、目下对敌包围形势，业已完成，包围圈也已缩小，今天就是我军全线对敌施行求心攻击开始的时候，也是我军对敌展开歼灭战的良机。

五、我忠勇将士，苦战八日，业已取得八分胜利，今天第九日，必须努力争取九分胜利，以保障明天的十分胜利。

六、依昨日战况判断，敌军攻势，业已顿挫，力量已经耗尽，若无后续援军，不仅不能攻我，而且必遭惨败。纵有增兵，亦不过一大队。而我合围已成，力量凝集，增援部队新编第十四师今日可加入战斗，新编第十五师明日即可赶到参加。预计战局多延一小时，我军多得援兵一营，多延一天，多得援兵一师，围歼力量，绝对优势。

七、过去八天苦战中，万余伤亡将士的血花，正期待吾人今明两日之努力，结成胜利之果，报答国家。第七十军奉新烈士墓、第七十四军高安烈士墓，巍然在望，吾人必须迅速歼灭巨敌，以伟大战果，告慰英灵。

八、吾人必须把握住抗战四年来仅有的对敌取得包围歼灭战有利态势，将十天以后的作战精神及力量，提前到今明两天来，适时使用，充分发挥，俾在赣北战场，收一劳永逸之效，而开今年胜利年之先路。

九、各级指挥官，绝对不许有怕牺牲、保实力之观念，务须指挥中国之军队，歼灭中国的敌人，以表现中华民族革命军人之真精神。凡属最能牺牲最奏战绩之部队，我领袖必然予以优先之补充与厚赏，本总司令亦当负责报请补充，迅速恢复战力。

十、各级指挥官，务须确实掌握部队，向指定任务坚定迈进，并切实执行连坐法。

并通告各部队："目下对敌包围形势，业已形成，包围圈也已缩小，今天就是我军对敌施行全线求心攻击开始的时候，也是我军对

128

敌展开歼灭战的良机。"(《原国民党将领抗日战争亲历记——闽浙赣抗战》中国文史出版社 1995 年)

双方激战至 24 日凌晨，第三十四师团又将锦江南岸调来的独立混成第二十旅团残部三千余人投入战斗，日军第三飞行团亦出动飞机七十余架，投弹一千七百余枚，国军阵地大部摧毁，敌人两度乘隙突入，但均被击退。至此，日军第三十四师团已攻击乏术，陷入绝境。

双方战斗之惨烈，实难想象。我们且看看当事人是如何回忆的。一位名叫邹继衍的参战军官在他的《上高战役亲历记》中描写了他所亲眼目睹的战斗情景。邹继衍当时是第七十军一〇七师三二〇团第一营的少校营长，他的部队来到离上高约五公里远的一个山头待命，邹营长与他的团长等军官登高极目，七十四军的五十七师和五十八师与日军的彻夜激战尽收眼底。他写道："最令人惊服的是：当敌机、火炮猛轰时，我方阵地静悄悄地毫无反应，好像守军已经被消灭，或全部撤走。可是一待敌步兵冲锋达到有效界，设置在战壕、山洞中各种隐蔽巧妙的火力点内，轻重武器喷射出来的弹雨，就像冷水一般洒向敌群；配备在后方远射程、大口径火炮，也紧随着发出雷鸣怒吼，进行地毯式的迅猛疾射。在我严密火网与步炮协同反击下，打得敌军晕头转向，丢下一批尸体和被毁坦克，仓皇溃退。就是这样一次又一次的反复拉锯战，使得凶顽的日军，在这铜墙铁壁的坚城面前碰得头破血流。眼看上高近在咫尺，就是可望而不可即，未能靠拢一步。这场持续近十二小时的恶战，实在算得上攻防战中演出的威武雄壮的战例。"

3 月 25 日，远在汉口的日军第十一军司令官园部和一郎得知第三十四师团被困的消息后，既恨大贺茂不听劝止，草率行动，又担心第三十四师团被歼后自己无法交代，遂一边电告大贺茂寻机突围，一边指令第三十三师团施手援救，并从九江调兵南下解危。

莫使虾夷片甲回

时间在一点一点流逝，战场上的形势也愈发明朗。

26 日，日军占领并会合官桥，日军总司令部又从九江增派两万余人。深夜，第七十四军攻克泗溪，并协同第七十二军等部将日军压迫于官桥街、南茶罗一带。

27 日，日军向奉新、南昌方面突围，狼狈溃逃。中国军队第四十九军、第七十军分两路对日军实施侧后追击，予以重创。

28 日，中国军队主力进攻官桥街，与日军激战至下午，将日守军六百余人全部歼灭，并毙日军第三十四师团少将指挥官岩永，收复官桥街。

31 日，克复高安，截断了日军东逃归路。

4 月 1 日，日军以十五架飞机掩护突围，向斜桥方面逃窜。中国军队乘胜追击，收复了沿途城镇。2 日，中国军队克复子西山、万寿宫、奉新等地，8 日和 9 日又克安义外围的长埠、宋埠、平洲、弓尖各要点。日军受到重大伤亡后撤回原驻地。双方恢复战前的对峙态势，会战结束。

4 月 10 日，日军第十一军司令官园部和一郎因上高战役失败被免职，由陆军省次官阿南惟畿接任。

关于这次撤退的情况，在日本防卫厅防卫研究所战史室的《中国事变陆军作战史》中有如下记述："27 日，第三十四师团带着数百名伤病员好不容易全部渡过泗溪，按兵团司令部、行李、独立山炮队、病员输送队、野战医院、后卫部队的行军序列，开始向土地王庙东进。如前所述，土地王庙在五天前已成为敌第九师的中枢阵地，另外，在侧背还有重庆军六个师并列尾随追击。入夜，雷电伴随着大雨，各部队在严加戒备下度过黑暗的一夜。第三十三师团在各处继续进行着激烈的战斗，28日渡过泗溪进入东岸，翌（29）日虽开始后撤，但出发不久遭到据守在虎形山（泗溪西北约五公里）附近重庆军的侧击，陷入苦战，以后不时和顽强地尾随追击的敌人进行激战，展开全部兵力以求摆脱敌人，此间山炮队所有炮弹用尽，处于不能射击的状态。以后接到了空投弹药。经过了无法用言语形容的重重苦难，于4月2日返回了原驻地。因受这次作战的直接影响，第三十三师团推迟了向华北的转进。"

东方欲晓，疏星残月，人欢马嘶，高奏凯歌。

各参战部队上报的战果统计陆续传来，真是激动人心：

第七十四军：

　　第五十一师：击毙、伤日军两千九百零一人

　　第五十七师：击毙、伤日军两千四百五十七人

　　第五十八师：击毙、伤日军两千二百四十二人

第四十九军：

　　第二十六师：击毙、伤日军两千三百九十人

　　第一〇五师：击毙、伤日军九百九十人

　　预第五师：击毙、伤日军一百九十三人

第七十军：

　　第十九师：击毙、伤日军一千五百二十六人

　　第一〇七师：击毙、伤日军五百七十七人

　　预第九师：击毙、伤日军八百二十八人

第七十二军：

　　新十四师：击毙、伤日军两百人

　　新十五师：击毙、伤日军六百八十人

其中，判明毙、伤的日军官佐有：日军三十四步兵团岩永少将，二一四联队大佐联队长滨田，一〇五大队中佐大队长森重，一〇四

大队中佐大队长野村，二一五联队第二大队少佐大队长间柄，二一七联队第三大队少佐大队长田中，二一六联队第二大队少佐大队长木下，二一四联队第二大队大尉大队长横田，二一四联队第三大队大尉中队长池田、炮兵队长全江……

此外，俘获大量战利品：

俘虏日军七十二名，军马五百六十四匹，山炮六门，炮弹一千五百发，迫击炮一门，炮弹一百八十六发，轻、重机枪九十六挺，步马枪两千两百零四支，子弹十一万零三十发，掷弹筒一百零四个，毒气罐五百零四个，防毒面具七十七个，钢盔二百五十二顶，刺刀一百一十把，太阳旗三十九面……更令人振奋的是，击毁日军单翼轰炸机一架，击沉击伤汽艇十艘。

捷闻全会传褒语

会战结束，捷报频传，一扫"皇军不可战胜"的神话。全国军民欢庆鼓舞，奔走相告，共同庆贺这自侵华战争进入相持阶段以来取得的姗姗来迟的胜利。国民江西省政府在吉安（南昌沦陷日军之手后，省政府移迁至泰和县）举行万人祝捷大会，火炬游行，组织民众参加会战胜利品展览。中央通讯社、《国民日报》、《长沙光华日报》、《江西国民报》、《大江日报》、《长沙阵中报》、《东南日报》等各媒体也争相报道，把上高会战媲美台儿庄平型关的胜利。

会战的胜利，远在重庆的蒋介石喜极之心溢于言表：抗战四年来，取得如此的胜利，国军战场甚之为少。故捷报传来时，蒋介石又是为作战主攻军——第七十四军，颁发军中最高荣誉奖旗——青天白日飞虎旗，又是拨款十五万元慰劳全体将士，并亲自派专机将上述钱物送至长沙转由上高。

国民军事委员会的总参谋长何应钦也不甘落后，分别给第九战区总司令长官薛岳、第十九集团军总司令罗卓英发去贺电："捷音远播，举国腾欢，收赣北空前未有之战果，作盍国最后胜利之先声。"面对新闻记者的采访，参谋总长不无得意地断言："上高之战在今后作战指导上非常重要，其影响之大，莫可比拟。敌人采取分进合击态势，即可谓外线作战。我军始终固守上高一带既设阵地，依内线作战之原则，先击溃其夹击之一翼，然后转向其主力包围攻击，遂将其各路兵力悉行歼灭，可谓为开战以来最精彩之作战。"

自 1937 年七七事变侵华日军大举进犯以来，全面抗战至今已有四年，日军以少胜多的战例比比皆是。中日两军在武器装备、战术、官兵素质上的差距是客观事实。然而，自武汉失陷以后，中国的空军几乎失之殆尽，制空权基本丧失。如果考虑到日军配备的特种兵及武器装备上的优势，再加上独揽制空权这个巨无霸撒手锏，在上高会战中，中方兵力略多于日军但并不占据多少优势。然而，经过多年抗战烽火锤炼，从一次次失败中走过来的中国军队也不断地从血的教训中总结摸索出一些经验教训，大胆地运用阵地战、运动战、游击战，诱敌深入，伺机反扑，一改过去传统的消极防御、被动挨打的陈旧打法。这一仗，不仅粉碎了日军的"鄱阳湖扫荡战"计划，中方守住了上高，还将来犯之敌多次围而歼之，打得日军丢盔弃甲，打得日军的三十四师团长大贺中将战后要引咎剖腹自杀（未遂）。这一仗，大长了中国军队的志气，极大地鼓舞了全国人民的抗日热情。从这个意义上来说，上高会战确实是一场"精彩作战"。

正当大家都沉浸在胜利的喜悦之中时，罗卓英却显得十分平静，他纵马巡视疆场，凭吊烈士英灵。战前上高，山清水秀，物产丰饶，是江西有名的富庶之区。如今田园荒芜，断壁残垣，四处狼烟，极目焦土。作为久经沙场的名将，罗卓英深知民众为战争付出的惨重牺牲，也深知上高人民为会战做出的巨大贡献。会战期间，战区沿线各地每天供应军粮两千斤至九千斤，宜丰县每日达到一万六千四百斤，有一万九千一百七十多名民夫肩挑筐送。同时，更有大批民众自发积极支前，充当向导，收集情报，护送伤员，疏散妇孺，严查奸细。青年们则拿起镐头，踊跃参加"破坏战"，挖深沟、设路障、毁桥梁，给日军的机械化行进造成了极大困难。罗卓英被深深地打动了，他在接受江西《民国日报》记者采访时动情地说："各地动员民众，破坏公路交通，展开破坏战，使敌人各种优势装备没有办法利用，和我们一样跋山涉水来作战，以这个破坏战，来配合歼灭战，使胜利得到确实的把握。这就充分证明了军民合作，协力战斗，在我们革命战争中特别的重要。"

纵马由缰，罗卓英来到了战斗最为激烈的"三桥"（下陂桥、官桥、石洪桥）一带，他环视四周，心情凝重，但见弹痕累累，战迹殷殷，烈士鲜血，染红碧波。此役虽胜，但也是惨胜，第十九集团军官兵付出了沉重的代价，伤亡高达两万零五百三十三人，其中阵亡九千五百四十一人。第二天，恰逢清明，罗卓英在对第七十四军高级军官训话中慷慨激昂："今天，我们在这里集会，时值清明佳节，本人有一种特别的感想：过去每年今日，我们都是踏青扫墓，追吊祖先，今年今日，我们于赣北大捷声中，特别是在战迹殷殷的前线，眼看到英勇将士的热血，溅满了原野，赤染了疆场；血痕未干，将士先逝，战迹未没，浩气犹存，充分发挥了中华民族伟大壮烈的革命精神。我们后死同志，应该继承先烈遗志，踏着先烈的血迹，勇往迈前！因此，今日我们不是踏青吊祖，而是踏红祭烈；不是消极的凭吊，而是积极的效法，效法先烈的伟大精神，消灭敌寇，复兴中华，以竟抗建大业！"

好一个"踏红祭烈"！这是对牺牲将士的最好纪念，也是对民族精神的继承和弘扬，更是万众一心、复兴中华的呐喊。

接着，罗卓英又总结道："这次胜利的意义和影响很大，第一，以铁的事实，证明我们愈战愈强和敌愈战愈弱，以我之强，击敌之弱，我必胜，敌必败，这是必然的前途，由此次战役，更可以坚定一般人抗战必胜的信念，加强一般人抗战必胜的意志。……我们这次胜利，不独间接地增强了民主阵线的力量，而且足以表示我中华民族，随时增长，敌人随时没落，使各友邦，增加对我们的信心，以扩大我外援的力量，总之，这次赣北大捷，意义特别重大，影响也特别深远，今后我们应继续发扬光大。"

5月7日，在一片肃穆庄严的气氛中，罗卓英在上高城北中山纪念场主持盛大的阵亡将士追悼大会。青山有幸埋忠骨，浩气永存贯长虹！罗总司令亲拟挽联，悼念逝去的战友们："杀敌成仁，确保上高歼丑虏；设坛追悼，永怀威烈壮名城！"

胜利来之不易，经验更需总结。罗卓英在《上高会战概述》中详细总结了心得：

一、以劣势兵力，对优势敌军，实行大胆包围战，结果，以歼灭战答复敌之扫荡战，打破过去以同等或劣势兵力对优势敌军不能行包围攻击心理。

二、证明我军越战越强，敌人越战越弱，足以坚定各级必胜信念。

三、确保上高，以"守必固"打击敌之"攻必克"，打破过去守不能固之心理。

四、发挥内线作战原则，各个击破敌人，证明在战略上我已长足进步。

五、第一、二线用逐次抵抗，施行诱击消耗战法，诱敌至第三线，始与敌决战，此即由我主宰战场。

六、大胆抽兵，大胆转用兵力，得将作战态势，及内线为外线，即以反包围对付敌之包围，是即我能争取主动。

七、证明我军不但有抵抗倭寇的力量，同时，渐有进攻的力量。故我军参谋总长曾言："我过去抗战宗旨，为敌人一日不退出中国领土，我一日抗战不止；而今后则敌人一日不退出中国，我必须进而消灭它。"

八、振醒敌后伪组织，将其心理改变过来。赣北方面，当我军战胜消息传出后，南昌、安义等处伪组织，有向我投诚之事实，及向我接洽做内应之倾向，由此可见一斑。

而在3月29日的电报中，罗卓英将此次会战的全程进行了描述，其中特别总结了敌我双方的特点：

关于日军失败的原因，电报中写道："一、对我军力量估计过低（轻敌）。二、由于过去扫荡战所产生之骄妄行动（忽敌）。三、优势装备不能尽量发挥（交通破坏）。四、不能击破我正面有力部队，反而投入我包围圈内。五、后方受我有计划破坏及扰乱。"

关于中国军队胜利的原因，电报总结说："一、确遵统帅意旨，主动地运用消耗、歼灭两战法计划作战，且坚定决心，不为情况变化所动摇。二、确遵统帅训示，尽量集中兵力于决战方面。三、配备纵深。四、外翼部队用突进方法做向心运动，对敌包围。五、七十四军战斗力量坚强，得使我较为运用获得时间余裕。六、纵横通信有利，后方补给不受影响。"

关于此次会战的特点，电报中称："一、始终立于主动地位，主宰战场，一切均基于事前准备及指导顺利推行。二、以歼灭战摧破敌之扫荡战。三、以守必固打击敌人攻必克。四、我变内线被包围为外线反包围。"

蒋介石接到上高会战的捷报后内心十分高兴，特别是当他看到罗卓英专门总结了敌我双方的特点后，对罗卓英更加刮目相看。蒋介石将整个作战过程再次进行了认真研究，并以电报形式对此次会战进行了如下总结："一、罗总司令指挥适切，能放胆集中优势兵力，彻底包围歼灭敌人。而三、九战区作战地境之变更，能使该方各军在统一指挥下，迅速向一地会战，亦为战捷主要原因。二、指挥官坚毅果决，始终严厉贯彻包围歼灭敌人之企图。三、对突围敌人，能适时完成二次包围，追击战斗猛烈果决。四、能完成包围态势之主要功绩，由于七十四军能依既设阵地，韧强抵抗，求得时间余裕，以待友军之合围。五、主阵地前道路彻底破坏，先以一部对敌持久抵抗，诱敌至不利地形，凭既设阵地韧强抵抗，并彻底集中兵力，向敌四面包围猛攻，卒能歼灭顽敌。六、以最小限兵力、保安团、游击队等，对南昌敌人放火扰乱，袭击破坏，收积极牵制之效，放胆抽调该方面兵力，参加会战。"

同时蒋介石还对此后日军的动向和中国军队的应对之策做出了如下部署："敌人受此次惨败教训，其以一、二师向我深入闪电游击之作战方式，似将变更。判断敌人尔后须审慎行动，以周到准备，集中较优势兵力，向我短距离之战法为多。我军尔后指导应注意者如左：一、第一线以最小限兵力，向敌游击、搜索、警戒，主力机动控制。二、预期敌人进犯方面及道路两侧，构筑据点群阵地，并彻底破坏道路，敷设地雷、石柱。三、准备于我有利之战场，选择有利地形，构成强大纵深据点群式主阵地，并构筑数线预备阵地及其中间之斜交阵地。四、如敌以短距离一举向我闪击时，在短距离内避免与敌决战。应诱敌深入，以一部利用前进阵地（据点群工事），逐次抵抗，迟滞敌人，诱导敌人于我主阵地前，以韧强抵抗及迅速彻底集中兵力，四面包围敌人而歼灭之。五、如敌分进合击时，应依敌各纵队兵力、距离、地形，予以各个击破；或于预期敌人各纵队合一点附近，依既设阵地，韧强抵抗，而以迅速集中兵力，实行反包围而歼灭之。对于敌人前进各纵队，应各以一部，依既设前进阵地，迟滞敌人，并截击侧击，阻绝其后方交通、辎重。六、预期敌人回窜道路，扼险设伏截击，并实行猛烈追击。七、以游击队在敌后纵火，袭击，破坏交通，积极扰乱牵制并搜索敌情。以上各项作战教训及尔后我作战指导应注意事项，仰即遵照，并转饬所属遵照，并师长以上皆须阅读研究，但须秘密，不为敌获悉为要。"

历史是不会忘记的。为纪念上高会战抗日阵亡将士，上高县于1991 年修建了镜山烈士陵园。烈士陵园布局模仿了中山陵格局建造，陵园分为三个阶段，逐渐升高，进门处为仿古牌坊，上横刻原国防部部长张爱萍手书的"上高会战抗日阵亡将士陵园"大字。在陵园中部的地方建有一仿古凉亭名为"会战亭"，会战亭东侧立石碑数块，上刻有上高会战总指挥罗卓英将军所写的赣北大捷四首诗词。

赣北大捷四首

（一）

又报前军战鼓催，寇氛直犯上高来。
休夸扫荡侵三路，且看包围奋一锤，
诸葛阵图终有价，临淮壁垒不容开。
应知方马埋轮日，莫使虾夷片甲回！

（二）

一夜春雷起怒涛，健儿十万剑横磨。
铁枪在手吾无敌①，神箭当风尔奈何！②
不再转移新阵地，还须收复旧河山！
捷书共期花争发，伫听欢歌奏凯歌。

（三）

清江无恙石头淮③，拔险支危见尽忠，
忍吃当前十日苦，须争再后一份功！
敖峰大树遵时绿，锦水长波落照红。

---

① 军长王耀武智勇兼全。
② 师长李天霞骁勇善战。
③ 克俊部对侵犯蓝家桥、曲水桥之敌，迅速扑灭；克保清江、天灵两段部对偷渡石头街犯华阳之冠，猛击二日，卒予聚歼。

信我明朝终取胜，遥闻鼓角振天风。

（四）

新年勖勉幸无忘，军人事业在战场!①

保土用能瞻赫赫，歼倭欣看阵堂堂。

捷闻全会传褒语②，泪洒三桥吊国殇③。

且莫骄矜诸将士，扬威横览太平洋!

---

① 今年元旦，以"军人事业在战场"七字勉诸将士。

② 中央八中全会闻捷，来电嘉慰。

③ 4月4日，亲赴上高城北熬峰，勘定烈士墓地，主持葬事。5日巡视战场，下陂桥、石洪桥、官桥，为激战最烈之地，余告诸将士："今日清明，应改踏青为踏红节，盖吾人正踏着先烈血迹前进杀敌也。"

第七章　三战长沙

武汉失陷后，抗日战争进入相持阶段。湖南地处中国中部，战略地位极其重要，历来是兵家必争之地。保住湖南，北上可直驱武汉，东出江西、安徽、浙江，这样就保住了东南半壁江山，南翥两广，西屏川黔，把守战时陪都重庆的大门。

指挥湖南境内中国军队作战的是第九战区司令长官部。第九战区成立于 1938 年武汉战役时，下辖赣西和湖南全省。1939 年日军攻陷南昌，赣江以东划归第三战区。1940 年第六战区成立，临资口以西划归第六战区。第九战区的地理位置，东面是鄱阳湖和赣江，西面是洞庭湖和湘江。赣江与湘江之间有幕阜山、武功山、罗霄山脉，这些山脉的东斜直到赣江，其西斜直到湘江。军事委员会赋予第九战区的任务是包围湘、赣，尤其是要确保长沙附近要地，并以湘北、赣北为持久作战地区，尤以湘北为主。

从湖南的全境来说，长沙处于湘中的丘陵地区，有宽广的盆地，也有雄峻的峰峦。在长沙县志上，前人曾对长沙的重要地位做过这样的概括："邑居省会之冲要，控荆湘之上游，吐纳洞庭，依附衡岳，荆豫唇齿，黔粤咽喉，保障东南，古称崇镇。"

由于湖南地处亚热带，是南北冷暖空气交汇之区，季风现象显著，影响强烈；降雨量充足，而无霜期又长。这种自然物候，极有利于农事活动，具备多种作物所需的热量条件，特别是适宜于水稻的耕作。因此，湖南是全国富饶的水稻产区，自古以来就有"湖广熟，天下足；湖广不熟，天下不足"的说法。而长沙则是这一带物候之集大成者，是这一产区的总仓库。所以，在经济上长沙有巨大的生产能力，在军事上长沙也有显著的战略地位。

为夺取我抗日经济资源，并为进入大西南、最后消灭我抗日力量做准备，日军从1939年9月到1942年1月，连续发动了三次进攻长沙的战役。

第一次长沙会战

1939年，整个世界笼罩在一片战火之中。

从国际局势来看，1939年9月1日，德国闪击波兰，英、法向德宣战，欧战爆发。

在东亚，自从抗日战争进入相持阶段后，日本侵略者不得不调整其侵华方针，对中国实行以政治诱降为主、以军事打击为辅的策略；同时放弃其速战速决的军事战略，代之以持久战，重新整备武力，等待时机，以期一举解决中国事变。

政治上，国民党原副总裁汪精卫公开叛变投敌，国内外舆论大哗。他于1938年12月离重庆往越南河内，1939年5月5日自越南抵上海，致电蒋介石，公开投降日本，在船上与日本今井武夫密谈，表示建立汪伪政府意向，并拟与日本当局交换意见，沦为汉奸。31日，汪与周佛海、梅思平、高宗武、董道宁等十一人抵日本，同平沼骐一郎内阁各要员会谈，加紧密谋筹划成立中国伪中央政府。

军事上，日军将武汉周围作为其对中国正面战场继续施加压力的主要作战地区。当时，在武汉外围的中国守军将近一百个师，且对武汉形成了一种包围态势。长江以南是陈诚、薛岳指挥的第九战区，有五十二个步兵师；长江以北为李宗仁指挥的第五战区，有三十五个步兵师。日军第十一军司令冈村宁次于1939年春夏之间相继发动了南昌会战和襄东会战（即随枣会战）。经过这两次作战，日军攻占南昌并击退第九战区军队的反攻，获得了武汉安全圈的东南屏障，并打开了通往长沙的通道；同时，打击了第五战区部队，保住了汉水以东阵地，暂时缓解了江北的后顾之忧。

8月底，日军又把进攻矛头指向了湖南。不过这次冈村宁次打的是政治、军事牌。鉴于汪精卫已正式与日媾和，冈村宁次也制订了对中国第五、九战区的政治、军事方案。其核心要义是：策反杂牌军，孤立中央军，然后从军事上歼灭黄埔军校少壮系为代表的中央军："一、对第五战区，侧重点在于策动广西、四川地方武装反叛，借此使全战区走向崩溃。二、对第九战区，可对四川军及游击旁系军施以怀柔，对其他军队进行积极的谋略宣传，引导其丧失战争意志。"

在大力开展政治攻势的同时，冈村宁次把第九战区的中央军列为打击重点，制定了《江南作战指导大纲》，其作战目的是："为击败第九战区的粤汉路沿线敌中央直系军主力，乘蒋军衰退之形势，进一步挫伤其继续战斗的意志，同时加强确保我军作战地区内的安定。"其战役指导方针是："一、军主力在隐蔽中做好准备，大概在9月下旬开始行动，将粤汉方面之敌军主力消灭在汨水河畔。在此期间，约以一个师团策应军主力，事先将高安附近之敌消灭后，转向修水河上游捕捉该方面敌军。二、实施本作战计划时以奇袭为主，尽量在短期内结束战斗，然后恢复大概原来态势。"

1939年9月初，日军第十一军正式下达作战命令，集结了第六、第三十三、第一〇一、第三、第十三等师团，以及长江舰艇三百余艘，海军陆战队一个联队，飞机百余架，化学部队若干，约十八万之众，准备从赣北、鄂南、湘北三个方向同时进攻，围歼第九战区中央军精锐，并计划于 9 月 30 日之前占领长沙。整个战役预计二十至三十天，10 月 10 日至 15 日返回原驻地。

1938 年 11 月下旬，国民政府军事委员会在湖南南岳召开军事会议。第三和第九战区的司令长官、军团长、军长、师长等一百余人出席了会议。中共中央代表周恩来、叶剑英等也应邀参加。会议在蒋介石的主持下着重从军事角度检讨了过去抗战的得失，判断了当时战争的形势，确定了以后二期抗战的军事战略方针，并据此调整了部署。

蒋介石在会上提出了划分抗战阶段的设想。他说，此次抗战，依照预定的战略政略来划分，可分为两个时期，从七七事变到日军占领武汉、岳阳为止，是抗战的第一时期，此后属于抗战的第二期，即"我们转守为攻，转败为胜的时期"。

国民政府军事委员会制定的第二期抗战的战略方针是："连续发动有限度之攻势与反击，以牵制消耗敌人，策应敌后之游击战；加强敌后方之控制与袭扰，化敌后方为前方，迫敌局促于点线，阻止其全面统制与物资掠夺，粉碎其以华制华、以战养战之企图；同时抽调部队，轮流整训，强化战力，准备总反攻。"

这个方针的特点在于，注意了游击战争的作用，决定派遣部分力量争夺敌后控制权；对正面战场的主力部队，虽然要求发动有限攻势，但侧重于整训部队、恢复和培养战斗力，亦即保存实力，这是在抗战进入相持阶段后，蒋介石一直强调的核心问题。

按照战争形势的变化及新战略方针的要求，南岳军事会议决定重新划分战区，调整部署。此次全国共划分成第一、第二、第三、第四、第五、第八、第九、第十战区；敌后新设鲁苏和冀察战区。

中国第九战区是武汉会战后正面战场对日作战的主要方向之一，具有战略意义。所辖范围主要是湖南及鄂南、赣省一部。战区跨湘、鄂、赣三省边区，东西以赣江、湘江为天然之境界，两翼又各有一湖，东为鄱阳湖，西为洞庭湖，恰成为整齐对称形之战场。日军大迂回之战法无从施展，只能进行正面作战。而且在湘、鄂、赣三省相交的地区，群山纵横，地形复杂。长沙以北的湘北地区，大多数也是山岳地带：湘北不仅多山，而且多水。以粤汉铁路为分界由北向南画一直线，其左侧有洞庭湖及澧水、沅水、湘江三大河流，右侧有新墙河、汨罗江、捞刀河、浏阳河，从而形成天然的防线。这样一种多山、多水的地形对部队行动会产生较大影响，尤其不利于日军的机械化部队行动。

对于该战区的军事地理特征，国民党方面曾有较为深入和详细的研究，认为：

本战区跨湘鄂赣三省之边区，东西以赣湘两江为天然之境界，两翼各具一湖，东为鄱阳，西为洞庭，恰成为整齐对称形之战场。敌大迂回之战法无从施展，不得不行大牺牲之正面作战。

赣北方面（实际仅指赣省西北部），东有庐山山脉之横亘。逸西之著名山峰，在赣鄂交界处者，有九宫山。在湘赣交界处者，有幕阜山。在武宁与铜鼓之东南侧有严阳山与五峰山。斜形连贯，皆属峻岭崇峰，不适于大兵团之活动。赣江上游已封锁，其西侧支流，北有修水，发源于幕阜山及五峰山附近；南为锦江，发源于五峰山。两江在涨水期可呈障碍，水落后，武宁、高安以西均可徒涉两水。航运主要为木舟。由九江经武宁、平江至长沙，及由南经上高、浏阳至长沙，虽有公路可通，但皆已彻底破坏，不堪利用。

鄂南方面之战场，恰似三角形之角插入湘赣境内，交界处为幕阜山脉，该山东与赣北庐山山脉径相连接，山势雄壮，于交通、补给、联络影响极巨。湘鄂公路，北段经敌修复，但南段自通城起已经破坏，不堪利用。

湘北方面（系就洞庭湖以东地区而言），地势较赣北、鄂南均平，更多为稻田。秋冬之季，积水者约占三分之一，道路除湘鄂公

144

路已彻底破坏外，其他乡村大道亦已挖窄，机械化部队及重炮兵均不能运动。粤汉铁路，岳阳以北敌已修复通车。岳阳至株洲间段则已拆去，并掘毁路基，不能利用。湘江自鹿角以南湘阴以北间已施封锁，除小艇外，兵舰不能通过，其支流新墙河、汨罗河自东向西平行流注，在粤汉铁路以东部分，秋冬之季均可徒涉。综观本战区全般状态，东便于守，西便于攻，而利于攻之湘北地区因道路彻底破坏，加之物资疏散藏匿，处处皆可消耗敌之兵力，整个战场实具备持久消耗战之条件。

如此重要的第九战区，自然须大将镇守，那就是被称为中国抗日第一名将的薛岳。薛岳，字伯龄，出生于 1896 年，广东韶关人，原名薛仰岳，薛父为其起名为仰岳，希望他能像岳飞一样，称为民族英雄。他后来改名为薛岳，寓意不仅仰慕岳飞，更要身体力行。薛家家训就是：克复汉族，唯武是尚，经生坐谭，无当大局，亟须习戒，以应时变。薛岳绰号"老虎仔"，脾气倔强，坚忍不拔。他认定的死理，谁也改变不了。

为了吸取南昌会战的教训，1939 年 4 月 15 日蒋介石曾亲自致电陈诚、薛岳、罗卓英等："如敌进取长沙之动态已经暴露，则我军与其在长沙前方作强硬之抵抗，则不如作先放弃长沙，待敌初入长沙立足未定之时，即起而予其致命打击之反攻。"4 月 21 日，军事委员会又指示第九战区："湘北方面之作战，应先立于不败之地，利用湘北有利地形及既定之数线阵地，逐次消耗敌人，换取时间。敌如突入第二阵地时，我应以幕阜山为根据地，猛袭敌之侧背。万一敌进逼长沙，我应乘其消耗巨大、立足未稳之际，以预伏于长沙附近及其以东地区之部队内外夹击，予敌以致命打击。"5 月 16 日，军事委员会又再次致电第九战区："赣北方面，以游击战消耗牵制敌人，对该方面敌人予以反击，务希随时随地切实注意，妥为部署；高安方面，我军须纵深配备，并准备敌如进攻高安时，应自主地放

145

弃高安，诱敌深入而侧击之。"

薛岳则认为，只要利用这些良好的地理条件，再加上正确的战略战术，完全有可能打退日军的进攻，化被动为主动。战区的作战方案大体如下：敌似在9月中开始南犯，将以主力由湘北南趋长沙，于赣北、鄂南施行策应作战。战区拟予敌以严重之打击而开第二期抗战胜利之先河，决诱敌深入于长沙以北地区，将敌主力包围歼灭之。赣北、鄂南方面，应击破敌策应作战之企图，以保障主力方面之成功。薛岳将这一战略部署的核心之点总结为八个字：后退决战，争取外翼。这就是他总结出的"天炉战法"，即以超过对方一倍多的兵力，层层消耗敌人，然后围攻歼敌。正如时任第九战区司令部参谋处副处长的赵子立所总结的："只有争取外线才能包围敌人，击破敌人，而不为敌人所包围、所击破。只有后退决战，才能变被动为主动，变劣势为优势。因为要是在对峙线上决战，则决战的时间、决战的地点、决战时的兵力对比，皆由敌决定，故敌主动而我被动，敌优势而我劣势；至后退一定距离再决战，则决战的时间、决战的地点、决战时的兵力对比，皆可由我决定，故我主动而敌被动，我优势而敌劣势。"这一战法的重点，就是要在赣北地区予敌重创，而这一重担，就落在了第九战区前敌总司令、第十九集团军总司令罗卓英肩上。

当时，第九战区共有二十一个军又三个挺进纵队，共五十二个师；国民政府军事委员会配属四个军（第四、第五、第九十九及新编第六军）又一个师（第十一师），总计二十五个军六十三个师五十万人，投入作战序列的部队有二十一个军四十九个师又三个挺进纵队（实际参战兵力为三十五个师又三个挺进纵队三十万人）。至9月中旬，其兵力具体部署情况如下：

第一集团军第五十八、第六十军守备靖安、奉新以西张家山、麻下、会埠一线阵地；

第十九集团军第三十二、第四十九军守备莲花山、马形山以及锦江右岸阵地；

第十五集团军以第五十二军主力守备新墙河阵地，第七十九军守备南江桥至麦市间阵地，第三十七军守备湘阴以北湘江亘汨罗江右岸阵地；

第二十七集团军第二十军前出咸宁、崇阳地区，第七十三军集结于渣津地区；

第三十集团军第七十二、第七十八军共四个师守备武宁以西蒲田桥、琵琶山一带阵地；

湘鄂赣边区挺进军位于通山、大冶、阳新地区；

第四、第七十、第七十四、第五、第九十九、新编第六军和第十一师共十五个师为战区总预备队，分别集结于长沙以南、以东的湘潭、株洲、衡山、衡阳、浏阳及赣北上高、宜丰、万载等地。

另外，防守洞庭湖与湘西方面的为第六战区第二十集团军（辖第五十三、第五十四、第八十七军等部），为了便于协同作战，该集团军配属第九战区指挥。第九战区司令长官部位于长沙。

赣北方面，罗卓英的主要防线如下：滇军第一集团军第五十八军守高邮市至祥符观一线；第六十军守祥符观至故县线；十九集团军三十二军（原晋军）守锦江口至高邮市、锦江南岸线；东北军四十九军和中央军第七十四军控制上高附近。附近还有三十集团军（川军）王陵基部两个军。共辖十一个步兵师约官兵十万人，唯一的"重武器"只有六门七五山炮。

值得一提的是，这次在赣北前线唱主角的不是中央军，而是滇军。原来第一集团军下辖第六十军（代理军长为安恩溥少将）和第五十八军（军长孙度中将）是来自云南的抗日军队。七七事变后，在中国共产党的倡导下，全民族抗日统一战线得以建立，各支地方武装也开赴抗日前线，报国杀敌。冼星海等音乐家专门为云南将士谱写了《滇军军歌》：我们来自云南起义伟大的地方，来到崇山峻岭，来到抗日的战场。弟兄们，用自由争取民族的解放，发扬我们护国、爱国的荣光。不能任敌人横行在我们的国土，不能任敌机在我们领空翱翔。云南是六十军的故乡，六十军是保卫中华的武装！云南是六十军的故乡，六十军是保卫中华的武装！

云南抗日将士唱着这首军歌，驰骋沙场，卫国捐躯，为抗战胜利立下了汗马功劳。

第五十八军、第六十军之所以打得如此出色，这与罗卓英的知人善任是分不开的。罗卓英虽然身为陈诚"土木系"二当家，在中央军中颇有根基，但他却不是一个爱玩弄权术、搞派系斗争的人。他能够团结各方力量，也能够从善如流，善于听取多方面意见，从不独断专行，深得部属爱戴。所以在他指挥的战役中，从南昌战役、上高会战、长沙会战，总能看到地方实力派的身影。这也为他后来出任中国远征军第一路司令长官埋下伏笔。

9月，面对日军的频频调动，第九战区做出了"敌似在9月中开始南犯，将以主力由湘北直趋长沙，于赣北、鄂南施行策应作战"的判断，其原因如下："一、就敌情论：敌目前主力似集结湘北，攻击重点业已形成，乘势直下长沙甚便，且同时可得海空军之协助。二、就地形论：赣北、鄂南系山岳地带，崇山峻岭，极碍行动，加以道路破坏，补给联络非常困难。而湘北方面，沿粤汉铁路及其以东地区均为起伏地，颇适于大兵团之运动战，且距离较近，可于短期中攻下长沙，完成战果。三、就政略论：敌利用欧洲列强无暇东顾之机（列强此时均忙于德波战争之解决），应迅速攻下长沙，以炫耀于世界，并为汉奸汪逆张目。四、综检上述理由判断，敌在9月中进犯，以主力使用于湘北方面之公算确大。"

9月1日，第九战区对赣西各部队下达了作战计划。其作战方针是："我为达成持久消耗战之目的，先依锦河南岸，亘奉新以西之现既设阵地线，极力消耗敌人，敌如继续进犯，则于新淦、新喻线以北，亘新喻、宜丰线以东地区，行逐次抵抗，相机断然采取攻势。"

日第十一军在赣北方面动用了第一〇六师团全部与第一〇一师团的第一〇二旅团两个联队，作为赣北攻击军，另配属军属直辖重炮、工兵、装甲车部队各一部。1939 年 9 月 14 日，日军第一〇六师团率先发动攻势。在这个方向的国军三个集团军七个军在前敌总司令罗卓英指挥下进行抵抗。

日军第一〇六师团的战略目标是：迷惑牵制中国军队，以隐蔽日军主攻长沙。日军于 9 月 14 日夜首先向驻会埠的第六十军第一八四师的阵地发起进攻。次日，便突破了第一八四师的阵地。日军攻占会埠后，第一〇六师团兵分两路：一路向阴山村、罗坊西进，一路则向渣村、水口甘南犯。17 日，南犯日军先后占领水口甘、樟树岭；西进之日军则进占罗坊、治城，随后也转向南犯。18 日，日军占领了高安北部的村前街、斜桥和祥符观，从三面完成了对高安的包围，并与在会埠一线的日军，形成了对第六十军和第五十八军的包围。

在情势十分危急之时，罗卓英急忙电令第三十二军军长宋肯堂放弃高安，保存实力。第六十军遂从前街冲出日军尚未完成的包围圈，向宜丰方向集结。第五十八军则且战且退，18 日晚渡过锦江，向西往凌江口方向转移，与在宜丰集结的第六十军从南到北形成一道新的防线。第三十二军则弃守高安。19 日，日军占领高安。日军第一〇六师团颇为得意，呈报第十一军，声称大军已经击破当面之敌，并且开始捕捉高安西面败退之重庆军。

9 月 19 日，蒋介石电谕罗卓英："第十九集团军应积极作战，坚持对敌后的攻击。万一敌正面攻击时，须以现有兵力行持久战，掩护湘北方面我军右侧，不得期待增援。"薛岳也打来电话，要求第三十二军收复高安，同时批准调用第七十四军，并由第七十三军中

149

抽出第十五师支援第一集团军。获得增援后，罗卓英信心大增，决心反攻高安。

9 月 22 日，罗卓英电令第三十二军第一三九师反攻高安。李兆瑛师长率部全力出击，猛冲高安。日军阵脚大乱，退出高安。

9 月 23 日，罗卓英将敌情动态和国民党军的行动详情向蒋介石等发去了两份电报。

第一份电报中称："一、湘北之敌合向我进犯，本正面经努力抵抗后，有由奉新、靖安西犯之企图。二、为掩护战区之作战右侧安全，准备攻击该敌之目的，本午下达调整部署如下：三、四九军预九师任务同前（锦河南岸）。一〇五师接替高安。卅二军马形山、白石岭、火凌上阵地，确保司公山、祥符观、莲花山、赵家山各要点，准备向大城、虬岭之敌攻击。四、卅二军将高安方面防线交替后，一三九师移置龙团坪附近集结。一四一师右联结一〇五师赵公坛、老虎山、南山何之线，准备向奉新方面之敌攻击。五、七十四军以五一师右联结一四一师，占领南山何、院前邹庄之线、前李家庄之线，准备向车坪方面之敌攻击，并协攻会埠，以主力控制于上高、泗溪、官桥街地区。六、第一集团军以六十军附十五师攻击冶城、罗坊之敌，确实占领，准备向会埠之敌攻击。五十八军在棠浦附近集结。以上各部队会于漾晚开始行动，有卯前部署完毕。谨报。罗卓英。"

第二份电报中称："（甲）情况：一、敌一〇一联队自上旬起，陆续增西北及奉新约二千。二、本正面仍为一〇一师之一〇二旅团，及一〇一联队大部与一〇六师团。三、南昌、永修方面继续运粮弹至奉新。四、战场未发现伪军，但会埠确有伪第三师。（乙）判断：一、敌炮兵似已他调一部。二、一〇六师团似集结在奉新、靖安地区。三、敌经本正面极力抵抗后，似放弃高安、上高道正面西进之企图。（丙）敌可能之行动，以一〇三师团全部配合伪军向西延伸，接守一〇六师团之守备正面，而将一〇六师〔团〕抽出配合伪军一部，集结奉新、靖安地区西进，或转移他处西进，判断：子、一部由会埠向上富掩护主力，由疏〔疏字衍〕九仙绒〔汤〕侧攻修水，与湘北敌会攻平江。丑、主力由上富西进，攻取铜鼓，直出浏阳。寅、由上富、峡、宜丰、万载隔断我赣湘军之联络，掩护湘北敌之南犯。谨电参考。罗卓英。"

连日激战，战况胶着。25 日至 26 日，日军第一〇六师团一部攻占上富、横桥、甘坊，另一部经九仙汤、沙窝里突进至修水东南约三十公里处的黄沙桥。展开对中国第三十集团军王陵基部的攻击，三十集团军且战且退。同时，罗卓英急调第六十军和第七十四军对西犯的日军分别进行堵截。继而，双方在上富、冶城、甘坊一带展开了拉锯战。中国军队以攻为守，调集几个师的兵力向甘坊一带反击，以达到消耗该部日军兵力，阻滞其西进鄂南、呼应湘北的目的。25 日至 27 日，第一八四师由南向甘坊攻击，第十五师在甘坊西与敌战斗，第一八三师在甘坊西北的九仙汤、刘庄一带与日军激战。这三个师的攻势遇到顽强抵抗，未能收复甘坊，但也拖住了日第一〇六师团不能远行。薛岳想再创一次万家岭大捷，吃掉这个骄横的一〇六师团，遂令罗卓英增调第七十二军和第七十四军的第五十七师，连同第一八三、第一八四师，将日第一〇六师团包围于甘坊。

9 月 25 日，罗卓英给蒋介石发去电报，对敌情进行了汇报："据较确谍报：集结于奉新附近之敌，除一部进犯上富外，其大部似为一〇六师团。"

自 9 月 29 日以来，罗卓英调动各路人马，在第六十军正面抗击日军之际，大胆侧击，反而形成了一个反包围圈，将日军第一〇六师团围困在甘坊，进退不得。敌中井师团长有苦难言，可又不能单独撤军，损了大日本帝国陆军的威名，只好勉力支撑。日军战史称"其后敌军之抵抗逐渐顽强，并屡次进行反击"。

但是，该师团居然于 10 月 3 日冲出重重包围，并继续西进攻下大瑕街、石街，达到预定的赣北西行最远点。这时，主战场的日军已经开始后撤，一〇六师团牵制赣北国军的任务已经完成。5 日，薛岳再次电令罗卓英、高荫槐、王陵基督饬所部，务必将日第一〇六师团全歼。结果，当中国军队发起进攻时，该师团以反突击冲出中国军队的重重包围，撤回武宁据守，赣北作战至此结束。

罗卓英总司令在日军第一〇六师团退回奉新之后，为避免攻坚受挫而电令各军停止追击，巩固现有阵地。赣北战役日军寸土未得，以我军胜利退敌而告终。

赣北战役在抗战期间只能算是一个规模中等的战役，然而在国军战略思想的演变上，却是一个里程碑。总结吸取前期南昌会战的经验教训，罗卓英将军在战线布置上虽然和原来一样，采取传统的数十至上百公里的单线配置，但在具体作战方法上，则采用"后退决战"的策略。避开日军装备精良、战斗力强、急于求战的锋芒，充分利用赣西北起伏多变的山地、丘陵、纵横交错的江河等地理特征，寻找有利战机，采取阻击、侧击、尾击等机动战术歼灭敌人。此役日军凭借强劲的实力，首战即突破国军防线，但是长驱直入的日军很快遭到第三十二军的侧击而伤亡惨重，被迫退却。在防守高安城时也是如此，第三十二军挡不住正面日军的进攻，被迫退出城外，但在退守时占据有利位置，威胁侵入城内的敌人，在形势有利时，即反攻敌军，夺回高安城。这种首先放任日军突破第一防线，在一线兵团摸清敌人企图后，而后决心反攻高安的打法，是这次战役中的杰作。

赣北战役是第一次长沙会战的一条支线，重要的战斗还发生在鄂南、湘北等地。尤其是长沙方面，战斗异常激烈。这里补叙一下。

第一次长沙会战在湘北主战场打响的时间是 9 月 18 日。日军投入进攻的部队是第六师团、奈良支队和上村支队约五万人，向新塘河以北的国军前沿阵地发起攻击。在湘北方面担任守备的国军是由关麟征指挥的第十五集团军。其部署是：第五十二军扼守第一道防线，即新墙河防线，配置在右起杨林街、左至洞庭湖东岸的九马嘴一带；第三十七军守备湘阴以北至洞庭湖东岸的江岸；第七十三军控制着汨罗江地区，构成第二道防线。

日军在攻下第五十二军两处警戒阵地的同时，也攻占了第五十二军在新墙河北岸下燕安、马家院等前进阵地的重要据点。第五十二军部队被迫撤退到新墙河南岸。关麟征在接到新墙河北岸全部警戒阵地和前进阵地失陷的报告后，立即命令第三十七军除留下一个师守备营田外，余皆调至新墙河南岸，协同第五十二军守备新墙河南岸阵地。第三十七军原防线交给前来增援的第七十军守备。

9月23日晨，日军第六师团和奈良支队先是集中八十多门火炮向防守新墙河南岸的第五十二军第二师阵地猛烈炮击。一小时后炮火延伸，日军第六师团在师团长稻叶四郎中将亲自指挥下，从七步塘附近开始强渡新墙河。但遭到国军的顽强阻击，日落时分，双方仍在新墙河一线对峙着。

但是，日军突然又使出一手杀招，上村支队奇袭营田。据冈村宁次回忆："此次会战，我最注意的是驻在江北的第三师团抽出来的上村支队的行动。因为该部队既不熟悉江南的地形，又要进入洞庭湖在敌前登陆，而且要求他们采取大胆行动，楔入敌军侧背。最初还仰仗海军方面的协助，同时将当时被免去关东军参谋转入我军司令部的迁政信中佐，派往该支队担任主要幕僚。9月23日拂晓，接到该支队在营田登陆成功的紧急报告时，才放了心。其后该支队以机动舟艇圆阵突破敌阵等特殊战例，成功地威胁了敌军主力的退路。"

薛岳在长沙召开紧急会议商讨对策。最后，会议做出了诱敌至长沙郊区实行反包围与敌决战，进而将其歼灭的作战方案。依湖南的地势，左倚洞庭湖，右凭幕阜山，以其间新墙河、汨罗江、捞刀河、浏河这四条河作为迟滞日军的依据，并彻底实施"化路为田，运粮上山"的做法，将日军机械化部队的机动力消除。故总体方针为"后退决战，争取外围"：国军以且战且退的做法在四河与幕阜山间游移、攻击，然后后撤躲藏，将日军拖入四河之中，最后再以长沙城中主力与外围藏在山林中的部队合围深入四河中的日军。

战场形势吃紧，坐镇后方的蒋介石坐不住了。他每天都要和薛岳通话，询问战况，并叮嘱说，在适当时机可以放弃长沙。因为南昌会战的阴影仍然抹之不去。死守南昌的结果是，南昌没守住，再夺也没夺过来，反而因为一城一地之得失，付出了五六万人的惨重代价。这一次，蒋介石可不想重蹈覆辙，第九战区可是他的精锐之师呀。地盘丢了，没关系，我们还可以再退，人没了，拿什么去抗战，拿什么去威慑那些地方实力派？可这个"薛虎仔"却丝毫不体谅他的苦心，决心死守长沙，与敌共存亡。

蒋介石电话里说不动，就派陈诚和白崇禧亲赴湘北，传达统帅部弃守长沙的作战方案。陈、白二人赶到时，正值日军主力大举进攻，第十五集团军节节抗击，节节后退，形势万分危急。二人急忙向薛岳出示手谕，令其放弃长沙。本以为送来了救命稻草，却没料想换来薛岳连番质问："我九战区几十万大军驻扎湘北，居然不守长沙，这军人的职责到哪里去了？"陈、白二人均被感动，但又觉得军令难违，只好再劝，一连九个电话，严令薛岳立即执行委员长的命令，撤出长沙。"将在外，君命有所不受！"薛岳在电话中慷慨陈词，"湖南所处的战略地位，关系国家民族的生死存亡，作为军人，我们应该发抒良心血性，誓死保卫它！我已下定决心，第九战区誓与湘省共存亡！誓与长沙共存亡！"

司令长官的决战意志鼓舞了第九战区的官兵们。他们顽强抵抗，层层抗击，给日军以极大杀伤。冈村宁次仔细权衡后，最终下达了全线撤退的命令。命令说："华军顽强，现仍潜伏于汨水、修河两岸地区。本军为避免不利态势，应速向原阵地转进，以图战斗力之恢复，并应严密防备华军之追击。"几十年后，冈村宁次在回忆录中谈到这次撤军的原因时说："军的主力既已进入长沙平地，长沙又在眼前，如乘势进攻占领长沙并不困难。但根据本次会战之目的，在大量击溃敌军后，不得不回师原地……"显然，冈村宁次在为其撤军寻找借口。不管怎样，从 10 月 1 日起，日军确实开始撤退了。

冈村宁次撤军的决定太出人意料，以至于薛岳竟不敢相信这是事实。他还等着在长沙郊区与对手一决高下呢。身在前线的关麟征发现了日军撤退的迹象。他当即下令各部跟踪尾击。薛岳也赶紧下令，要求各部队"以现在态势立向当面之敌猛烈追击，务于崇阳、岳阳以南地区捕捉之"，"对敌之收容部队，可派一部监视、扫荡之，主力力行超越追击"。但为时已晚，日军大部已渡过汨罗江。至 10 月 14 日，赣北、鄂南、湘北各战场均恢复到战前态势，第一次长沙会战结束。

此次会战，日军利用炮火支援、海空支援等条件，吸取上高战役之弊，集中兵力，在"点"上造成优势，一举突破国军主阵地。但进入纵深战斗后，则暴露出兵力不足的根本弱点，不能构成合围之势。

反观中国军队方面，充分利用地形优势，做大纵深的梯次配置，逐次抗击，诱敌深入，趁敌分散、疲惫时予以侧击、伏击或歼灭之。薛岳的"天炉战法"在此已经历了充分的历练。特别是在精神方面的影响尤为积极：通过会战，使中国军队确实认识到日军兵力不足，已无力发动更大规模的进攻了，只要众志成城，就一定能取得最终的胜利。

大战结束后，第九战区专门对此次作战中敌我特点进行了总结。

通过此次作战，第九战区研究了日军的进攻特点和国民党军的对策，认为："一、我军常取守势，敌取攻势，故敌常以主力攻我一部，而后我应取绝对攻势，以我主力攻敌一部，再勿以我下驷对敌上驷。此次长沙会战取绝对攻势，且在赣北、鄂南方面彻底使用兵力，故能战胜敌军。二、敌取守势时，利用坚固工事，炽盛火力，以打击我军。我无空军及炮兵协助，攻击甚难奏效。但敌取守势时，必须脱离工事。我应乘其向我攻击时，攻击之，必能制胜。此次长沙会战，敌脱离工事，轻举深入，予我以可乘之机，故能击破敌军。三、敌军惯用一翼包围，及先以锥形攻击，突破正面，再行一侧或两侧包围我军，对此，必须以一部兵力使用第一线，以主力控制一侧或两侧后，始终居于敌包围之外翼，以侧击或反包围战法击破之。"

此外，第九战区还专门对诱敌之行动部署进行了总结认为："一、本节所谓诱敌歼灭战者，系将尾击、诱击、伏击、侧击所形成之反包围战，及据点守备各种战法联合实施之。二、诱敌歼灭战之部署。（一）野战兵团（一部）：尾击部队。（二）警备兵团（一部）：诱击部队。（三）决战兵团（主力）：伏击部队（一部）、侧击部队（主力）。（四）预备兵团（一部）：据点守备部队。三、各兵团之行动要领及任务。（一）野战兵团以游击战术，破坏敌交通、通信，袭击敌辎重，断绝敌补给，以达尾击之任务。（二）警备兵团，以逐次诱击、节节抵抗之战法，达成诱敌至我伏击区之任务。但敌如前进过速，则必须迟滞其行动至一周以上，使其携行之粮弹用罄为止，而后归还为决战兵团之预备队。（三）决战兵团之伏击部队，运用伏击战法，先按其入伍前之职业及个性，分别化装为士农工商，潜入伏击区，候敌进入后，突起猛袭，捕杀敌各级指挥官，破坏敌通信，使敌混乱，不能做有计划之行动，积极协同我侧击部队，内应外攻，以达成歼灭战之任务。（四）决战兵团之侧击部队，以侧面攻击之战法，乘敌遭我伏击混乱之际，猛力侧击包围敌人，以达成

156

歼灭战之任务。（五）预备兵团，以要点防御战法，达成守备后方要点之任务，如决战失败时，所备之要点为新阵地之骨干，于决战兵团要加强力量时，仍可使用于决战方面。四、诱敌歼灭战之作战区域。（一）以敌人后方为野战兵团活动之区域（即尾击部队活动区）。（二）以由我警戒线起，至决战区域止，为警备兵团活动之区域（即诱击部队活动区），长度以一百公里以内为标准。（三）以警备区域之后端为决战兵团之活动区域（即伏击部队活动区）。（四）以伏击区域之左右前侧方，或左右侧方为侧击区域，即侧击部队攻击之起点。（五）以伏击区域后方适当距离，有良好据点之地形为预备兵团扼要守备之区域。五、诱敌歼灭战须相机活用，不可预将地域划分，兵力固定，致贻守株待兔之机，但应预想敌主力如何来攻，我应如何诱敌，如何决战，以免临时仓皇失措。六、此次长沙会战于湘北方面实施诱敌歼灭战，将敌第十三、第六、第三师团击溃，足证此法有效。七、实施诱敌歼灭战，如民众无组织、无训练，交通、通信、城垣破坏不彻底，物资不能疏散及藏匿，绝不能奏效。"

此外，第九战区还对民众组训、物资疏散等事宜进行了总结："其二，关于民众组训。一、将战地民众，以保为单位，分别组为侦探、交通、救护、输送、宣传、慰劳等队，并分别授以侦探、通信、道路破坏修筑、看护、担架、输送、宣传、慰劳等常识。二、敌侵入战地时，所有青年壮丁男女均分任侦探、交通、救护、输送、宣传、慰劳等工作，老幼者一律离开公、铁、驿路卅华里以外山中安全区内，使敌人深入后，不见一人，如盲人瞎马，无从探悉我军情及交通状况。此次长沙会战因我民众组训及运用良好，敌情况不明，遭袭击及迷失路途之小部队不得已而溃窜者颇多。其三，关于交通、通信及城垣之破坏。一、将预定作战区之公铁驿路彻底破坏，使之通塘、通河、化田、蓄水、还山，故此次湘北会战，因我交通破坏彻底，敌步骑行动迟滞，机械化部队不能运用，输送补给困难。二、部队转进时，将通信迅速撤收，或彻底破坏，使敌不能利用。三、将预定作战区之城垣彻底拆除，使敌占领后，毫无凭借。此次长沙会战，我能迅速克高安、修水、平江、湘阴者，职是之故。其四，关于物资疏散及储藏。将预定作战区之物资，竭力向后方疏散，民众之必需品，亦须藏匿，距公铁驿路、水路卅华里以外之安全山中，使敌深入后，一无所获。此次长沙会战，敌携带粮秣用罄后，无法补给，不得不退。"

张宪文主编的《中华民国史丛书·抗日战争正面战场》一书中写道："……此次会战，从日军进攻开始，至日军主动撤退告终，战场全局的主动权基本上操之于日方。战斗结果，两军都回到原有阵地。因此，就会战局部而言，双方未分胜败。但从抗战的全局而言，却是对中方有利。日军要消灭第九战区主力的目的未达到，反而消耗了自己不少兵力和武器，并退回原阵地。而中国方面判断日军将进攻长沙，为此做好了'万一长沙不守'的多种准备，故将日军未能攻到长沙而退却视为胜利。"

第二次长沙会战

随着时间的推移，到 1939 年 10 月，国民党军已完成了第一、第二期整训。蒋介石对此十分欣慰，并认为日军现在已是"楚歌四面，备多力分，论侵华军事，日暮途远，进退维谷"。军委会也认为：既已用游击作战拘束了敌人的行动，使敌疲于奔命，为使敌人彻底失败，仍须给以致命的打击。故而，国民党方面，抽调第一线作战部队，实行整补训练，并从 1939 年，以春季攻势、夏季攻势、秋季攻势等打击日军的有生力量，粉碎日军以华制华、以战养战的企图。1939 年 10 月，为了进一步消耗日军，国民政府军事委员会决定主动出击，全面对日军发动冬季攻势。

1939 年 11 月，第九战区颁布攻击命令，将第十九集团军分为三个兵团：第五十八军和第七十四军担任警戒兵团，负责佯攻日军；挺进兵团由第三十二军担任，负责截断敌军南浔路交通，造成敌军恐慌；第六十军担任预备兵团，在防线内待命投入战场。

1939 年 11 月 21 日，国民党军委会以皓申令一元电训令发起著名的（民国）二十八年冬季攻势。时间定于 12 月 12 日，南京大屠杀两周年纪念日。冬季攻势首先由罗卓英指挥的第十九集团军发起。

12 月 12 日，罗卓英下达攻击令，第十九集团军的警戒兵团开始发动第一波佯攻。第五十八军新十一师率先于高安方面渡江，向高邮推进。第七十四军第五十一师由祥符观出击，逼近日军。

随后，挺进兵团第三十二军于 13 日拂晓开始进攻，由宋肯堂军长亲自指挥北上，准备截断交通线。

由于未发现日军野战军主力，王耀武向罗卓英建议，应该趁此机会扩大战果。第七十四军作为精锐之师应当主动出击。罗卓英深以为然，于是迅速改变作战部署，电令第七十四军进攻大城，第五十八军进攻西山万寿宫，不求攻坚，以截断日军交通线为目标。预备兵团第六十军也依次推进，待命投入战场。

各军陆续到达敌占区后，开始有系统地破坏日军交通线，进行破袭战。日军因担忧将有更大规模的突袭，故此坚守不出，任由国军驰骋破坏，致使南浔路两个月不能通车，日军只能依靠水运。12 月 21 日，新十一师力克京岗岭，12 月 31 日，第一八四师攻占白茅岗，日军死守据点，龟缩不出。

罗卓英见日军守备空虚，不敢出战，决定送给奉新守敌一份新年大礼，挫挫日军的锐气。1940 年 1 月 1 日，新年的第一天，第五十一师夜袭奉新，日军仓促应战。王俊儒营长率部杀进城内，摧毁日军榴弹炮两门，炸毁汽车十余辆，并焚毁三座军用仓库，然后在敌人包围前顺利撤出。

这次突袭使敌人大为恐慌，第三十四师团大贺师团长苦于兵力分散，容易被各个击破，于是放弃奉新城郊的次要据点，将主力撤入奉新城内。奉新城防阵地日渐局促，缺乏纵深，这也为国军日后克复奉新创造了有利条件。

1940 年 1 月，冬季攻势结束。罗卓英下令，各军撤回防区，以工兵部队为主组成敌后破坏队，继续袭扰交通。据战报统计，在 1940 年 1 月间，总共破坏南浔路铁轨二十余公里，拔除电线杆两百余根，收缴电线两千余斤，拆毁桥梁十余座。

而在国民党军整个冬季攻势中，国民党军队直接参战兵力达五十五万余人，出击一千零五十次，与日军作战一千三百四十次，歼灭日军两万多人（其中击毙日军中将一名、少将一名、大佐两名），俘敌四百余人，缴获各种火炮十一门，步枪两千七百余支。冬季攻势期间，毙伤日军约一千余人，其中击毙五百余人，一扫敌人威风。

特别是通过此次冬季攻势，冈村宁次开始改变了以往认为国民党军兵员素质低下和武器装备不足的看法，认为："敌人的进攻意志极为顽强，其战斗力量不可轻视。在战术上，鼓励采取夜战，隐避中接近和包围我军据点，善于利用工事和以手榴弹进行近战。武器弹药充足，补给能力也很强。出击的敌兵力合计为七十一个师，除调到华南和整训中的部队外，高达总兵力的百分之八十。"

感到震惊的不仅仅是冈村宁次，连日本天皇都亲自询问此次战事。其原因在于：从九一八事变轻取东北，到七七事变后国民党军率败，日军对国民党军十分轻视，认为其不堪一击。然而，在整个中国已被日军占领了大半、蒋介石等蜗居四川时，国民党军队还能保持如此强大的攻势，这对日军不能不说是一次军力和心理的沉重打击。日军在作战役总结时称：这次冬季攻势的规模及国民党军队的战斗意志"远远超过我方的预想，尤其是第三、五、九战区的反

160

攻极为激烈"，"敌人的进攻意志极为顽强"，"经过四十天的时间一直到 1 月 20 日左右，两军仍然不见胜负"。最后，日军大本营也不得不承认：冬季攻势"中国军攻势规模之大，斗志之旺盛，行动之积极顽强均属罕见"。"在中国事变八年间，彼我主力正式激战并呈现决战状态，当以此时为最。"对于遭受沉重打击的原因，日本认为主要是日军寡少兵力分据于广阔之地域，兵力未免分散，且轻敌所致。

此次以破袭战为主要作战样式的成功，也让国民党统帅部很是振奋，认为以正规野战军配合游击部队对敌后大规模袭扰，能够消耗日军战斗力，战略是较为成功的。1940 年 7 月，中国共产党领导的八路军也在华北发动百团大战，有力打击了华北日军。敌后游击战成为抗日战争相持阶段的主流战法。

冬季攻势后，罗卓英总司令积极整补部队，并调整了第一集团军的编制，将下辖的六个师分隶第五十八军、第六十军和新三军等三个军部，第七十四军及第三十二军则纳入第十九集团军，便于统一指挥。此时，手握十万大军，罗卓英信心满满，准备休整过后，继续发动夏季攻势，对日作战。

日军吃了苦头，也在积极调整。第一〇六师团调回国内，赣北防务由第三十三、第三十四师团接手负责。日军以南昌为防御中枢，并积极抢修公路网，以重兵驻屯赣北地区的靖安、奉新、安义、高邮等要地。日军虽然在赣北部署了两个师团，但仍显兵力不足，只能加紧将要点堡垒化。

罗卓英判断，以冬季攻势的经验来看，发动交通破袭战，截断日军的援军并不是特别困难，关键在于选择突破点，能够完成攻坚任务，来一个虎口拔牙。他在地图上端详良久，一拳重重地砸在了"奉新"。这可不是心血来潮，而是深思熟虑的结果。奉新自从 1939 年 3 月被日军攻克后，长期被第一〇六师团盘踞，是日军在赣北前沿防务的中枢，几次战役，均作为攻击发起点。此次第一〇六师团调离，第三十四师团接任，正好趁他们换防立足未稳，打他个措手不及。罗卓英决定，在夏季攻势中，克复奉新，拔掉这颗虎牙。

为了完成此次攻坚任务，罗卓英秘密将第一集团军与第三十二军主力推进到高邮、奉新等日军要点之前，并集中第七十四军这只拳头，准备趁敌不备，一举突进，克复要地。

1940 年 4 月 9 日，罗卓英总司令发布攻击令。第五十八军挥兵直出，攻占高邮。第六十军冲进奉新，新三军挺进赤土街，第三十二军突入靖安，四路大军齐头并进，日军猝不及防，阵脚大乱，纷纷向后溃逃。一天之内，同时克复奉新、高邮、靖安等要地，战果辉煌。

此时，日军第十一军司令官园部和一郎正积极筹备发动枣宜会战，无法分兵应援，因而严令第三十三师团及第三十四师团坚守南昌。日军只好收缩阵线，忍痛放弃奉新、靖安等要地。

奉新战役打得漂亮，堪称难得一见的突袭攻坚杰作。这时，正值宜昌沦陷、陪都震动之时，民心士气降到低点，全国上下愁云惨淡，两个二等县城的光复对于振奋全国人民士气起到了重要作用。更值得一提的是，在军事战略上，以游击队的交通破袭战配合正规军的突袭攻坚战，经历了战场上的检验，获得了很好的效果。罗卓英将军功不可没。

由于罗卓英部在赣北发动的冬季攻势和夏季攻势，沉重地打击了日军，使得日本军部强烈地意识到对华作战是一场长期战争。于是，日军参谋本部制定了《大东亚长期战争指导纲领》和《对华长期作战指导计划》。这两个文件在 1941 年 1 月 16 日的大本营会议上获得批准，并在御前会议上得到天皇的裁决。

在《对华长期作战指导计划》中，日军大本营提出："不放松现在对中国的压力，在此期间应用一切办法，特别是利用国际形势

162

的变化，力求解决中国事变。"作战以维持治安及占据地区肃正为主要目的，不再进行大规模进攻作战。如果需要，可以进行短时间的、以切断为目的的奇袭作战，但以不扩大占领区和返回原驻地为原则。"准备在1941年夏秋时期，发挥综合战力，给敌人以重大的压力，力求解决事变。""中国派遣军"（1941年3月1日畑俊六接替西尾寿造任总司令官）据此进行了积极的准备，确定在夏秋以第十一军为主力实施长沙作战。

8月26日，日军大本营以"大陆命"第五三八号命令批准长沙作战计划（此次作战的代号为"加号作战"）。但为了准备对南方作战，第十一航空舰队和第三飞行集团于9月上旬陆续调走，减少了海军和空军的支援。

新任第十一军司令官阿南惟畿（4月接替园部和一郎）在研究了以往十一军的作战计划后，认为没能攻克长沙、击溃第九战区的主要原因在于"分兵"，必须克服"散"，争取"合"。

9月初，第十一军在岳阳设立司令部战斗指挥所，并召集各部队参谋长会议，检查发动攻势的准备情况。最后确定的作战计划要点是：

一、作战目的：摧毁中国军队的抗战企图，给西部第九战区军队一大打击。

二、作战方针：决定9月18日开始攻势，击败新墙河、汨水之间的中国军队；接着准备自长乐街附近进入汨水下游一线发动进攻，攻击该河左岸之中国第四军及第九十九军。在新市—栗桥（新市南约二十五公里）公路一线突破敌人阵地，以军的主力将敌包围在该公路以西湘江一带歼灭之；另以一部（第六、第四十师团）击败蒲塘（平江正西偏南约十公里）方面山地内之敌。

第十一军用于长沙方面进攻作战的地面部队总兵力为步兵四十五个大队，炮兵二十六个大队，另有若干海军及航空兵协同部队。

面对蠢蠢欲动的日军，国民党军队也密切注视着敌军的一举一动，一份份敌情动态电报传向中国军队指挥中枢：

8月14日，岳阳确共增敌约四千，内伪和平救国军一部。湖面敌舰八艘，轮船十艘，汽艇二十余。城陵矶敌舰四艘。敌艇除时向君山及万家河口一带侦察，并于微、鱼派兵百余至芦蔗湾试探登陆外，余无异动。查该敌前似扰乱秋收企图，因我防备严密，岳阳方面至今敌尚未敢轻动。

8月16日，敌运岳军粮械弹甚多，于虞、鱼、齐三日内转运一大批到新开塘。丑、敌工兵约四百人赶修新开塘至青岗峰公路。寅、敌人进犯谣传其炽，据伪维持会传息，其进攻路线为黄口、新墙、荣家湾、鹿角等四处，会犯大荆街，目的在扰乱及夺粮，并无真正攻击企图。

8月24日，子、南昌楼商均已结业，赴得乘轮东下。丑、莲塘敌二一八联队，虞、佳抽集三千余窜南昌，旋续北窜。乐化闻遗防仍由二一六联队所部接替。又石富缪敌二一七联队齐、佳两日抽集六百余窜南昌。寅、灰、真等日乐化敌窜安义三千余。卯、真日份四师团长大贺由南昌赴安义，元日姗四师团步兵指挥官岩永由莲塘赴安义。辰、瑞德各据点之敌调集八百余，佳日乘车窜得。巳、得敌仓库大部东移鄂南。大沙坪敌四五联队长平冈江日调南京军特部参谋，遗缺由石田神大佐继任。湘北：子、真辰敌六师团长神田赴新墙河北岸各据点视察，并在新开塘召集开会。丑、鱼、虞、佳、灰等日由北窜临岳敌混合兵二千七百余，内参伪军一部，近至各据点接防者达三千余，在加紧训练中。寅、敌十三、廿三及四五等三联队于未月中旬抽调大部集结岳阳，现岳阳共有敌三千余。卯、湖面原有

164

敌舰七艘、巧辰北来三艘，现共十艘。判断：当面敌有陆续调集交通线附近待机换防，或向我扰乱企图。

......

对于日军积极调动军队、征集粮食等特征，第九战区认为，"敌乘欧战方酣之际，高唱'南进''北进'，但终不敢冒险犯难，孤注一掷，以陷国运于万劫不复之地境。本会战时正值美倭举行谈判，德苏战剧"，基于敌之动态，第九战区认为：敌将以有力兵团由湘北方面，企图攻占长沙，略取滨湖资源，以来解决其国际形势之恶化。其理由主要有以下几点：

一、美倭谈判，势成僵局，若能攻取长沙，或可对国际炫其尚有力量，妄冀获得美国之谋解，且德苏战争紧张，亦可与其同盟国德、意遥相呼应。

二、湖南滨湖各县，产米甚丰，秋收方毕，若能略取远运，可使我之军食民食均感困难，而陷我军尔后作战于不利。

三、既以有力兵团在临湘、岳阳集中，且修筑向我长沙进犯之道路，其由湘北进犯长沙之企图已甚明显。

蒋介石也在严密地注视着长沙附近敌军的一举一动，思考着下一步的行动方向。他看着军用地图上标志的中国军队的部署，发现其中存在很大的缺陷，于是在 8 月 28 日给薛岳发去电报："一、查各军防线太长，预备队太少，每遇敌来攻，均无出击围歼之力，故第一线军似应多加控制有力之部队，俾能相机出击，随时消耗敌人。二、第一线与第二线之部队每半年以上似应换防一次，伸劳逸平均。三、前方部队常缺主动攻敌或相机出击之精神，以致常有坐失良机，而难收随时消耗敌人之效，似应明令奖励，随时争取主动，相机出击，伸随时随地消耗敌人。等语，特电参考外，希督饬第一线各部队随时注意，主动出击，并按照作战部队战绩竞赛奖惩办法，呈报战绩，以凭奖惩为要。"

9月19日，军令部对即将到来的大战也进行了部署。

当时，根据敌我双方特点，军令部认为："国军决确保长沙，并乘虚打击消耗敌人之目的，第九战区应先以一部广领汨罗江以北地区，行持久战，并各以有力一部固守汨罗江以南各既设阵地，以于平江附近外翼地区，求敌侧背反包围而击破之。"

此外，军令部还对日军的具体军事行动进行了预测："敌似先以有力一部向我汨罗江以北地区部队，行局部包围，尔后以主力分路向长沙东侧地区突进。同时，由营田、湘阴登陆，直指长沙，包围歼灭我军于湘江以东地区之企图。敌为防我向其侧击，有以一部行梯次配备，向我反包围之可能。"

由于长沙为军事、经济要地，因此军令部认为长沙必须守住。为此，军令部不但对第九战区的军事部署进行了指导，同时还从整个战略全局，要求第三、六、五战区应各以有力一部进行出击，从而策应第九战区保卫长沙的行动。其具体部署如下：

一、第九战区应速加强主阵地工事，发动民众，彻底破坏主阵地前道路，敷设地雷，并予以一部化装农民，分组潜伏于主阵地北侧地区，准备对敌伏击。对于湘阴及其以南湘江两岸，应速构筑工事，加强水道封锁，并加强益阳、沅江、沿湖守备，巩固长沙之左侧背。

二、第六战区应以一部由监利、上车湾各附近向临湘、白螺矶、岳阳方面进出，布放漂雷，并向岳阳附近佯渡，威胁敌人，另以一军（两个师）速开岳阳、宁乡地区，归第九战区指挥，限养日到达，准备策应湖防及增援湘江两岸之作战。该战区对于荆、宜敌人，应以多数小部积极袭攻，策应九战区作战。

三、第五战区应以有力一部向花园、孝感附近挺进、奇袭，威胁武汉敌人，并向信阳敌人佯攻。该战区对于鄂东、沿江、平汉、

166

襄花、京钟、汉宜路及荆、当敌人应发动全面游击，相机袭攻据点，策应九战区作战。

四、第三战区应向当面敌人发动全面游击，向长江游击布雷，并以一部佯攻南昌。如敌以有力部队由赣北西犯时，该战区应以一部向高安方面进出，增援九战区作战。

五、第三、第五、第六战区之攻势行动均限漾日开始实施。

六、第十军、第二十六军均归第九战区指挥（据九战区赵处长18日夜电话，已令第二十六军开金井附近，21日可达。并令第十军于18日夜开拔，21日可达长沙、浏阳）。

七、驻全州之第五军装甲兵团，应以一部向泳口附近集结待命，此项部队原定向滇缅使用，长沙附近地形开阔，可否向该方面使用。乞示。

八、驻祁阳之重炮兵第十四团第一营，应向长沙集中，归第九战区指挥。

9月7日，第二次长沙会战就此展开。

此次会战分三个阶段：

第一阶段是9月7日至17日的大云山战斗。日军第六师团包围大云山中国守军，揭开了第二次长沙会战的序幕。由于对日军的主攻方向判断失误，薛岳将五个师的兵力都集中到了大云山，导致新墙河防务空虚，让阿南惟畿抓住机会，对湘北发动大规模攻击。

第二阶段从9月18日至10月1日，日军集中四个师团的兵力，大举向新墙河、南江桥一带守军杨森第二十七集团军阵地发起攻击。由于日军攻势凶猛，中国守军只得且战且退。18日日军突破新墙河防线，19日抵汨罗江北岸，20日突破汨罗江防线，分途向长沙进攻。27日日军渡过捞刀河，一部攻入长沙，另一部向株洲前进。

第三阶段，日军退却我军追击。日军占领长沙后，由于战线过长，消耗过大，已无力发动进攻。国民党其他战区纷纷策应展开进攻，尤其是陈诚采取"围魏救赵"的策略，指挥第六战区部队急攻宜昌，迫使固守宜昌的日军连连求援。宜昌日军甚至烧毁了军旗和

167

秘密文件，师团长以下军官们准备好了自尽的场地和用具，并写好了绝命书，等待最后时刻的到来。日军只得罢兵。薛岳下令追击，杨森第二十七集团军奋力出击，斩获颇多。会战结束。

第二次长沙会战，对日军来说，是"在激烈动荡的国际局势中受到极严格制约的条件下作战的"，其参谋本部要求尽早结束作战，以便准备对南方用兵，因而第十一军攻占长沙仅两天便迅速返转，退回原防。中国守军虽然奋勇抵抗，但暴露出来的问题也是十分明显的。第二十七集团军总司令杨森、第九战区司令长官薛岳在会战总结报告中曾列举种种问题，如：对敌情判断不当，友军彼此不信任，致乏协力，部队运动迟缓，师以下军官战术修养不够，指挥能力薄弱，部队纪律太坏，执行命令不彻底，训练不足，仍有呆守阵地的习惯，不知活用兵力、控制预备队，等等。10 月 16 日至 21 日，蒋介石主持召开第三次南岳军事会议，总结第二次长沙会战的经验教训。薛岳报告时，认为自己指挥无方，处置失当，请予处分。20日，蒋介石作"对于长沙会战之讲评与战略战术"的总结，批评了薛岳在金井、福临铺、三姐桥以北与日军决战的错误，特别批评薛岳将第十军由衡山派到金井、福临铺一线，将第七十四军由赣西上高派到春华山一线，违背了以逸待劳的原则，导致溃败。

但从全局来看，此次会战仍不失为一次胜利，有着重大的政治意义：加深了日本的内政外交危机，导致近卫内阁垮台，使日本在对美谈判中处于被动；极大地鼓舞了中国民众的抗战士气，增强了抗战胜利的信心。

第三次长沙会战

第二次长沙会战的胜利，导致日本近卫内阁总辞职，东条英机担任首相。1941 年 10 月 18 日，东条英机发表首次内阁会议声明：

"解决中国事变，确立大东亚共荣圈，以期对世界和平做出贡献，乃帝国之坚定国策。" 12 月 3 日，日本军部给中国派遣军下达命令："为建设大东亚新秩序，在攻略南方要域的同时迅速处理中国事变。"

12 月 7 日，日军偷袭珍珠港，同时攻占马来亚、菲律宾等地，太平洋战争爆发。蒋介石为配合盟军作战，从第九战区抽调第四、第七十四军南下，拟进攻广州，以抵御日军攻取香港；同时派遣第五、第六、第二十军，组成中国远征军，准备进入缅甸，协同英军作战，保卫仰光，维护运输线。

1940 年至 1945 年间，中日双方在湖南境内反复拉锯，所谓"湖南四大会战"皆发生在这一时期。1940 年 5 月至 6 月的枣宜会战（日方称为宜昌作战），标志着日军在长江流域基本已经到达进攻顶点。由于这一阶段日军军部把重点放在"北进"还是"南进"策略的争论上，对于中国战场，则取维持现状的态势。担负着解决中国事变的"中国派遣军"，一直为强迫缩减兵力、限制作战地域、限制兵站等而感到苦恼。例如，1939 年至 1941 年两年间，第十一军得到的弹药，只有 1938 年武汉作战的一半。这无疑大大限制了日军的进攻能力。1940 年华中兵力共计三十三万两千人，其中十一军兵力约占二分之一不到。尤其是太平洋战争爆发后，日军从中国战场抽调五个师团参加南方作战，另以驻上海的第四师团作为大本营预备队。这时在中国战场上，除关东军外，日军尚有二十一个师团、二十个独立混成旅团和一个骑兵集团，约占日军陆军总兵力的五分之二。其作战方针是："与帝国海军协同，保持现在之态势，同时扫灭美英在中国的势力，使用政略、谋策，努力对敌压迫，以使中国屈服。"

而此时，日军第十一军当面的第九战区以及第五战区，恰恰是中国战区实力最雄厚的战区。从数量上来说，1941 年 12 月第三次长沙会战爆发前，第九战区共拥有三十六个师，合计约三十万人。从质量上来说，第九战区的大部分部队都是经历了从武汉会战起的一系列战役，某些部队甚至是从淞沪抗战起打满全场的部队。在战火中，一些部队垮了，但是也有一些部队愈战愈强，如最终拿下国军抗战战绩最高这一桂冠的七十四军。此时的第九战区，无论从数量还是质量上来说，都是整个中国战场中国军的精华。

第三次南岳军事会议后，第九战区司令长官薛岳随即在长沙召开军事会议，总结前两次长沙会战以及上高会战的经验教训，提出了深思熟虑的"天炉战法"，即在日军进攻的地区内彻底破坏道路，实施坚壁清野，设置纵深伏击阵地，采用诱敌深入之法，以尾击、邀击、侧击、夹击等战术，使这一地区成为一个"天然熔炉"，将日军围歼。他强调指出，战胜敌人主要是依靠平时的周密准备和军民一体的旺盛的士气。

1941 年 12 月 8 日，日本"中国派遣军"为配合太平洋战争，从广州向香港发动进攻。中国国民政府军事委员会随即命令各战区对日军发动牵制进攻。12 月 10 日，日本第十一军召集各兵团作战参谋会议上，阿南惟畿做出如下训示："由于南方作战的开始，人们心中弥漫着一种认为中国方面已成为次要战场的想法，要特别以此为戒。在此时机，自始至终要采取积极手段，对重庆施加压力，至少不能松懈，整备进攻的态势，专心于加强部队的训练。"日本第十一军决定先发制人，向长沙方面采取攻势，以牵制中国军队南下。第三次长沙会战随即展开。

面对即将到来的恶战，第九战区司令长官薛岳摆出与阵地共存亡的决心，亲率前方人员组成指挥所，设于岳麓山上，并下了死命令："各集团军总司令、军长、师长务求确实掌握部队，亲往前线指挥，俾能适时捕捉战机，歼灭敌人。职如战死，即以罗副长官（罗卓英）代行职务，按预定之计划围歼敌人；总司令，军、师、团、营、连长若战死，即以副主官或次级资深主官代行职务；各总司令，军、师、团、营、连长倘有作战不力、贻误战机者，即按革命军连坐法议处，决不姑息。"

蒋介石也给薛岳发来电报打气："兄能具此决心，督励所部，良堪欣慰。当此友邦并肩作战之际，甚盼此次会战能获得决定之胜利，以为我国革命军人征得无上之光荣也。"

此时的赣北，亦是战云密布。罗卓英却心情尚好，因为日本偷袭珍珠港，太平洋战争爆发，世界第一强国美国被迫对日宣战，中国人的抗战再不孤立，有了美国强援，何愁倭寇不扫？兴致所致，他又铺开纸笔，挥毫写下《十二月八日太平洋战争爆发日为戎首诗以讨之二首》：

> 蠢尔虾夷实猖狂，贪残狠毒似豺狼。
> 甘为戎首稽天讨，妄结轴心闪电狂。
> 厚必崩焉知段克，兴何暴也卜秦亡。
> 炉边尚有从容话，且与齐桓作主张。

> 言不由衷讵可盟，未防笑里有刀横。
> 欺邻早已无余子，遣使原来是缓兵。
> 霹雳一声惊海啸，艰难百战挽天倾。
> 征膺共作千夫指，射虎屠鲸致太平。

美国参战固然是好事，但眼下还得先对付阿南惟畿这小子。且来看看罗卓英指挥所关于第三次长沙会战之部署的日记，来重现那段热血沸腾的历史。

第九战区罗副长官指挥所民国 30 年 12 月机密作战日记：

月日：12 月 21 日

驻地：上高翰堂

上级指示：奉司令长官薛哿酉函限二小时到极机密电：

【甲】敌第六、第四十、第三、第三十九、第十三等师团及第十一、第十四等旅团，现已向岳临地区集中，有三

171

犯长沙企图。

【乙】战区以在浏阳河、捞刀河间地区歼灭敌军之目的部署如次：

（子）罗副长官率指挥所人员，于明晨由现地出发进驻浏阳，指挥第二十六、第七十九两军及一九四师准备作战，其各该军、师之行动任务如次：

一、七十九军于号晚由衡阳火车输送至株洲下车，军部率一师进占渡头市至东山既设据点、工事，一师进驻株洲，限梗日前全部到达。一九四师于号夜由现地出发开醴陵，限感日拂晓前到达，夏军及郭师俟敌进至浏阳河北岸时，待命自南向北反击。

二、第二十六军第一步确保浏阳现阵地，第二步俟敌进至浏阳河北岸时，待命自东向西反击。

（丑）王副长官率指挥所人员，于明晨由现地出发进驻平江，指挥七十八军（附新十五师）准备作战。七十八军（附新十五师）于号夜由现地出发。新十六师限有日前，新十三师限世日前，新十五师限有日前，一律到达平江及其西南地区，第一步确保平江、江村市，第二步待敌向浏阳、长沙进犯时，待命协同三十七军自东北向西南侧击敌军。

（寅）杨副长官指挥第五十八、第二十两军准备作战，各军之任务如次：

一、第二十军之一三三师、一三四师，第一步于敌强渡新墙河南犯时，应在既设阵地强烈抵抗，逐次消耗敌军兵力，务血战十日以上，争取战略运用之充分时间；第二步于达成第一步任务后待命转至关王桥、三江口侧面阵地，自东向西侧击、尾击向汨罗江北岸、南岸之敌。暂五十四师第一步固守通城方面既设阵地，第二步待命使用。

二、第五十八军第一步于敌渡新墙河时，应自东向西

172

侧击敌军，第二步待命进入关王桥以北二十军既设阵地侧击、尾击南犯之敌，协力二十军之作战。

（卯）第三十七军第一步应在汨罗江南岸既设阵地顽强抵抗，务血战十五日以上，争取战略运用之充分时间，达成第一步任务后待命转至社港市、更鼓台、金井间山地，以上时期归岳指挥。第二步待命归王副长官指挥，布置敌向浏阳、长沙攻击时，协同第七十八军自东北向西南攻击向长沙南犯之敌。

（辰）第九十九军第一步应确保三姐桥、归义、营田、湘阴既设据点、工事及洞庭湖南岸湖防，第二步待敌向长沙攻击时，以第九十二师、九十九师待命，自西北向东南夹击向长沙进犯之敌，第一九七师仍在洞庭湖西南岸原防。

（巳）第十军之一九〇师于本号夜由现地开长沙，任长沙外围据点之守备，第三师仍任长沙核心工事之守备，预第十师固守岳麓山及水陆既设据点、工事，该军第一步应固守长沙，第二步待敌进至浏阳河北岸向长沙攻击三天后，待命自西向东反击敌军。

（午）第七十三军部及第七十七师进驻宁乡，暂五师进驻益阳，策应长沙方面作战。以上傅、李、彭三军归岳指挥。

（未）罗集团赣北方面之警备，由罗副长官分令高、刘两副总司令负责，由罗副长官统其成。主集团武宁方面之警备由韩军长全权负责，除另令外，希遵照。

23 日，阿南惟畿先后视察了第六、第三、第四十师团后，回到岳阳的指挥所，下达了如下作战命令：

一、军之第六、第四十师团，于 12 月 24 日夜间开始进攻。渡过新墙河，击溃新墙镇东南的守军，然后前进至汨水南岸，击溃在

173

该地区的守军部队。

二、第六师团于 12 月 24 日夜间开始进攻，突破守军在新墙镇以西的防御，在该地区以东歼灭守军，并迅速到达关王桥西南之三江口附近。

三、第四十师团于 24 日夜间开始攻击，突破潼溪街以东地区守军的防御，在该地以西对其进行捕捉歼灭，并攻向关王桥附近。

四、第三师团以一部于 25 日拂晓，对潼溪街附近的守军阵地进行炮击，以支援第四十师团进攻；主力在第六师团的右侧，渡过新墙河击溃该地的守军，攻向归义（现汨水县城）附近。

五、飞行第四十四战队，支援军的进攻作战。

24 日傍晚，日军先头部队，第六、第四十师团共计六个步兵联队抵达新墙河北岸。当日夜间湘北地区大雨，一方面掩护了日军行动，另一方面也妨碍了日军渡河和推进。日军第六、第四十、第三师团先后投入战斗，强渡新墙河。激战数日后，陆续突破新墙河防线、汨罗江防线。国军按照既定战略，利用既设阵地，且战且退，层层抗击，极大地消耗了日军。而留守于侧后方的国军，还不断骚扰日军后勤补给线。第二十军一部于 30 日夜间突袭驻扎于新墙东南长胡镇的日军辎重兵第四十联队，给予歼灭性打击，日军联队长森川启宇被击毙。

日军的战役企图，本为策应南方军攻击香港，以牵制第九战区的兵力。因此原定计划为进至汨罗江以南地区，给予中国守军重创后，即撤回防区。然而随着战况的推进，阿南惟畿认为长沙守备空虚，国军战力薄弱，可以一鼓作气，拿下长沙。因此，他决定改变原定计划，进攻长沙。12 月 29 日，阿南惟畿下达了进攻长沙的命令：

一、敌有向长沙和金井方向退却之迹象。

二、本军决定以主力向长沙方向追击。

三、第三十团应迅速由近路向长沙追击。

174

四、第六师团击溃麻石山、鸭婆山附近之敌后，应以主力追击朗梨市之敌，另以一部向长沙方面追击。

五、第四十师团以一部留在浯口附近，主力进入麻嘴峰附近后，应向金井急进。

六、独立混成第九旅团应向关王桥急进，一并指挥泽支队在汨水以北掩护军左侧背的安全。

日军第三师团接到命令后，立即发起攻击，昼夜兼程前进。第六、第四十师团也依次开进，向长沙方向攻击前进。日军这时候不重视后勤的老毛病又发作了：第十一军在决心进攻长沙时，后方一切都没有准备。对十一军后勤状况知根知底的二见参谋长当即就在日记中写下了这么几个字"乃自暴自弃之作战"，这一刻，他已经意识到了此次作战的结局。

面对日军的蠢蠢欲动，罗卓英在大幅的军事地图前深入思考，最终在 26 日午后七时定下作战计划。

12 月 30 日晚，薛岳向蒋介石报告日军的动态，表示将按原定作战计划围歼日军。蒋介石怕这个"薛虎仔"又像上次一样，过早使用兵力决战，连忙致电薛岳："敌似有沿铁道线逐步推进攻占长沙之企图。该战区在长沙附近决战时，为防敌以一部向长沙牵制，先以主力强迫我第二线兵力决战，然后围攻长沙，我应以第二线兵团距离于战场较远地区，保持外线有利态势，以确保机动之自由，使敌先攻长沙，乘其攻击顿挫，同时集举各方全力，一举向敌围击。以主动地位把握决战为要。"

第九战区当即向各部队下达命令，要求各兵团向长沙外围敌军逐渐靠拢，限 1942 年 1 月 4 日到达第一次攻击到达线，行求齐心攻击聚歼之。

此役之关键，在于长沙这个瓮底能否兜住，不让日军三个师团给戳漏了。第四军、第七十四军都不在，谁能堪此重任？"蜀中无大将，廖化作先锋！"第十军站了出来！第十军属于战略预备队，由军委会直接指挥，到第二次长沙会战，才临时划拨给第九战区。当他们风尘仆仆赶到长沙时，却打了一场窝囊仗，成为被日军击垮的三个军之一。全军上下憋了一肚子火。军长李玉堂还差点掉了脑袋。李玉堂是山东人，他和李延年、李仙洲同为山东老乡，又同是毕业于黄埔一期的高级军官，所以被人称为"山东三李"。

这一次正是一雪前耻的好机会，李玉堂决心与长沙共存亡。他很清楚他的使命，就是要在长沙拖住日军，因此要充分利用城市工事，坚持以空间换时间的防守原则，从外至内，由远及近，对日军进行逐次抗击削弱，等待主力反包围。

长沙攻防战打响后，双方在城郊展开争夺，互不相让，寸土必争。

日军第十一军情报部门破译了薛岳令各集团军向长沙附近集结、准备围歼日军的电报，阿南惟畿急令第三师团加紧进攻，企图在被合围前攻占长沙。然而欲速则不达，反被国军组织反冲击，将日军第三师团第六联队第二大队全歼，击毙大队长加藤素一，还获得日军作战命令等重要文件，从中得知日军弹药粮秣携行不足等情况。薛岳随即命令各集团军按预定计划快速向长沙日军合围。

1月2日，战场上传来蒋介石于2日深夜签发给第十军全体官兵的一封电报。蒋介石此举，颇有深意。在远东战场上，12月25日，日军攻占香港；1月2日，马尼拉沦陷。美、英军在日军的打击下，节节败退，不堪一击。反观长沙守军，却顶住了日军三个师团近半个月的疯狂进攻，怎不令蒋介石欣慰和自豪？他特地发来此封电报，鼓励前方将士，电文如下：

长沙薛长官、李军长玉堂、周师长庆祥、朱师长岳、方师长先觉并转全体官兵均鉴：

我第十军全体官兵，两日来坚守阵地，奋勇歼敌，致堪嘉慰。此次长沙会战之成败，全视我第十军之能否长期

176

固守长沙，以待友军围歼敌人，此种光荣重大任务，全国军民均瞩目于我第十军之能否完成，亦即我第十军全体官兵成功成仁之良机。敌人悬军深入，后方断绝，同时我主力正向敌人四面围击，我第十军如能抱定与长沙共存亡之决心，必能摧破强敌，获得无上荣光。望激励所分部，完成使命，无负本委员长及国人所期为要。

最高统帅的这份电报在第十军传达后，对于连续作战、伤亡惨重、几乎已到崩溃边缘的国军将士们来说，是一个巨大的鼓舞。阵地上士气大振。在第十军的坚决抗击下，围攻长沙城的日军第十一军弹尽粮绝，伤亡惨重，且处于被合围态势之下，处境艰难。不得已，于3日夜下达撤退令。

按下长沙城头血战不表，我们再来看看罗卓英在赣北的情况。1941年12月中旬，罗卓英将第十九集团军司令部由上高迁至浏阳，指挥肖之楚第二十六军、夏楚中第七十九军及郭礼伯第一九四师，与王陵基集团相配合，对长沙近郊形成侧击之势。

第九战区罗卓英指挥所关于浏阳附近作战计划的日记：

第九战区罗副长官指挥所
民国30年12月机密作战日记

月日：12月26日

驻地：浏阳大瑶铺

作战计划：副司令长官于午后7时决心后即开始策定作战计划如左：

第九战区罗副长官指挥部队浏阳附近作战计划

第一，方针。

一、集团军先以确保浏阳，进而协同友军围歼窜犯长沙敌人之目的，即以一部据守柏嘉山、渡头市，迄东山，沿浏阳河之阵地线，以主力保持浏阳河西北地区，相机由右翼转取攻势，压迫敌人于浏阳河以北地区而歼灭之。

第二，指导要领。

二、加强由柏嘉山迄东山，线上之阵地、工事以一部扼要守备之，俟敌攻势顿挫及我主力出击时，协力反击。

以主力控制于浏阳西北地区，并派一部择险作据点式之守备，控制隘路口，俟敌攻势顿挫或继续向浏阳河下游及长沙窜犯时，断行有力之侧击，包围敌人而歼灭之。

三、敌如于渡过汨罗江后，图窜犯浏阳，则我以主力沿浏阳、彭家大屋、黄荆坪道附近地区，作纵深之配备，确保浏阳。

四、敌如窜至捞刀、浏阳两河中间地区时，我即以主力分沿洞阳市、永安市及花桥、永安市道附近地区突出侧击之。

五、敌如于窜抵捞刀河附近，即呈动摇时，我即以主力沿黄荆坪、沙市街道附近地区突出侧击之。

六、敌呈动摇或溃退时，我在浏阳河南岸部队即渡河作正面追击，主力则沿浏阳、黄荆坪、沙市街道及花桥、永安市道行超越追击。

七、后续兵团控制于第二线机动使用。

第三，部署及行动。

八、军队区分：

右翼军：第二十六军（第三十二师、第四十一师、第四十四师）

左翼军：第七十九军（第九十八师、暂编第六师）

总预备队：第一九四师

九、第二十六军军部率第四十一师，控制于浏阳附近，以三十二师主力控制于徐家冲、彭家大屋间地区，派一部兵力守备由山田至林家岭间之据点、工事，控制隘路口。以四十四师主力控制于下青冲、跃龙市间地区，派一部兵力守备由林家岭至金潭间之据点、工事，控制隘路口，第一步确保浏阳，待敌窜至捞刀河、浏阳河间地区后，即全力由永安市附近地区向敌侧击，压迫于浏阳河以北地区而歼灭之。

十、第七十九军以九十八师任徐家州经柏嘉山、亘东山之阵地线，上各据点之守备以暂编第六师控制于黄陂田、龙头铺间地区，组织敌人向浏阳河以南地区进犯，乘敌攻势顿挫，由正面转取攻势，协同友军围歼敌人。

十一、两军作战地境划分如左：

第二十六、七十九军：苏家坊、思塘、湘阴港、金潭线、石方湾之线，线上属右。

十二、追击时两军作战地境变更如左：

第二十六、七十九军：青龙山、江家渡沿浏阳河南岸至徐家州、漆家桥、丁家山、陈家塅、古华山、检市厂、郭家湾之线，线上属左。

十三、第一九四师为总预备队，暂控制醴陵附近待命，向官庄、为山间地区推进，策应作战。

1月4日晚，第九战区获知日军撤退情报后，即令各集团军改变任务，转为追击，以期在汨罗江以南、捞刀河以北地区彻底歼灭败逃之敌。其部署为：

一、罗副长官为追击军总司令，指挥第二十六、第四、第七十三军于微日（5日）拂晓前开始，以第二十六军由牌楼铺、东屯渡经枫林港、麻林桥、梁家桥、麻峰嘴、栗山巷、长乐街道，向长乐街、伍公市追歼败逃之敌。第四军由阿弥街、左家塘，经东屯渡、石灰嘴、青山市、福临

179

铺、李家坡、双江口道，向新市、兰市河追歼败逃之敌。第七十三军由长沙经石子铺、马鞍铺、新桥、粟桥、马山神、武昌庙、骆公桥道，向骆公桥、归义追歼败逃之敌。二、杨副长官为堵击军总司令，自北向南堵击北溃之敌。三、王副长官为东方截击军总司令，自东向西截击北溃之敌。四、第九十九军军长傅仲芳为西方截击军总司令，自西向东截击北溃之敌。（略）

接到命令后，罗卓英迅速指挥部队进至浏阳河东岸，并炸毁桥梁，阻击日军。

第九战区在第三次长沙会战战斗要报中这样总结这一阶段的作战："1月4日夜，自长沙外围败残之敌，溃逃至东山、朗梨市、长桥、石灰嘴地带。我第四军由东屯渡，第七十三军由湖迹渡衔尾猛烈追击。第七十九军向东山、朗梨市，第二十六军向长桥，第七十八军向滨塅，自东向西猛烈截击。第九十九军向石灰嘴、白茅铺，自西向东，猛烈截击，形成第一次追击包围战，痛歼两昼夜，斩获甚众。"

1月15日，日军狼狈退至新墙河北原防地，国民党军一路追击。也在这一天罗卓英将日军俘虏的口供向徐永昌做了汇报："谨将俘获第三师团第十八联队牧野胜与横山好一两名口供摘要电陈：一、此次解〔以〕第三师团以第十八联队伤亡最重，全联队仅余四五百人，第十二中队除剩十余人外，全部被歼，其他各联队伤亡亦重。又该师团此次伤亡之重，为历次战役所未有。二、师团卫生队有担架两中队，车辆一中队，因道路不良，车辆中队未随军行动，担架中队亦因伤亡惨重及输送途程过长，多数伤病兵无人救护，轻伤者随队逃窜，重伤者遗弃。"从日军俘虏的口供中，可以看出日军的狼狈。

至16日，基本恢复战前态势，自此会战结束。

战斗结束后，在黄土岭一带发现日军大量尸骨，薛岳命令将日

180

军尸骨集中到黄土岭牛婆塘合埋，由参谋长吴逸志手书"倭寇万人冢"墓碑一块，并赋词云："血染捞刀河似锦，尸填黄土岭成峰。"

此次会战，据第九战区发表的战绩称："日军伤亡五万六千九百四十四人，中队长松野荣吉以下官兵被俘一百三十九人，被缴获步骑枪一千一百三十八支、轻重机枪一百一十五挺、山炮十一门、无线电台九架及其他军用品；中国军队伤亡官兵则为两万九千二百一十七名。"而据日方战史上引用的公开统计数字称：日军战死一千五百九十一人（内有军官一百零八人），战伤四千四百一十二人（内有军官二百四十一人），被打死军马一千一百二十匹，被打伤六百四十六匹。

会战虽然结束了，但对敌人的研究却刚刚开始。经过对此次作战的总体回顾，第九战区总结出日军进攻的特点："一、利用夜间攻击：敌知我新墙河南岸工事增强，白昼进犯不易成功，乃利用夜间攻击，以期减少损伤。二、利用飞机补给：敌以公路不易修筑，且陆地输送时，被我截击，乃由空军输送粮弹，殊堪注意。三、变更修筑公路方法：敌以各地稻田蓄水，修路不易，乃选择小起伏之地形，就山势修筑，先以工兵侦察标示，再以坦克车碾压，然后以工兵及民夫修筑。四、变更进攻路线：敌以第六师团之二三、四五、一三，三个联队，配骑炮工兵，分由新墙以东之三港嘴，桃海洲以西之七步塘、王街坊及荣家湾以西，同时渡河，旋进展至洪桥、黄沙街以南之线，始以第四十师团由四六方，第三师团由黄口渡新墙，分向关王桥及大荆街西南进犯，与第一、二两次之进路，完全不同。"

在此基础上，第九战区还对敌人的战法和中国军队的对策进行了详细分析：一、此次敌之战法，正面用锥形突击，侧翼多配合包围攻击，如源口邓埠诸役皆然。二、敌除以正规部队作战外，并配各伪军及便衣队钻隙窜扰，并利用答王等地顺民做向导。三、敌对我此次保卫长沙之战略，判断错误，仍以轻装部队，使用钻隙战术，攻陷新墙河汨罗江以后，不加补给整顿，妄求一气略取长沙，压迫我军于湘江东岸而歼灭之，经我五昼夜之痛击，弹尽援绝，致遭惨败。四、我以纵深配备，巩固长沙外围与核心阵地，并用炽盛火力及逆袭，逐次消耗敌人而求得时间之余裕，待敌被（迫）回窜老巢时，我各军已在外围部署完毕，形成四面合围，故能收赫之战果。五、敌常利用黄昏拂晓，或飞机狂炸间，先以大刀队潜进我阵地附近，以机枪在后掩护，并就地呐喊，吸引我士兵注意，而其白刃部队，遂乘机冲入我阵地，我军应勿被其眩惑，以手榴弹应付其白刃部队，并以机枪侧射斜射，而歼灭之。六、敌迂回攻击前进包围之作战指导之优点：（一）使我纵深配备易失效。（二）我后方各级指挥机关易受威胁。（三）我不易侦察敌后续部队。（四）使我转入侧面阵地困难。我应派队远出严密搜索两翼侧，并控制有力预备队，将重点保持于所欲转进之方面，以期摧毁敌之企图。七、敌对我侧面阵地，占领据点，牵制我兵力之进出，如敌在冯家屋背山（长乐街）、磨刀尖（严家铺东南）、徐家山（麻峰嘴附近）及金井各地，均造成据点，吸引我之兵力，封锁我侧面阵地部队之进出，我应勿为所惑，以小部队监视，以主力向目的地挺进，而对付之。八、敌行偷袭强攻，初则一点突破，继则到处钻隙，终则南北东三面合围。九、敌军最初不确实形成重点，到处寻找我弱点，以求乘机能利用之。十、我应构成主要歼敌据点。旧水南捞刀河以北为歼敌地带，磨刀尖、飘风山、麻石源、古墓山、影珠山、汉家山、明月山、神灵山等地为歼敌地带之主要据点，无论向北向西阻击截击，均应预控有力部队，并构成坚固工事，如敌再萌进犯长沙妄念，务于各点歼灭之。十一、我应彻底实行犁田蓄水。犁田蓄水，可使敌赶造临时公路困难，但多犁田而未蓄水，致汨水以北，仍可造成军路，而后应组成专门指导委员，责成县长、乡、保长督饬实行。十二、敌施放烟幕，使我误为毒气，涴惑我军心。十三、敌每利用骑兵，向我间隙突击，攻我侧背，施行包围手段。十四、利用炮空威力，攻

182

我据点，如有坚固阵地，死守不动，敌亦无法攻破。十五、敌每利用佯攻掩护撤退，并以各种信号枪联络，指示退却方向。

这些凝结血的经验教训无疑为此后中国军队更有效地抗击日军提供了借鉴。

在得知第三次长沙会战胜利的消息后，蒋介石在日记中写道："当此反侵略各国战事初期失利之时，我们在长沙方面能获得如此空前的胜利，不仅可以告慰全国民众，而且可以告慰世界友邦。此次长沙胜利实为'七七'以来最确实而得意之作。"

日军在总结时承认："我军是完全跳入了重庆军事先设置的陷阱而进行作战的。"

1月4日，《新华日报》刊载通讯"长沙城头观战"，赞扬第十军英勇作战。1月6日，《解放日报》发表社论"中国协助同盟国的主要方案"，针对一部分人陶醉于派兵远征缅甸、南洋，强调目前"寇以十万之众猛犯长沙，长沙城郊正在激战，这不能不算是一件大事，因此，无论为中国自己，为了反法西斯阵营的利益，都要集中兵力击退日寇对于长沙的进攻"。

国际舆论也给予高度评价。1月8日，伦敦《每日电讯报》发表社论"论中国之精神"谓："日军猛攻长沙，已被中国军队击退，功绩之大，自不待言。"同日，《纽约时报》谓："蒋委员长统率之部队，已充分证明其有莫大之勇敢，中国军队愈向敌人压迫，则美国远东军愈有获胜希望。"11日，美国《华盛顿邮报》谓："长沙一役或为对日战争的转折点，日军加入占领长沙，即可获一军略胜利，故华军此次大捷，重要性不可漠视。"15日，英国伦敦《观察报》谓："此次长沙大捷，乃今兹中国战斗力量特优之例证。并直接有助于同盟国及其本国，中国之陆军力量现已发展至何种可畏之程度，且在过去一二年中曾有若干之成就，恐系举世所应知而实未知者。"

中国军队的出色表现，为国家赢得了尊重。1月3日，同盟国宣布将中国和英属缅甸、法属印度支那划为中国战区，成立中国战区最高统帅部，蒋介石任中国战区最高统帅，并委任美国陆军中将史迪威为联合国计划参谋部参谋长，兼任美国驻华军事代表，协助蒋介石指挥中国战区。

之后，美国国会批准了对华五亿美元贷款，以援助中国抗战。罗斯福致电蒋介石表达了敬意："中国军队对于残忍侵略者的抵抗，唤起了美国人民和一切其他爱好自由的人民最崇高的赞扬。中国武装与非武装人民在将近五年里实行坚决的抵抗，以反对在装备上远为优越的敌人，他们面对巨大的差异所表现出来不屈不挠的精神，使其他联合国家的战斗人员与人民全都受到鼓励！"

战役结束后，罗卓英率部回上高驻防。他满怀着激越的心情，写下了"长沙三次大捷"（五首选四）：

> 红梅白雪映旌旗，动地铙歌祝岁鳌。
> 瀛海争传新战绩，神州重整旧威仪。
> 韬尊磁铁深深吸，阵号天炉咄咄奇。
> 八万虾夷歼过半，三湘三捷吼雄狮。

> 孙杨陈傅夏萧欧，布得重围阵最稠。
> 堪笑神田沦鬼府，却教丰岛走荒丘。
> 挞秦制梃民无敌，荡寇清时岁有秋。
> 眼底河山长带砺，洞庭波静碧天浮。

> 长沙形胜中兴地，掎角平浏鼎足看。
> 天遣风云来四会，阵如鹅鹳拥千官。
> 一言师直歼倭易，三犯旗靡撼岳难。
> 此役成功非侥致，全凭热血障狂魔。

元戎一怒安天下，兵法心传语至精。
惧则常衰谋自固，耻能生勇胜无争。
迎春桴鼓全民奋，着力乾坤八表营。
从此五洲连奏凯，大同篇好颂升平。

第八章　远征缅甸

开辟新战场

1941 年 6 月，德军入侵苏联，苏德战争爆发。

12 月 7 日，日本偷袭珍珠港，太平洋战争爆发。

同一天，日本飞机全面袭击西方盟国在南太平洋上的所有军事基地。仅仅一周，盟军损失一千架作战飞机和一百二十艘舰船，丧失了战争主动权。对英美盟国来说，太平洋初期无疑意味着一段充满灾难、耻辱和不堪回首的日子。

战争头一周，日军占领泰国全境，迫使銮披汶政府签订城下之盟。

12 月 10 日，日军同时在菲律宾和哥打巴鲁登陆成功。

12 月 12 日，日军强渡柔佛海峡，进攻马来半岛和新加坡。

12 月 25 日，香港沦陷，港督马克·扬爵士宣布投降。

此后一个月，马尼拉、吉隆坡和新加坡相继失陷。七万美菲守军放下武器，八万新加坡英军向三万日本入侵者挂出白旗。美军总司令麦克·阿瑟将军仓皇逃出澳大利亚。日军乘胜南下，攻占爪哇、南苏门答腊和巴厘巴板。

英美盟军在东南亚的节节败退不仅助长了日本侵略者的凶焰，

而且把中国的大后方暴露无遗。

由于日军连续切断滇越铁路和香港的补给线，西方援华物资便只能抵达仰光，然后经过唯一一条滇缅公路辗转运到昆明。由于路途漫长，诸多困难，因此到次年一月，援华物资运输总量便从正常的月三万五千吨剧减到不足六千吨。

1942 年 1 月中旬，日军攻入长沙。第九战区炮兵第一旅占据岳麓山阵地，压制敌人炮火。战斗最激烈的时候，炮弹告罄。第九战区长官部电告重庆，军令部回答：炮弹尚在仰光待运。

同月，从汉阳迁至重庆的兵工厂因缺少钢材和原料，被迫停工。国民党政府仅有的十余架运输机亦因油料缺乏而停飞。

作战物资匮乏的危机同样影响到敌后战场。延安总部曾电告重庆，沂蒙山根据地遭到敌人"铁壁合围"，急需军火、粮食及被服支援。重庆方面答：因外援受阻，正面战场亦无法保障供给。今后各抗日根据地须设法就地筹措物资。

文史资料载：七七事变以来，中国抗战后方所需各种战略和民用物资：汽油、煤油、柴油、橡胶、汽车配件的百分之百，药品、钢材、棉纱、白糖、纸张的百分之九十，都须从西方进口。如果日军切断滇缅公路，断绝中国同外部世界的一切联系，中国国内的各种战略物资储存最多只够维持三个月。难怪当时重庆的外交部长宋子文也不得不惊呼："……倘若日寇进犯缅甸，断我赖以生存之滇缅路，我后方军民则无异困守孤城，坐以待毙……"

日军在东南亚的一路横扫，让英国人很是恐慌，再打下去，缅甸、印度都可能成为日本的囊中之物，大英帝国皇冠上的宝石也将不保。英国人迫切需要中国人来帮助他们，以挽救远东大后方的危机。中国为了夺取抗战的最后胜利，就必须确保滇缅公路这条最后也是唯一的国际交通运输大通道的畅通。中英双方在保卫缅甸这个问题上达成了共识。自 1940 年 10 月开始，英国首先开放了封锁已久的滇缅公路，并正式邀请"中国印缅马军事考察团"，前往缅甸、印度、马来亚等地考察，并草拟关于缅甸的共同防御计划。

1941 年 12 月 23 日，中英政府签署《中英共同防御缅甸路协定》，决定建立军事同盟，允许中国军队入缅。双方之所以久拖不决，主要原因是一些老牌殖民主义者担心中国军队入缅将会造成"亚洲人的团结阴影越来越大"，进而激发缅甸人民的反英斗争。所以迟迟不让中国军队进入缅甸。

日本人却早已把缅甸视为囊中之物，当时指挥入侵缅甸的日军最高指挥官是日本南方军第十五军司令长官饭田祥二郎，他统率第三十三、第五十五、第五十六、第十八共四个师团及泰国两个师，配属战车队、炮兵队、骑兵队和海、空军，分兵东、中、西三路，大举进攻，扬言半个月打下缅甸，两个月后进攻中国云南。

1942 年初，日军第三十三、第五十五师团攻入缅甸，英军防守形同虚设，望风而逃。日军迅速进逼仰光。这时，英方才吁请中国军队入缅援救。2 月 16 日，中国国民政府军事委员会命令滞留于滇缅边境待命的第五、第六军依次入缅，紧急向缅南、缅东地区开进。正当中国远征军兼程挺进缅甸时，英军却于 3 月 8 日轻易放弃仰光。在这种情况下，中国方面不同意再让英方指挥中国军队。3 月 12 日，仰光失守后第四日，"中国远征军第一路司令长官部"宣告成立。原拟卫立煌担任司令长官，由于种种原因，未能履职，而由杜聿明代理。随后，改由罗卓英将军担任，以杜聿明辅之，负责指挥中方军队在缅作战事宜。罗卓英之所以能被委以重任，不仅是因为他在国军系统中，战功显赫，才华出众，资历雄厚，而且为人处世谨慎低调，能够协调各方共事。在第九战区时，他的协调能力有目共睹，薛岳是个急脾气，不顺气时，张口就骂，而罗卓英总能清风拂面，化解矛盾，所以深孚众望。这一次出境作战，须协调中、美、英三方关系，不仅仅需要带兵打仗之能将，更需要一位能够纵横捭阖、长袖善舞的外交人才，而这，正是罗卓英的长项。

罗卓英曾在其《远征琐忆》一文中，叙述了受命远征的经过。

1942 年 2 月底，正在赣北抗日前线指挥的他，突然接到蒋介石的电谕："即赴渝，筹组远征军，以备参加作战。"抵达重庆后，旋即造访中国战区参谋长、美军顾问史迪威将军，共同商讨赴缅作战的准备工作。这是二人的首次会面，罗卓英对史迪威的印象颇佳，不似外间盛传的是一个尖酸刻薄的美国老头。他认为："这位史迪威将军，身材不高，在美国人中，要算是个瘦小的人物，够得上短小精悍的评语。当时，一般人对史迪威将军似乎不太了解，议论甚多。但我以为倘每一个人，都能以诚信待人，以谦恭自持，对方即使个性强些，也总可以和平相处。我自问平生，不曾有过与人绝对不能兼容的经验，而况史迪威将军究竟是和我们同仇敌忾的合作者。"

随后，他在谈话中审慎地表达了他的两点建议："第一，缅甸东南一带，地形复杂，估计敌人很有可能从这些地方发动进攻，致使我们机械化部队失去优势。缅南地区多雨潮湿，气候变幻莫测，因而在天时、地利方面，必须尽量运用得宜。第二，我们即将以客军身份进入陌生地区，在军队推进以前，似宜先派政工人员，与当地老百姓取得密切联系，博得他们的好感，方能收到人和的效果。"史迪威听罢，表示赞同，并希望他与英军的亚历山大将军多多沟通。这次会面，双方都感到满意。

仅仅隔了一天，驻缅英军总司令亚历山大将军就飞至重庆，希望中国早日出兵救援，抗击日军。此时，仰光已危在旦夕。经过紧急磋商，中方决定下达入缅作战动员令：派遣第五军军长杜聿明率部前往缅南地区，阻敌进犯，同时，第六军军长甘丽初率部奔赴缅东一线，布置防务。罗卓英以《受命远征五首》为题，表达了他即将率军奔赴异域，抵抗强寇的雄心壮志，也表露了他对家国的无限忠诚。此处摘录其中三首：

　　顽敌终无悔，横行东及西。
　　珠沉沧海沸，星黯岛云凄。

189

中土多黑虎，南风振鼓鼙。
夜涛犹怒吼，拔剑断鲸鲵。

列强张义帜，军事结同盟。
阵已联欧亚，情真若弟兄。
三涂泥足陷，一击轴心倾。
乾坤争此著，半壁亦长城。

百事皆身外，唯余孝与忠。
奉亲知养志，救国喜从戎。
不作生还想，须看破虏功。
明朝驰异域，万里树雄风。

昆阳大敌

1942 年 2 月下旬，十万中国远征军在中国战场承受着巨大军事压力和缅甸战局已十分恶劣的形势下，陆续跨过滇缅边境，踏上了异国的土地，开始了自甲午以来第一次铁血远征。绵延的滇缅公路上车队蜿蜒行进，长达数十里，烟尘相接，蔚为壮观，大有我武惟扬、气吞山河之势。

3 月 3 日，蒋介石亲自主持远征军高级军事会议。参加会议的有商震、俞飞鹏、林蔚、周至柔、杜聿明、甘丽初和戴安澜等。蒋介石在会上指出："此次第五、第六两军出国作战，因地形生疏，习惯不同，后方组织尚未完成……故亲自前来主持指导。"在会上，蒋介石规定了远征军的指挥系统，明确了参谋团团长林蔚负责战术指挥，俞飞鹏负责后方勤务。同时，命杜聿明任副司令长官并代理司令长官指挥（后改命罗卓英任司令长官）。3 月 11 日，史迪威以中国战区参谋长的名义由蒋介石派抵缅甸指挥中国远征军，并带来了蒋介石给林蔚和杜聿明等人的手令。该手令指出："对史参谋长的命令应绝对服从。在国外军队以不轻进、不轻退二言为要诀，在前方情报有利于出击反攻时，或捕捉战机时，则应决心出之以积极行动。" 4 月，罗卓英走马上任担任了远征军司令长官。

杜聿明所部第二〇〇师，作为先头部队，轻装前进，日夜兼程，可惜刚到同古，仰光已经失陷。3 月 8 日，也就是仰光失陷的次日，爪哇投降，日本广播即将进攻印度。这天正好距离珍珠港事件三个月。对于刚刚入缅的中国大军来说，他们面临的战场形势十分不利：仰光陷落，缅甸国门洞开，日军长驱直入，盟军一触即溃。敌人大兵压境，仅以中国远征军收复仰光是不可能的，可是如果不能收复仰光，入缅作战就失去目的，而缅甸失守的最大受害者仍将是中国。英国人答复：已命令中东及印度军队增援缅甸，请贵军火速开赴前线。蒋介石敏感地觉察出这是英国人的花招。英国人根本不想收复仰光，他们只想拿中国军队去当挡箭牌。

于是蒋介石一面命令大军按兵不动，一面单独召见第二〇〇师师长戴安澜，询问第二〇〇师能否在同古坚守一两周，打个胜仗。戴立正，誓言铿锵："此次远征，系唐明以来扬威国外之盛举，戴某虽战至一兵一卒，也必定挫敌凶焰，固守同古。"

戴安澜，自号海鸥，陆军少将，安徽无为人。黄埔三期毕业，早年参加北伐。因在"剿共"中战功卓著，多次得到擢升。"卢沟桥事变"后，先后参加长城保卫战、台儿庄大战和武汉大会战，屡有建树。二十五岁升任陆军第二〇〇师少将师长。

第二〇〇师是蒋介石的嫡系，也是当时中国唯一一支摩托化炮兵师。全师装备有坦克、装甲车、摩托车和大口径火炮，步炮比例三比一。1939 年 11 月，新五军（下辖第二〇〇师和荣誉一师）在军长杜聿明的指挥下，在广西昆仑关与日军精锐部队号称"钢军"

的第五师团第二十一旅团鏖战一月，阵地反复争夺，终于击毙日方指挥官中村正雄少将，取得著名的昆仑关战役的胜利。中村正雄临死前在其日记本上写道："帝国皇军第五师团第二十一旅团，之所以在日俄战争中获得了'钢军'的称号，那是因为我的顽强战胜了俄国人的顽强。但是，在昆仑关，我应该承认，我遇到了一支比俄国人更强的军队……"此役充分显示了第二〇〇师的装备优势和战斗力，为此全师受国民政府集体嘉奖一次，参战人员提薪饷两级。师长戴安澜因指挥有方和重伤不下火线，荣获四级青天白日宝鼎勋章一枚，被誉为"当代之标准青年将领"。

出国第一仗，只许赢，不许输！戴安澜下了死命令："如果本师长战死，以副师长代之；副师长战死，以参谋长代之；参谋长又战死，以某某团长替代。"这个场景何其熟悉，薛岳在指挥长沙会战时，也曾立下如此的军令状。戴安澜为表示与日军血战到底的气概，给夫人王荷馨写下了遗书："亲爱的荷馨：余此次奉命固守同古，因上面大计未定，与后方联络过远，敌人行动又快，现在孤军奋战，决心全部牺牲以报国家养育，为国家战死，事极光荣……"

高级将领都将生死置之度外，广大官兵更加斗志昂扬。他们纷纷在阵地上打出了标语："驱逐倭寇，扬威异域！""卫国争光，不胜不还！"戴师长还亲自指挥合唱由其亲自谱写的一首战歌《战场行》："弟兄们！向前走，弟兄们！向前走，五千年历史的责任，已经落在我们的肩头，落在我们的肩头。日本强盗要灭亡我们国家，奴役我们民族。我们不愿做亡国奴，我们不愿做亡国奴，只有誓死奋斗，只有誓死奋斗，只有誓死奋斗……"

同古是居于仰光至曼德勒铁路线上的第一大城市，距仰光二百六十公里，道路纵横四通八达，扼公路、铁路和水路要冲，人口约十一万。城北还有一座永克冈军用机场，战略地位十分重要。著名的同古大战就在这里拉开序幕。

1942 年 3 月 20 日，中国远征军第二〇〇师与侵缅日军第五十五师在同古城外发生激战，双方均有较大伤亡。同一日，日本空军两百架飞机轰炸缅甸南部盟军最大的乌圭机场，英缅空军的飞机除少数幸免逃到印度外，其余大部分在地面被摧毁。此后一段时间，盟军的飞机在缅甸天空消失了整整两年。

随后，史迪威正式签发中国远征军作战命令：

一、由仰光北进之敌第三十三师团，截至3月19日，其先头在列特帕丹与英军一部战斗中。由培古北进之敌第五十五师团，截至现在，其先头在派育附近与我第五军骑兵战斗中。我第六军前面泰国境内之敌，大部分为泰军，其先头部队在泰缅国境各要道与我第六军警戒部队对峙中，其主力似集结于景莱、那公兰邦之线，另有日军第十八师团，似集结于景迈附近。

二、英军预定在普罗美南方地区拒止由仰光北进之敌，其在同古及毛奇方面之部队，将陆续转用于普罗美地区。

三、我军决在同古附近拒止由培古方向北进之敌，并与英军协同作战。其兵力部署如下：

（一）第二〇〇师及第五军直属部队及第六军之第五十五师主力，归杜将军指挥，担任同古方面之作战。第六军第五十五师之主力应即由现在地向瓢背附近输送，听候杜将军命令。

（二）第五军之新二十二师即由曼德勒开唐得文伊附近，归余直接指挥，准备支援普罗美方面英军之作战。

（三）第六军方面，就现在部署，准备拒止由泰国方面来攻之敌。但对毛奇方面，仍应依照参谋团原定计划，派第五十五师之一部接替缅第一师第十三旅之防务，并在该方面确实占领要点，构筑工事，拒止来犯之敌，以掩护同古正面我军之左侧背。

（四）第九十六师为总预备队，即开曼德勒附近，归余直接指挥。

（五）余现在腊戍，今日晚即进驻梅苗，尔后一切报告，均向梅苗及腊戍参谋团分别投递。

同古战场的中国士兵在强敌面前表现了罕见的战斗勇气和高度的牺牲精神。中国官兵凭借简陋的工事和武器，始终拒敌于城外。城市被夷为平地，阵地断粮断水，每天都有肉搏战发生，每天都有官兵拉响手榴弹与敌人同归于尽。敌人未能越雷池一步。且看第五军军长杜聿明发给蒋介石的电报中是如何描述的："同古敌约千余，山野炮六七门。连日来，增加至二千余，并野、迫炮数门，飞机多架协助，继续向我第二〇〇师前进阵地鄂克春东西之线猛烈攻击。自拂晓至午，炮火之烈为数日以来所未有。敌我冲锋肉搏数次，双方伤亡均重。""围攻同古之敌，自本晨来激增无已。10 时后，敌飞机多架更番轰炸，掩护战车，纵横进出，炮兵则使用毒气弹，依其炽盛火力向戴师阵地之正面及左翼不断强行攻击。战况之烈，战斗前所未有。我全体将士，仰遵钧座意旨，视死如归，虽伤亡惨重，仍坚守不退，迄现在犹在原阵地与敌激战中。"

这边，中国军队在浴血奋战，那边，英国人却背信弃义，脚底抹油，溜之大吉了。29 日，一个消息传来：自私自利的英国人终于抛弃了中国盟友，他们在尚未通知友军的情况下仓皇撤退，把同古侧翼暴露给敌人。戴安澜的决心彻底动摇了。

> 杜军长副司令长官台鉴：
>
> 　敌与我接触战自 19 日，激战至 28 日，凡十余日矣。我已濒弹尽粮绝之境，官兵两日无以果腹，仍固守同古铁路以东阵地……自交战之初，敌势之猛，前所未有。尤以 24 日至今，敌机更不断轰炸，掩护其战车纵横，且炮兵使用大量毒气弹，昼夜轮番向我阵地进攻……援兵不至，我虽欲与同古城共存亡，然难遏倭寇之凶焰……何益之有？……

而日军增援部队第五十六师团已经星夜兼程赶到同古。日军第

194

五十六师团是一支军威赫赫和善于创造奇迹的主力部队。师团长渡边正夫中将，东京陆军大学毕业，以擅长山地丛林战著称。师团的全部战斗系列由坦克、装甲车、炮队、汽车、摩托车和步兵团组成，行军神速，火力强大。该师团在刚刚结束的马来半岛作战中曾率先攻占吉隆坡。由于大本营深感缅甸方面第五十五师团力量薄弱，于是命令将第五十六师团和第十八师团紧急调往仰光增援。当渡边师团长的船队还在海浪里颠簸的时候，就接连收到同古前线的告急电报，于是他命令各部队边登陆边出发，结果先头部队仅用三天就完成三百公里长途急行军，于29日晚投入对同古的进攻。

日本援军的到来打破了同古前线的僵局。中日两军原本像两个筋疲力尽的摔跤手，谁也无法将谁摔倒，但是第五十六师团的加入立刻使中国远征军的防线崩塌了。

30日，日军一部在坦克装甲车掩护下突入城内，并从南北两面将第二〇〇师分割开来。同日，另一部日军占领锡塘河以东阵地，掐断了二〇〇师往东突围的最后一线希望。下午，一股日军再次逼近师指挥部。戴安澜指挥特务连与敌激战，傍晚始将敌击退。

时任中国远征军第一路代理司令长官兼第五军军长杜聿明认为："在此形势下，我军既不能集中兵力，与敌军决战，以解同古之围，而旷日持久，在仰光登陆之敌势必参加同古战斗，从而坐使二〇〇师被敌歼灭，我远征军被各个击破，有全军覆没之虞。"

因此，他不顾史迪威的强烈反对，报请蒋介石批准后，下令第二〇〇师突围。

至此，历时十二天的同古大战终于以中国军队主动撤退宣告结束。日本人占领了一座空城，中国军则退守一百英里外的平满纳。这是中国远征军首次入缅作战，甚至是太平洋战争爆发以来，作战规模最大、坚守时间最长、歼灭敌人最多的一次战役。此仗历时十二天，歼敌数千人，日军仅仅占领一座空城，而中国远征军则获得海内外一片赞誉之声。饭田祥二郎惊呼："同古之战，敌军抵抗既极顽强，又善夜战和阻击，使我军遭到了重大损害。"蒋介石极力颂扬："这是中国军队以黄埔精神战胜日本军队的武士道精神！"即将履任的罗卓英也赋诗祝贺："万马争驰黑水陬，撼山摇海识同仇。昆阳大敌终能破，刮目全军第一流。"

然而，战役上的小小胜利却没能掩盖战略上的大分歧。同古战役开始后，史迪威就同杜聿明在作战方针上产生了严重分歧。按照史迪威的设想，第二〇〇师的任务应当是"阻击和牵制敌人"，另外"以新二十二师和九十六师快速跟进，对日军第五十五师团实行分割包围，确保全歼或大部消灭敌人"。但是这个计划遭到反对。在杜聿明看来，美国佬野心勃勃，好大喜功，一心指望打大仗出风头。"崽卖爷田不心疼"，远征军是委员长的精锐部队，也是杜聿明的本钱，拿人家的本钱下赌注当然不会心疼。

杜聿明一面将敌情电告蒋介石，一面制造种种借口搪塞史迪威，抵制美国人的进攻命令。同古大战在前方打了十二天，史迪威和杜聿明在后方吵了十二天，直吵得昏天黑地不可开交。

其实史迪威同杜聿明的矛盾只是他同蒋介石冲突的前奏。这段冲突的历史，不仅表现了个人不同的性格和气质，更代表了两种不同文化背景的民族在利益原则上的冲突。

同古战役一结束，史迪威就怀着不可遏制的愤怒飞往重庆。他要把缅甸前线的这些乱七八糟的事情当面向蒋介石讲清楚。他在日记中是这样记述的："中午12点去见蒋介石，对他毫不假辞色，这使他不免大吃一惊。我直截了当地告诉他，我不干了。我打算另外建立一支独立的军队，我不会用第十航空队支持他那些指挥官。中午1点钟我才离开。让他们留下来自己去发愁吧。"史迪威抱怨中国将领不服从指挥，而且指名要求撤换第五军军长杜聿明。

蒋介石可不愿得罪这个美国佬，毕竟他掌握着数十亿美元的美援物资呢。在蒋夫人的建议下，蒋介石同意亲自去腊戍视察，并当着中国将领的面去提高史迪威的权威。他也同时决定派罗卓英将军为史迪威的副手，协助史迪威贯彻命令。

蒋介石把罗卓英摆在史迪威和其他中国将领之间的做法，有着特殊的中国文化意义，同时也间接显示了蒋介石和他部下的特殊关系。由于时间和环境因素的限制，蒋介石无法要求部下立即改变对史迪威这个外国人的态度，他能够做的就是让罗卓英成为协调人，因为罗卓英在国军中的资历足以得到杜聿明和其他将领的尊重。

同盟高会筹良策

1942年4月5日，缅北腊戌机场。三架飞机缓缓降落。罗卓英陪同蒋介石夫妇、史迪威、亚历山大等人，走下舷梯，受到热烈欢迎。他心情颇佳，赋诗为证：

幽鸟欢呼欲问名，山花含笑似相迎。
云涛石壁深龙窟，鼓角犹传草木声。

4月6日晚，缅英总督多尔曼·史密斯夫妇在避暑胜地梅苗举行宴会，热情款待蒋氏夫妇及其随员，双方把酒言欢。罗卓英仍不忘以诗抒怀：

炎徼初来火伞张，梅苗避暑有山庄。
同盟高会筹良策，坛坫从容制锦囊。

4月7日，蒋介石召集军事会议，当着史迪威的面向全场中国将领们宣布，史迪威将以他的联军参谋长身份，全权指挥在缅甸的中国部队，并拥有全权和英国协商一切有关同盟国合作事宜；由罗卓英担任中国远征军第一路军司令长官，是史迪威的执行官，接受史迪威的指挥，第五军和第六军军长以及其他军官，则应受罗长官之指挥。尽管这个空头支票后来没有兑现，但是蒋介石的安抚还是逐渐平息了史迪威的怒气。他们还在一起合影留念，蒋夫人站在两个敌对的男人中间，满面笑容地挽着史将军的胳膊。

史迪威很是高兴，他在日记中写道："这在中国历史上是一个新纪录。他已经接受我的说法，那就是我们必须就地作战，并保护石油和粮食。我们此时必须进行决战。罗卓英、杜聿明现在也完全支持作战……英国人答应在我们到来之前一定守住他们的阵地。一旦我们完成准备，我们就会进攻……即使在一个月之前，这件事看起来完全不可能，我也不相信它会变成事实。然而，杜聿明和罗卓英现在却说，他们在打败日本鬼子之前绝不回中国。他们可能是胡扯，但他们至少已经做出承诺。"

为了安抚史迪威，蒋介石还答应赠送他一枚图章，上面镌刻其头衔，只有盖上他的图章，文件才能生效，从而确认其指挥权。一周以后，他收到了那枚"权力之印"，上刻"同盟军参谋长"，而非"赴缅远征军总司令"。

当天，蒋介石还批准了由杜聿明拟订、经史迪威和罗卓英一致同意的《平满纳会战计划》，他强调指出："此次会战之成功，将决定缅甸战役前途之臧否，因而必须如同拿破仑所言：'出其不意地以急速行军、风驰电掣般地出动机动部队而弥补我兵力之不足，适时地向决定性的打击点上集中绝对优势兵力，给予敌人以猝不及防的歼灭性打击；先歼灭对我威胁最大之敌，再歼其余之敌。'所以，迅速运动和出奇制胜，这是克敌制胜的不二法门。只要加快速度，就可以节省时间……如今在缅甸作战，不管敌人采取什么行动，其攻击重点指向哪里，你们都应当能够在所要的时间内，把兵力迅速而隐秘地集中到决定性的打击点上，这是最最紧要的事情。要求你们每人务必谨记之、力行之。"

8日，罗卓英、杜聿明等人陪同蒋氏夫妇前往曼德勒视察。曼德勒是缅甸的古都和第二大城市,因曼德勒水陆交通四通八达,所以缅甸有句名谚语:"条条道路通曼城。"如今皇城依旧,只是物是人非。几天前,日军曾经空袭过这里,大片民居被毁,死伤数百人。如此惨景,蒋介石也难掩心中愤懑:"我在漫长的军事生涯中,从来没有看到哪里会像缅甸战区这样,令人可悲地毫无准备、混乱和糟糕。"

众人来到城北的一座小山上,这里被当地人称为是"佛教圣地",但见宫殿巍峨,宝相庄严。大家登上一座高塔,极目远眺,山川河岳,尽收眼底。蒋介石突然眉头紧锁,长叹一声:"你们看,这里是不是跟南京很像呀?西北面那条大河(伊洛瓦底江)和长江颇为形似,南边那条小河不是也很像秦淮河吗?"众人齐声附和。罗卓英不愧是一员儒将,立即醒悟到蒋介石这是触景生情,睹物思乡,便口占一绝:"巍然旋塔耀千旌,语重心长说旧城。无限神思萦祖国,左山右水似南京。"蒋介石听罢,点头致意:"这末一句'左山右水似南京'甚好,甚好。"听得委员长赞誉,罗卓英将军来了兴致,他又即兴创作了一首新诗:"城头高踞须弥座,妙义谁能俯众心?仿佛金陵宝志院,钟声寂寂雨沉沉。"大家听罢,点头称赞。

这个场景深深地印在了罗卓英的脑海里。不久之后,他在另一首诗中表露心迹:"荷兰未灭空遗恨,烟树迷茫思不禁。山色古今余王气,此时何限故园心。"诗末他还重提蒋介石"瓦城形势,极似南京"之语,并特意注明:"然其深意,尤在言外矣。"

考察完曼德勒,蒋介石对缅甸的防务深为担忧,他对罗卓英等人再三叮嘱:"平满纳会战的极端重要性,我昨天已经讲过。现在我查看曼德勒的地形地貌,更加觉得我军在平满纳能否取胜,这是扭转缅甸战局的关键。曼德勒并不是理想的用兵之地,如果战事打到这里,那后果不堪设想。你们必须缜密筹划,加紧准备。如果日军三路来攻,我们就应先破其一路,在决战点上,对敌人形成完全压倒之优势,予以猝不及防的歼灭性打击,再向下一次决战点转用兵力。对于英军，则必须适时地给予有力的援助，以免遭受唇亡齿寒之痛。全中国、全世界都在关注着你们，我更是特别寄予厚望！"

带着蒋介石的面谕，罗卓英急如星火地赶回前线，布置防务，连续数日，巡视阵地，观看演习，集合训话，研讨战术。入夜，他亲自撰写了《告全军将士书》一文，教导官兵们必须"守纪、立功、睦邻、爱众"，激励大家"不作生还之望，不作回国之想"。语重心长，气势豪迈，颇有"风萧萧兮易水寒，壮士一去兮不复还"之风。

仁安羌大捷

在日军第五十五师团进犯同古的同时，日军第三十三师团向缅西英军据守的沙拉瓦第及普罗美进犯。1942年3月29日中午，新二十二师赶到同古，在新二十二师的掩护下，第二〇〇师得以在3月30日撤往后方。新二十二师接替第二〇〇师后，在斯瓦河南北构筑了数个梯形阵地，且战且退，企图诱敌第五十五师团主力深入到平满纳的既设阵地前加以围歼。不料西翼英军于4月1日突然不战而放弃普罗美，至4月12日，英军几乎放弃了平满纳西北侧全部地区，13日，英军甚至要求中国远征军在英军方面的沙斯瓦、马格威等地接防，掩护英军撤退。

英军弃守普罗美后，亚历山大和史迪威、罗卓英经过几度会商后决定，由中国第五军以平满纳一带为主阵地迎击敌第五十五师团，令西翼由英军负责在阿南苗与马格威之间构筑防御战线，阻击敌第三十三师团。日军经过侦察，得知我第五军将士士气旺盛，正严阵以待，而英军已斗志松懈，早成为惊弓之鸟，所以南路敌军不与我第五军交锋，转而迂回夹击英军，企图将英军一举围歼于伊洛瓦底江东岸。这时，英军再度不战而退，自动撤离了阵地，英军在撤退过程中，其第一师被敌两个联队包围于伊江东岸的重镇仁安羌。

仁安羌在马革威之北五十五公里，西濒伊洛瓦底江，北临拼墙河，东有小山、丛莽、沟壑及油田，并有通曼城公路横贯其间，从地形上看是比较有利于防御的。当时，仁安羌油田是缅甸最大的油田，又是伊洛瓦底江流域各城镇的总发电基地。攻占缅甸石油产地仁安羌，获取战略资源，是日本占领缅甸的一大意图。饭田中将给第三十三师团的任务之一便是攻占仁安羌。为此，日军早把仁安羌油田视为囊中之物。日军派出两个联队的强大兵力跟着英军紧追不舍，并飞速迂回包抄，于16日率先占领了油田，切断了英军退路，将英军第一师和坦克营一部包围在仁安羌市镇地区。

4月17日，在马圭北撤的英军第一师主力及第七装甲旅被阻截在仁安羌，粮尽弹缺，水源断绝，危急万分。亚历山大将军连夜赶到远征军司令长官部，向史迪威、罗卓英提出求援。罗卓英当即表态：盟军在缅甸作战，乃是"唇亡齿寒"，英军之安危就是本军之安危。如今贵军深陷重围，本军自当义不容辞伸出援手。随后中国远征军司令长官部召开紧急会议，启用驻守曼德勒卫戍部队第六十六军新三十八师前往增援。孙立人师长亲率一一二、一一三团火速驰援。

孙立人，字抚民，号仲能，安徽省庐江县人，原籍安徽省舒城县三河镇（今属肥西县）。国军名将，陆军二级上将军衔，毕业于美国弗吉尼亚军事学院。第一次缅战时任三十八师师长，仁安羌之战以一团兵力击败日军四千余人，以少胜多为其赢得国际声誉。胡康河谷战役击毙日军三千二百余人。孟拱河谷战役击毙日军六千八百余人。中国远征军第二次入缅作战时任新一军军长，歼灭日军三万三千余人，是国民党军级单位将领中歼灭日军最多的将领。解放战争时曾于四平、公主岭等地击败林彪。有"中国军神""丛林之狐""东方隆美尔"之誉。

孙立人迅速召开军事会议，研究如何完成解救任务。最终决定：

以第一一二团突袭日军侧背，扰乱、牵制日军，第一一三团从北岸发动正面攻击，然后攻入仁安羌，夺取制高点。

18 日晨，刘放吾以一一三团一营为左翼、二营为右翼、三营居中，在英军配属的战车和炮火掩护下向盘踞在拼墙河北岸的日军发起攻击。孙立人亦从曼德勒一路赶往仁安羌前线，刘放吾带英军指挥官斯利姆将军由师长陪同前往营部、连部视察部署，炮火隆隆中刘团长镇定自若，露齿而笑。斯利姆在回忆录《Defeat into victory》一书中说道："只有优秀及精明干练的军人，才能在枪林弹雨中面无惧色。"遂放心其部署安排。

激战至午后 4 时，拼墙河北岸日军终被击溃，纷纷涉水逃回南岸。一一三团本欲趁势渡河继续攻击，但因英军配属的坦克深陷拼墙河滩的淤泥中无法动弹，拼墙河两岸地形过于暴露，步兵在缺乏掩护下强攻只会造成无谓伤亡，被困在仁安羌村落中的英军也未能突破日军封锁。刘放吾观测地形于我不利后，遂下令暂停攻势，与日军在拼墙河两岸形成对峙，重新对部队做部署安排，并经师长孙立人转告斯利姆将军，一一三团准备在第二天拂晓再行渡河攻击，解救英军。

跟随新三十八师入缅的孙克刚在《缅甸荡寇志》中详述了 19 日一一三团克敌的情形：

> 19 日东方鱼肚白色还没有出现，攻击便开始了。破晓时，左翼部队便将敌军的第一线阵地完全攻占，战斗转进到山地里，敌军不顾一切猛烈反扑，我军已得的阵地，三失二得。在敌军优势兵力的压迫下，我军必须处处防备敌人侦知我军实力，所以用种种方法设置疑兵，虚张声势；又用小部队进行扰乱突击，更叫敌人无从判断我军虚实。主攻部队利用山炮、轻重迫击炮及轻重机关枪的掩护，反复肉搏冲杀，第三营营长张琦流尽了最后一滴血，还拼出

202

"兄弟们，杀呀！"的呼声，弟兄们眼看着自己的长官壮烈地倒了下去，心头热辣辣地默念着他最后发出的口令，含着眼泪前仆后继地拼死冲杀上去，一直冲上了油田、山坳里，油田边积起一堆堆的尸丘，这一场火网中夹集着白刃肉搏的大战，从午前4时继续到午后3时，敌人的第三十三师团完全被击溃了。下午5时，我军克复了全部仁安羌油田区域，枪炮声渐渐地稀远，敌人显然是在加速往后撤退。我军首先将被围的英军、美传教士和新闻记者五百余人解救出险，并把夺回被敌人抢去的英方辎重汽车一百多辆交还英方。接着英缅军第一师的步兵、骑兵、炮兵、战车队等七千余人和一千多马匹，都在我军的安全掩护下，从左翼向平墙河北岸退出。三天的煎熬已使他们狼狈不堪，一路对着我们的官兵，个个竖起大拇指高呼"中国万岁！"

据日军防卫厅战史《缅甸作战》记载，19日黄昏时分日军三十三师团荒木部队（二一三联队）及师团直属部队陆续赶至，原田部队（二一五联队）于20日凌晨赶到仁安羌，此时日军的兵力增至三个联队合计约一万三千余人。三十三师团主力集结于仁安羌，因连日追赶天气酷热及缺水，日军也疲惫不堪，暂无力发起大规模进攻，两军在仁安羌以南形成对峙。

到20日午后，英军已全部撤退到安全区域，刘放吾仍率一一三团固守在仁安羌南部村落，击退日军的数次反扑。此间，孙立人师长本欲调一一二、一一四团前来仁安羌趁势反击日军，一一二团由副师长齐学启率领于20日上午赶到，部署在拼墙河北岸增援一一三团。至20日晚间，斯利姆派上尉罗宾逊通知当前紧急情况，东线平满纳会战已取消，避免孤军滞后部队应予后撤。孙立人即令取消战斗，命一一二团在仁安羌油田和拼墙河两岸设伏掩护一一三团，部队遂逐步撤离仁安羌安全转进至巧克柏当，为解围战画上圆满句号。

据战报记载，一一三团将士共解救英缅第一师七千余人，英军俘虏、家眷及美传教士、随军记者等五百余人突围。南京第二历史档案馆档案"新三十八师缅甸之战概述"及"仁安羌战役战斗伤亡统计表"两份档案上记载毙敌七百余人，我一一三团阵亡兵员二百零二人（长官十五人，士兵一百八十七人），伤三百一十八人（长官二十四人，士兵二百九十四人），生死不明二十人，伤亡总计五百多人。

仁安羌战役的捷报传到远征军司令长官部，罗卓英电告蒋介石："委员长蒋：孙师原派乔克巴当之一一三团，筱日（17日）扫荡平河以北敌人后，进而救援在彦南扬破（被）围之英军，现据孙师长皓未（即19日）报称：刘团经两昼夜激战，占彦南扬，救出被围英缅军第一师七千余人（情形狼狈，不复成军），并由敌人手中夺获之英方辎重百余辆，悉数交还。敌向南退却，其死伤约五百余名，我亦伤亡百余，该团暂在彦南扬占领阵地，等语。查孙师刘团作战努力，除奖励外，谨闻，罗卓英。"

仁安羌的捷报，惊动英伦三岛，迅速传遍世界各地，受到各同盟国的赞誉。中国政府颁给师长孙立人"四等云麾勋章"一枚。团长刘放吾获得"六等云麾勋章""陆海空军甲种一等勋章"各一枚并记大功两次，此战阵亡的一一三团第三营营长张琦亦被盟军追赠"银星勋章"一枚。副师长齐学启、参谋长何均衡等和各营营长分别获得嘉奖。美国政府授予孙立人以丰功勋章。罗斯福在贺词中写道："中国孙立人中将于1942年缅甸战役，在艰苦环境中，建立辉煌战绩，仁安羌一役孙将军以卓越之指挥，歼灭强敌，解放英军第一师之围，免被歼灭。后复掩护盟军转进，于千苦万难中，从容殿后，转战经月……其智勇兼备将略超人之处，实足为盟军楷模。"

仁安羌大捷，在军事上来说是一个奇迹，中国军队以少胜多，以客胜主，以寡救众。这一仗，不但表现出中国军队是有严格的训练和旺盛的士气，更表现出中国的指挥官有卓越的将才，有超人的战术眼光，有胆大心细的断然处置，充分发扬了中国军人舍己救人和不背盟信的美德。

仁安羌大捷是自清朝中叶以来，中国军队在境外第一次挫败日本军队的经典战斗、与盟军协同作战的成功范例，鼓舞了在艰苦条件下抵御日本侵略的国人信心；同时也证明了凶悍的日军不是不可战胜，在训练有素装备齐整的前提下中国军人战斗力甚至强于日军，并成为远征军第一期入缅为数不多的亮点之战；三是成功解救英军得到英国人尊重，使中国军队撤到印度后受到礼遇，扭转以前盟军对中国军队的偏见，为其后在蓝姆伽开设训练营训练部队提供不少方便；四是解救出的这支英缅第一师得以保存有生力量参与了两年后的英帕尔－科希马会战，给予日军沉重打击一雪前耻。英帕尔会战的结果则直接关系到驻印军缅北反击的成败，由于同期日军在国内战场发动规模空前的一号作战（即豫湘桂大会战），国内战局一度极其严峻，正是中国远征军和驻印军在滇西、缅北战场的全面胜利稳住了后方战况并打通援华交通命脉，使得我们的民族度过了那一段最艰难的时期，赢得抗战的最终胜利。

1942 年 5 月，罗卓英率部抵达印度首都新德里时，曾经受到英军总司令韦维尔元帅和印度国王等人热烈欢迎。当他与亚历山大会晤时，这位英军统帅仍对中国远征军仁安羌解围念念不忘，再三称颂中国军人是"仗义救人的伟大英雄"。罗卓英对此却淡然处之，他在自述中曾说："我并不觉得异常欣喜，反而有点感慨：在军中，甲有难，乙去救，其实也是一件极为平常之事，用不着喧嚷。对于此次事件，美、英诸国之所以感到十分震惊，是因为在其下意识中依然有点民族优越感作祟，仿佛以为你们这些黄面孔人，应该由我白种人去救才是常理。如今反转过来，倒要依靠你们解救我们，简直令人感到太意外。"

胜利总是让人难忘的，罗卓英依旧用他充满感情的笔端，记录下这段历史：

救人从井吾何惜，急难鸰原正此时。

四海一家须共喻，乾坤大道不为私。

草露不辞芒履湿，沙溪马渡水犹浑。

须臾浊雾随风散，一战功成未足云。

1992 年 4 月初，英国前首相玛格丽特·撒切尔夫人在美国芝加哥会见定居洛杉矶的中国远征军新三十八师——三团团长刘放吾将军，她感谢其在缅甸仁安羌解救英军。

2011 年 12 月 23 日，中国台湾当局领导人马英九颁发褒扬令，表彰陆军少将刘放吾，表彰他参与"一·二八"淞沪会战、"八一三"上海会战等重大战役，以及于缅甸仁安羌力战日军，为盟军解围的卓越贡献。

仓皇大撤退

虽然取得仁安羌大捷，但缅甸战局却一点都不乐观。由于英军为保存实力，不愿恋战，匆匆向后撤退，导致中国远征军侧翼暴露，平满纳会战计划也不战而告吹了。对此，史迪威深有感触。他在写给马歇尔的信中说道："英国在印度的驻军足以拯救缅甸，韦唯尔竟不向缅甸派一兵一卒；亚历山大也一定得到了伦敦的命令，要他只是象征性地抵抗一下就撤出缅甸。"

史迪威、罗卓英经过商讨，决定在曼德勒一带与日军举行决战。4 月 18 日，史迪威、罗卓英发布命令：一、放弃平满纳会战，守梅克提拉（即密铁拉）、敏扬（即密沙）一线；二、第六十六军新二十八师固守曼德勒，先一步占领敏扬、棠沙（即东沙），对西南警戒；三、第五军先抽二〇〇师回占梅克提拉、瓢背之线，掩护主力转进；四、以第五军第九十六师在平满纳坚强抵抗当面之敌，该军以棠吉为后方，准备在梅克提拉、他希（即达西）一带阻击北犯之敌。

平心而论，这个计划不怎么样。以上作战计划将第五军和第六十六军（欠新二十九师）分布于长达三百余公里的平（满纳）曼（德勒）公路线上，摆成了一字长蛇阵。这样一来，我军兵力便大为分散，既不能攻，也不能守。而与此同时，日军第十五军司令官饭田祥二郎正在大胆地实施他们早已制订的作战计划：采取钳形攻势，要以有力兵团切断腊戌方面敌之退路，以主力沿同古—曼德勒大道和伊洛瓦底江地区，重点保持在右翼向曼德勒方面前进，包围主力之两翼，并压向曼德勒以西的伊洛瓦底江予以歼灭。而后，于腊戌、八莫、杰沙一线捕歼残敌，同时，乘势以有力之一部向怒江一线追击。

日军在正面进攻曼德勒的同时，其右翼正向东枝逼近。杜聿明惊呼："腊戌门户洞开，我军处境甚危。"4月20日是一个灾难日。日军奔袭腊戌的部队突破了东翼防线，击溃了第五十五师。史迪威在日记中绝望地说："灾难降临垒固。第五十五师完全击溃……甘丽初吓坏了……天哪。这可能会把我们完全掐死的。这里好像也面临崩溃。上帝啊。让赛伯特去看个究竟……电话线全被切断。英军会不顾我们逃跑吗？是的。结果已经非常明显了。"

4月23日，日军第五十六师团第一一三联队攻占东枝，并缴获英军遗留的大批军需品。东枝是缅甸掸邦首府，交通运输四通八达，既是仰光至曼德勒的铁道、公路之东部战略要地，又是腊戌和梅苗的南方屏障，战略地位十分重要。罗卓英获悉军情，心急如焚，急令戴安澜之第二〇〇师火速驰援。一场激战，至25日傍晚，胜利收复东枝。罗卓英欣喜若狂，提笔写道：

贺二〇〇师克复棠吉再次奏捷

东瓜战胜再扬威，破锐功逾击惰归。

三箭天山差可拟，是何神勇戴无为。

这是第一路远征军在缅北的最后一次胜利了，接下来的形势可谓是急转直下。因为日军已经看出决定缅甸战局的胜负关键所在，就是远征军的主力西调，东线的战力空虚，所以日军决定捕捉这个决定胜负的战机，以长驱直入的奔袭作战方式，由东线的缺口沿着萨尔温江纵谷直接强攻腊戌。这是日军在战场上表现最佳的一次长距离战术攻击，有如德军在欧洲所采用的闪电作战，就是在战线侧翼上突破一个脆弱的裂口，然后大胆深入，直接攻占敌军背后的战略中枢。此时日军在缅甸东线作战，发挥了极强作战企图心与野战攻击能量。日军在突破远征军的左翼阵地之后，24日攻占雷列姆。第十五军司令官饭田祥二郎中将立刻下令东线日军，全力沿萨尔温江的纵谷，进行超越攻击，战略目标直指腊戌。日军对腊戌的抢攻强袭，甚至不顾远征军在背后追击的行动，因为日军情报已经发现华军在缅甸作战的致命弱点，腊戌竟然没有重兵防守，日军只要乘虚攻克腊戌，切断远征军与中国后方的联结，那么缅甸之战就不必再进行任何的决战了。

此前，罗卓英曾郑重提议：留置新三十八师在曼德勒构筑工事，竭力阻击日军；杜聿明则亲率第五军急赴腊戌，迎击来犯之敌。然而亚历山大和史迪威却一致反对，要求第五军继续固守曼德勒，做会战准备。这是一个愚蠢的决定，因为狡猾的日本人是不会乖乖送上门来的。英国人想的是只要有中国军队在侧翼保护，他们才能顺利撤到印度；史迪威则想来一次大决战，给日本人一次教训，却丝毫没有考虑到战局已经发生了重大变化。罗卓英素有"儒将"之美誉，这次也实在气不过："请恕我不能从命！现在，追击的日军仍然远在百里之外，正是调派部队、驰援腊戍之良机。希望二位将军以大局为重，支持我的意见。"双方意见坚持不下，毫无定论，白白错失战机。

4月25日，蒋介石电告史迪威、罗卓英、林蔚三人："第五军、第六十六军以八莫、畹町为根据地，确保密支那，在缅北活动，维护印度—密支那—昆明的空运走廊和缅北国际交通线。第六军在景东一带活动。第二〇〇师如尚未撤到瓦城（曼德勒），可向景东转进，归甘军长指挥。长官部可移往密支那。张轸可率一部退回国境，改隶昆明行营，受林团长指挥。"当日晚，盟军长官部在距离曼德勒以南二十五英里的皎克西召开会议，这既是盟军首脑的第二次会议，也是最后一次会议。会议认为：日军攻势甚为凌厉，东线日军径直北犯，觊觎腊戍，严重威胁我军后方，败局已定。必须立即放弃缅甸，实行总退却。然而在撤退路线上，却始终没能达成一致。

从4月26日晚到29日夜，杜聿明率第五军坚守曼德勒整整五天，却没有发现日军的踪影，这时后方传来缅北重镇腊戍失守的消息，杜聿明倒吸一口凉气，心知大事不妙，不由得大骂史迪威指挥无能，罗卓英毫无主见。随即下令部队撤退。5月1日，第五军陆续抵达伊洛瓦底江北岸集结。日军继续北犯，先后夺取畹町、八莫，彻底切断了中国远征军的归国路线，至此，败局已定。

关于退往何处的问题，在远征军将领中存在着两种尖锐对立的意见。

司令长官罗卓英的意见是先退到印缅边界再说，因为印度方向没有敌人，背靠印度可以避免中国军队四面受敌。而后再决定是退入印度后绕道（或空运）回国，还是另作打算。但罗卓英未提出具体的方案，也未指出应退往何处，而且印缅边境都是高山密林，无可驻军之所。

副司令长官杜聿明则主张退往缅北的野人山去，翻越野人山系东侧的高黎贡山返回滇西。5月7日，他召集第五军各位师长开会，郑重告知："今日奉委座急电，命令我军向密支那、片马转进，勿再滞缠。史将军和罗长官也派人送来指令，称：'回国无路，理应入印，保存实力，以利再战。'我认为，本军绝不能入印，因战败而入印，必遭世人不齿；不如用炮弹打开一条血路，冲回祖国，坚守滇西要冲。"

会上，杜聿明突围回国的决策遭到了孙立人的强烈反对。当时日军已经抢占八莫、密支那，堵住了中国远征军北上回国的退路。如果继续向北，就势必要经过野人山，道路艰险，杳无人烟，给养困难，后果不堪设想。孙立人认为目前远征军尚有四个师，不如集中兵力，趁敌立足未稳，夺回密支那，沿滇缅公路回国。杜聿明不听孙立人的建议，反而要求新三十八师殿后，阻击日军，再尾随第五军进野人山。孙立人断然拒绝杜的命令，但还是决定完成阻击任务后，西撤印度。由此，杜聿明与孙立人的矛盾一直埋到东北战场，而蒋介石对孙立人的嫉恨、防备也大大增加。新三十八师与第五军就此分道扬镳。

第五军杜聿明部退到缅北后，丢弃车马武器辎重，攀越悬崖绝壁，从人迹罕至的野人山大雪山，绕道到滇西的泸水和维西，退回大理；孙立人则率军部退入印度。第六军甘丽初部则避开日军快速部队，放弃棠吉，由缅东景东退回滇西思茅普洱边区。孙立人的新三十八师和廖耀湘的新二十二师，则和英缅军退入印度。当时作为总预备队的第六十六军张轸部，则沿滇缅公路大溃退，撤到湘西。

我们先来跟随罗卓英及中国远征军第一路长官司令部的撤退路线，经由巴曼克、曼坎、荷马林、泰南等地而进入印度境内。一路艰险，自不待提。但罗卓英将军始终斗志昂扬，并在撤退途中记有

210

"集王阳明先生句"《远征忆咏》组诗百首，收入《呼江吸海楼》诗集。我们就从他的诗作中摘选部分来如临其境地感受当年的壮举吧。他在"忆咏"短序中有感而发："受命远征，并肩御寇，驰驱异域，战伐无功。然整旅观兵，洵国家之大事；交锋破斧，念袍泽之精忠。况呼吸腥尘，沐浴蛮瘴，不有兴感，曷以慰彰？""旧瓶新酒还堪醉，古语今言可共鸣。正欲排胸浇垒块，百杯到手意纵横。题曰忆咏，亦纪实也。"

> 自处岂宜同俗驾，三驱犹愧失前擒。
> 草深石径鼪鼯笑，月色高林坐夜沉。

这是忆咏入印组诗的开篇之作，罗卓英在诗末小注："敌向两翼入侵，腊戌受威胁。英军增援不继，节节后退，铁路人员亦西撤，遂奉命向缅甸北部转移。"皎克西会议后，大军后撤，情报失灵，各部队各自为战，联络中断，战场一片混乱。罗卓英独坐在树林里，回想数月来情形，本想率军出境建功立业，却稀里糊涂落得如此田地，感慨万千。为了避开日军追击，罗卓英等一路向西跋山涉水，深入不毛。这里经常三四天不见人间烟火，河流两岸，树木林立，遮天蔽日，道路崎岖，战斗队如今变成了探险队。罗卓英身处险境，有感而发：

> 涉险宁辞鸟道斜，青崖缺处见人家。
> 乱山高顶藏平野，尚恐兵锋或滥加。

罗卓英不愧是饱读诗书的一员儒将，即使身处逆境，他仍不忘用爱国情怀激励将士，每逢部队早晚宿营或开拔之前集会，他都亲率大家合唱国歌，高呼口号，并用自创诗歌来鼓励、提升大家的信

211

心和士气：

　　穷探虽尽得幽奇，奇中之奇人未知。
　　抛却自家无尽藏，赴汤蹈火甘倾危。

　　尚喜远人知向望，莫将佳景复虚过。
　　奇峰应接劳回首，碧树凉风月下歌。

　　5月14日，罗卓英等人抵达荷马林，他立即电呈蒋介石："以目前情况判断，欲返回第五军率其突围，已经为时间所不许。如果沿着清得温河上游回滇，则至少需时一月；兼且已届雨季，跋涉艰难，时疫流行，给养困难。史迪威参谋长已于昨日经由此地赴印度。弟若能假道印度，乘机飞滇，再转往前方指挥的话，则在时间上必为节省，有利机宜。但是，行动不敢自专，立候复电，以便决定行动。"18日，等来了蒋介石的复电："已令罗卓英长官入印度。"罗卓英遂率部乘坐几条大筏子，顺流而下。一路但见潮平岸阔，郁郁葱葱，罗卓英虽处逆境，也不禁激赏赞誉：

　　入舟暝色渐迷茫，犹有江花照野航。
　　却幸顺流还易渡，晚霞会喜见朝阳。

　　他始终充满着乐观主义精神，前途虽然坎坷，但有必胜的信心。
　　进入印度境内后，沿途风景迥异，"与缅甸所见之山莽水涸民情，迥然不同，此其分野欤？"在诗中，他也做了详细的描述：

　　遍历青霞蹑紫云，银河真自九天分。
　　眼前风景般般异，苍壁多遗古篆文。

5月24日，历经艰险，跋山涉水，罗卓英率众终于抵达印度东部重镇英帕尔，受到驻印英军司令欧文的热烈欢迎。后得知孙立人率新三十八师成建制脱险入印，罗卓英更是喜出望外，遂赋诗两首：

客行日日万峰头，杞国何人独抱忧。
为谢江南诸古旧，未将吾笔遂轻投。

貔貅十万骑连山，鸟道萦纡下七盘。
雷雨骤开江雾散，宁知意外得生还。

他们已经脱险了，只是不知杜聿明的第五军怎么样了。"杜军北移，已临雨季，纵脱敌追，恐为雨困，系念难释。"联想至此，罗卓英不禁慨然长叹：

举目山河徒叹非，细谋无计解重围。
何人真有回天力，云外旌旗闪落晖。

在罗卓英与美军司令协商之下，美军派遣飞机，搜寻第五军行踪，并沿途空投食品、给养等物。罗卓英时刻惦记着还在深山老林中的弟兄们：

丹心倍觉年来苦，魂梦还须到水头。
尺素屡题仍屡掷，空山唯见瘴云浮。

驻印期间，罗卓英不断激励部属，刻苦训练，有朝一日，反攻缅甸，打回家去。他在几首感怀诗中如此表达：

雄心远目阵云屯，山势东趋万马奔。
百尺楼台三尺剑，独来独往定乾坤。

喜马山南古战场，旧都新阙话沧桑。
雄风怒挟尘沙起，卷地黄云闭夕阳。

四十余年睡梦中，俯看伛偻谁争锋？
客衣尘土终须换，海月凉飘万里风。

客心聊喜困还亨，深愧壶浆父老迎。
岂是人谋能妙算，从来天意亦分明。

败走野人山

　　我们再来详述撤退途中，损失最为惨重的杜聿明部。杜聿明率第五军长官部、新二十二师、第九十六师企图冲出重围回国，中途遭日军侧击，部队被拦腰斩成数段。杜聿明率长官部及新二十二师近两万人，闯入了野人山，开始了一段惨绝人寰的"死亡之旅"。

　　野人山位于中印缅交界处，绵延千里，纵深两百多公里，山上树木遮天，终年不见天日，猛兽成群，蚂蟥遍地，只有被称为"野人"的科钦族人出没其间，当地人把这片方圆数百里的无人区统称为野人山。

　　将士们遇到的第一个困难，是缅甸雨季终日不停的瓢泼大雨。在暴雨中行军，体质虚弱的人很快就不行了。

而野人山最可怕的是数不清的蚊子、蚂蟥和蚂蚁。野人山的蚊子形体几乎和蜻蜓般大小，被这种蚊子叮咬后先是全身肿胀，直至全身的血被吸干。雨季的丛林也是蚂蟥的天下，小蚂蟥会通过衣服的缝隙钻进人的皮肤里，一只大蚂蟥一次能吸一斤血。将士们走过的地方，很快便被血水染红了——这是名副其实的一条血路。

杜聿明进入野人山的第一天，便意识到了情况不妙。但他不肯承认自己使部队深入绝地，也不肯回头另谋出路。很快，部队就弹尽粮绝。杜聿明只得下令放弃大部分辎重，把驮物资的一百多匹战马都杀了充饥。战马吃光后，大家就开始吃皮鞋，吃皮带，连手枪套也成了食物。这些都吃光以后，只能靠树皮和草根来维持生命了。

连续多日以树皮和草根果腹，很多战士的身体开始浮肿起来，步履蹒跚。有的战士走着走着，突然"扑通"一声跌倒在地上，再也爬不起来了。

死人的事已经不足以引起任何人注意了。在行军线上，几乎每走几步，就能发现一个倒毙者。

面对这样的惨状，杜聿明心急如焚。他命电台不停地向蒋介石发报求救。但还没过多久，连这点可怜的手段也用不上了：电台的蓄电瓶电力耗尽，而且由于受潮而腐坏。

与各方面的联系中断了，尽管事实上任何与外界的联系都不起作用。"回归热"也开始侵袭这些本已处于凄惨境地的军人们。多年以后杜聿明回忆："发高烧的人一昏迷不醒，加上蚂蟥吸血，蚂蚁侵蚀，大雨冲洗，数小时内就变为白骨。官兵死亡累累，前后相继，沿途尸骨遍野，惨绝人寰。"有条归国的小路被后人称为"白骨小道"。杜聿明的精神支柱几近崩溃。

后来一架美国飞机在野人山上空搜寻到了这支部队，盟军随后空投了电台、粮食、药品，使得他们最终走出了野人山。由于回国路线上有大批日军把守，这支部队最后还是改道去了印度。

到 7 月 25 日，只剩半条命的杜聿明率直属部队和廖耀湘的新二十二师到达印度东北部阿萨姆邦的列多附近而终于获救。新二十二师从入缅时的九千人，仅剩下三千人，撤退途中的伤亡比战斗减员多一倍。第五军直属部队损失比例也与此相当。

跟随第五军进入野人山的六十六军第二十八师五千人处境更惨，前面杜聿明率领的第五军把树皮、草根、芭蕉叶都吃光了，第二十八师的官兵们连树皮都没得吃。最后活着走出野人山的只有百余人。

与此同时，远征军第五军第九十六师进入野人山后，同样是粮药两缺，饥疲交困，疫病流行。当他们历经千辛万苦翻过高黎贡山撤退到怒江边时，全师九千人已不满三千人。

第五军第二〇〇师更是损失惨重。师长戴安澜在丛林中被日军机枪击中胸部和腹部，由于缺医少药，伤口溃烂，终日高烧不退。弥留之际，还询问何时能进入国门。5 月 26 日，戴安澜壮烈殉国，死时未满三十八岁，一代将星陨落。国民政府追赠其为陆军中将，美国总统罗斯福亦签署命令，追赠其懋绩勋章。国共两党主要领导人也分别题撰挽诗挽联，表达哀思。毛泽东的挽诗题为《海鸥将军千古》：

外侮需人御，将军赋采薇。
师称机械化，勇夺虎罴威。
浴血东瓜守，驱倭棠吉归。
沙场竟殒命，壮志也无违。

蒋介石的挽联为：

虎头食肉负雄姿，看万里长征，与敌周旋欣不忝；马革裹尸酬壮志，惜大勋未集，虚予期望痛何如？

216

罗卓英亦题有挽诗：

漫提三尺净风尘，涉想形容恐未真。

勋业已辞沧海梦，未论黄阁画麒麟。

各路人马中，唯一完整保存成建制部队的是孙立人将军指挥的新三十八师，他没有服从杜聿明的命令，而是坚持率部西行，转入印度境内。他认为：杜长官坚持率部回国，爱国之心值得尊重，但"将在外，君命有所不受"，要因地制宜，实际考量。败走野人山之途艰难困苦，变数甚多，不宜采取；应当慎之又慎，另辟蹊径，西进印度，方为上策。但违抗军令却是很大的罪名，孙立人"因此食不下咽，坐立不安，实在关系重大，全师万人的性命，就在他一念之间而决定也！当夜坐在一棵大树下，不言不动，整夜未睡"。最后，孙立人狠下决心，按史迪威、罗卓英的指示，率部往西撤往印度。中国远征军第一次赴缅作战三个军合计九个师，大撤退后保持最完整、实力最强大的就是新三十八师。

对于这一重大决策的经过，师参谋长何钧衡是这样回忆的："根据情况判断，如我师向国境敌人实行袭击，直接回国，因兵力单薄，且距国境路途太远，不但不能取胜，反有被敌人围歼的危险。当时是5月中旬，到6月以后，缅北即为雨季，在一望无际的原始森林中，既无人烟，又无道路，在淫雨中行军，就有可能陷入兵家所忌的'死地'。此外，我军自过伊洛瓦底江后，英国又通知，今后给养不再供应，由中国自己解决。各部队只携带少数给养，及临时拾得的牛奶粉、葡萄干等类的食物（这些食物是在曼德勒街头捡来的，当时因遭日军空袭，该城人民逃避一空，商店物品散掷街头，故可拾到），勉强度日。为了全师生存，不得不下决心向印度转进。不久

217

孙立人来到师部，他认为师属各部队距离拉得太远，集结困难，如再向北前进，实属危险。孙问我有什么意见，我即将向印度转进的决心和计划及应当下达命令的稿子，一齐送上。孙立人看完后，略为思索，即在命令稿上签字，并批注限半小时内将命令发出。"

5月底，孙立人率部最终到达印度边境。但英国驻印边防军却要求他们解除武装，以"难民"身份申请入境。孙立人听罢大怒，怎堪受辱？双方正在剑拔弩张之时，亚历山大闻知此事，赶忙出面协调，以贵宾礼遇入境。新三十八师官兵们精神抖擞，昂首阔步进入印度。目睹全过程的英军东方军团司令欧文将军对新三十八师赞赏有加："你的部队是我见过的部队之中最出色的一支，难怪亚历山大将军、史迪威将军以及斯利姆将军都盛赞你们。果真是眼见为实啊！"

中国远征军第一次入缅作战最终以惨败而告终。首次入缅作战的中国远征军将士十万零三千多名，经过五个多月浴血奋战，伤亡总数合计约为五万六千四百八十人，余众或退入国内，或西徙印度。参战英军约四万余人，阵亡、被俘、失踪者约为两万两千余人，仅有一万三千五百人转至印度。而租借的美国盟军战略物资损失高达五万余吨。日军伤亡亦四万五千人。

军事史家和参战将领的回忆录中均对此次战役失败做了详尽的回顾和分析，我们在此不惜笔墨，以期还原历史真相，并做出客观公正的评价。

史迪威刚刚逃离战场没几天，就做出了关于第一次缅甸战役的书面结论："假如有人问到缅甸沦陷的原因，这些原因可说是列举不完的。从一开始，就发生了一连串的违背承诺和不愿意支持作战的事件。相关的因素包括以下几点：一、日军装备和训练的优势；二、日军享有制空权；三、蒋委员长遥控，韦弗尔漠不关心；四、中国军队和英国军队缺乏进攻精神；五、英国人的无能，亚历山大将军

218

不懂指挥，他的参谋能力差，大部分军官缺乏军事训练和能力；六、铁路系统的部分瘫痪造成中国部队无法及时抵达阵地；七、中国人无能，最糟糕的例了是第六军第五十五师，在遭遇日军两个营兵力攻击时，即告瓦解。"

这个官方文件忠实地反映了史迪威的观点，他绝口不提史迪威及其他美国军官的行为，也避免谈论美国政府本身的政策。简而言之，史迪威认为战争失败完全出于他人过错，与他个人无关。更有甚者，史迪威的分析，为以后美国政府的看法定下了调子，又影响了美国官方历史的看法。

对于此次缅甸作战失败的原因，杜聿明在《中国远征军入缅对日作战述略》中归结为：中英在战略上的矛盾；中国迁就英、美，放弃指挥权；中国远征军将领失职等：

> 入缅后，指挥多次变动，系统紊乱，权限不明，各有所私，加之指挥无能，部队战斗力悬殊等，既未能适时适地集中主力与敌决战，以期收复仰光，又未能退而凭据险要，与敌作持久战，保全我腊戍的物资。东拉西扯，一无所成，徒使将士浴血，丧师辱国，回想起来，实深愧痛！
>
> 中国远征军惨败，罗卓英和我都有责任，罗卓英的责任更大。尤其罗卓英对于乔克巴当的行动（根本无敌人，谈不到战役）更是惨败的关键。他把军队的"生地"（占领梅苗、棠吉门户，依据汤彭山脉为根据地与敌作持久战）变到"死地"（向乔克巴当扯乱军队主力，又东守棠吉），一意孤行，以致一败涂地，丧师辱国。
>
> 我的最大责任是1942年4月19日未与史迪威、罗卓英彻底闹翻，未能独断专行，下令让第五军全部向棠吉集中，反而委曲求全，选遣了一个团到乔克巴当去。对于史

迪威的命令，我并不在乎（因为我可以直接向蒋介石请示），而对罗卓英应服从到如何程度，却未曾得到蒋的指示，心中无底，未敢断行。以致造成不可收拾的局面，以后又未料到敌人先我侵占八莫、密支那，丢车上山的决心太晚，又造成雨季困于野人山的惨境。

第六十六军军长张轸在谈到作战失败的原因时，认为指挥系统凌乱，兵力分散被敌各个击破，地形及敌情一概不明，敌我兵力悬殊是主要原因。先期入缅部队第五、六两军始归杜聿明指挥，继由史迪威指挥，又由英军亚历山大指挥。后派罗卓英统一指挥，参谋团林蔚也同时参与，而蒋介石又不断地直接干预。"……我到曼德勒第三天，第六军弃守棠吉，腊戍告急。我赶到腊戍视察，林蔚留我在腊戍指挥作战。罗卓英又一定要我去防守腊戍，并说：'如果回来定要严惩。'林蔚却说：'不要紧，一切由我负责。'林、罗之间意见分歧。像这种指挥系统的混乱，也是造成失败的主要原因之一。至于敌情则更模糊，友军从来没给我一个通报，上级从来没给我一个正式命令，纵有命令也是口传。只听说昨日第六军某地失陷，今日第五军某地失陷，或者是敌人进到某处，始终也不晓得敌人是何番号。糊里糊涂地在缅甸参加了对日作战。"缅甸作战，敌人拥有三个师团以上的兵力，多系快速部队，且空军占绝对优势。英军名义上虽有三个师，但不能作战，望风而逃。中国军队有三个军，第六十六军的孙立人师系财政部税警团改编；刘伯龙师系别动队改编；马维骥师是临时拨来的未经训练的新兵。第六军虽比第六十六军强些，但也强不了多少。唯第五军比较强大，也不过抵得上敌人一个师团而已。

孙立人将军回忆起这一血的教训时说："我军初到缅甸，即有仁安羌之捷，解了英国之围，正计划乘胜进攻，不料敌人已经绕到腊成，完成两大钳形包围，英军及国军奉令撤退，由我师殿后掩护。当时英军撤走，真是要命不要钱，什么也丢掉了，只顾逃得性命，但国军却是要钱不要命，只顾搜寻财物，全不想及环境的危险。因为当时局势紧张，当地老百姓与英军等仓皇避走，一切财物，均行弃置，店铺中保险柜等原封未动，国军见了，如刘姥姥进了大观园，目迷神眩，终日将十字锄、窝铲等，打保险柜，搜集财物。本来国军待撤的有四五个师，都要集中在曼德勒，撤到密支那集结，当时尚有火车可通，汽车也还有几百辆，足资运用，如果迅速集中整理，利用火车运送，则结果尚可整编作战，可是他们只为贪财一念之差，要利用火车运物资，借口部队须休息数日，始可移动，是这样一迟延就是十天，而敌人未响一枪就已经占领了八莫及密支那。归路已绝，财物与部队都无法撤出了。只得改向北走，而那是高山密林，全无居民。他们翻越绝地，又逢雨季，于是他们饿死，淹死，病死，被土蛮杀死，自杀死，不知其数，以五万之众，归者不过数千人而已。而所谓财物金银与生命同归乌有。第二次我们反攻时，经过他们所行之地，真是白骨成堆，惨不忍睹。而我师当时，严令只准携带粮弹，其他一概抛弃，以减轻负担，违者即予枪毙。我警告部下说：'现在贪财，将来说不定连裤子也带不走了。'部下都能服从命令，结果虽是最后撤退，却能全师而至印度。"

著名军事学家倪乐雄教授则从第二次世界大战的作战样式分析中，得出结论认为，第一次入缅作战，没有制空权是失败的主要原因：在影响缅甸战局的诸多条件和因素中，制空权是个根本问题。如果制空权在远征军手中，就可不断地空中侦察及时获知日军增援部队在仰光登陆的行动，并在登陆和向同古运动时给予空中打击，而我方地面援军亦可不受日军空袭干扰，及时增援上来，作战飞机还可以加入前线部队作战，从空中协同地面部队防御或进攻，同古作战结局会完全改观。如果我方掌握绝对制空权，日军第五十六师

221

团向我侧翼的迂回就会被侦知，缅甸地形复杂，行军作战只能依靠几条公路，离开公路则寸步难行，数万人在公路上运动，正是空中打击绝好的目标，日军向我后方的奔袭将会严重受阻甚至瘫痪。这点后来在北非的阿拉曼会战和诺曼底会战，以及远征军第二次入缅作战中得到完全证明。由于第一次入缅作战日军掌握完全的制空权，整个战场形势呈现一边倒状态，负责远征军作战指挥的史迪威将军谈及作战失败的原因，曾坦诚相告，没有制空权是失败的主要原因，它诱发了其他作战条件朝不利于我方之变化。

综合来看，第一次入缅作战失利，既有战略决策上的失当，也有战役战术上的失误，不能怪罪于某个人或某一方，否则都将失之偏颇。

第一，从大战略的角度来看，中美英三方未能形成合力。美国虽奉行"先欧后亚"战略，但从太平洋的战略考虑，将澳大利亚和缅甸、印度、中国作为钳制日本在太平洋扩张的两翼，一方面加强盟军在菲律宾、荷属东印度群岛的抵抗；另一方面通过滇缅路向中国运送武器装备，以提高中国抗击日军的能力，维护滇缅路的畅通，保证租界法案物资运往中国。

英国则把缅甸作为保护海外最大殖民地印度的重要屏障。英国是一个经营了一百多年的老牌殖民帝国。它的主要目标是在战后"尽量挽救英国的影响、财富和势力"。因此，丘吉尔最担心的便是美国想利用大战将欧洲殖民势力请出亚洲，以及民族主义的中国对英帝国势力所产生的直接威胁。然而，由于欧战正急，中东形势紧迫，英国战线过长，只能用有限的兵力驻防缅甸，只有求助于中国出兵协同作战。但英国为维持其在亚洲的殖民利益，又不愿意中国过多插手，特别是在蒋介石出访印度获得成功后。英国战前与日本有封闭滇缅路三个月的协议，后又要求中国军队入缅，不过是权宜之计，是拿中国军队当挡箭牌，自己好脱身返回印度，即使战败，责任也在中方。所以在整个缅甸防御战中，英军态度十分消极，往往不与中方协商即行放弃防线，以致造成缅甸作战漏洞百出，中国远征军不断遭到日军包抄的危险局面。

中国方面，全面抗战已四年之久，由于苏联援助中断，保持国际援助唯一通道就成为至关重要的大问题。特别是太平洋战争爆发，中国战区的设立，使中国跻身于大国行列，派出军队参与国际军事行动，不论对提高中国战时地位，或保证滇缅路畅通都具有重要意义。

由于三国对缅甸战场的战略地位认知不同，所采取的方式、手段就大相径庭了。这也是第一次入缅作战失利的根本原因。

第二，中英联军互不信任，指挥系统混乱，没有形成严密的、统一的、坚强的统帅部。中英军队协同作战的统一指挥是关系到缅甸战局胜败的大问题。尽管中英双方早有配合作战的协定，但在具体实施过程中，尤其在作战中英方根本没有实行，结果造成远征军屡遭被动，处境险恶。缅战之初，中英双方在商讨联合作战方案时，英方坚持要求取得中英联军的指挥权。蒋介石从作战需要和中英双方密切合作出发，一度曾接受了英方指挥。然而随着英方多次拒绝远征军入缅以及韦唯尔目光短浅的军事指挥，使蒋介石对英方失去了信任和信心，坚决反对英国人的指挥，要求由史迪威全权指挥入缅中国部队。事实上直到3月8日，缅甸局势迫在眉睫时，中英联军尚未建立统一的统帅部，亦无联合作战计划，更不能形成协调而统一的作战行动。仅第一次入缅时，就有林蔚的参谋团、史迪威和罗卓英的长官部以及杜聿明的前敌指挥部三个指挥中心，从表面上看，这个系统似乎并无不妥，实则漏洞百出，积弊丛生，很容易导致上下级或友军之间互相抵牾，乃至矛盾激化，冲突频仍；不仅没有改进原有的诸多缺陷，而且愈发降低部队的战斗力，并使得罗卓英陷入"两姑之间难为妇"的尴尬境地。由于指挥混乱，令出多门，这种各自为政、

223

联而不合的涣散局面，只能给日军以各个击破的机会。

从远征军众多的电文、部署、计划和指令来看，应该说，中国远征军的总指挥实际上是蒋介石本人。他事必躬亲，无论从作战方针、计划的确立，到军队的调动和配置，甚至给远征军士兵发一块西瓜，也要由他亲自下达命令，全为其一手"导演"。他经常撇开多层指挥机构，一竿子捅到底，这种违反战争指导规律的做法，焉有不败之理？

第三，信息阻塞，情报失灵。蒋介石对当时中国军队的战斗力一般估计是三个师抵一个日军精锐师团。这一估计未必准确，在国内战场上，程潜第一战区六个军十二万人包围土肥原贤二第十四师团两万人，但最后该师团轻松地破围而去。实际作战中，东线的第六军两个师根本挡不住日军第五十六师团进攻，只有像最精锐的机械化第二〇〇师那样的部队，才能三个师对付一个日本师团，一般装备的部队，六七个师也不一定抵得上日军一个师团的战斗力，更何况甘丽初第六军分散兵力、逐次投入使用都属于兵家之大忌。因此，如果情况像原先估计的那样，只有两个日军师团在缅甸登陆，那么歼灭登陆日军、收复仰光的计划还可以尝试一下，第五、第六、第六十六三个军共九个师，对付日军两个师团，在不考虑其他因素的情况下，可以打成平手。但出乎意料的是日军在缅甸投入了第三十三、第五十五、第十八、第五十六共四个精锐师团外加一个第五飞行师团，可见远征军的作战计划已经远远超出自己的能力范围。

第四，远征军将领失职，部队腐败现象严重。从战役角度来看，远征军的惨败也与高级将领的失职有一定关系。比如罗卓英不顾东线告急，坚持曼德勒会战计划，造成主力分兵，最后一败涂地，丧师辱国。杜聿明在撤退途中，没有考虑到野人山中的情况，一意孤行，冒险入内，损失惨重。至于其他远征军将领指挥无能、回避战斗等现象，也时有出现。远征军中腐败严重，一些军官热衷于发国难财，当时远征军中普遍流传着"张百万""李千万"等诨号。这些黑暗和腐朽的一面，与远征军许多将士血洒沙场的一面相比，形成了鲜明的对照。

对此，作为远征军统帅的罗卓英本人，也不乏自知之明，深怀对远征军将士血染疆场的歉疚之情，日后虽无回忆录记载，但也多次赋诗表达其自省、自查、自责之情。例如，在重庆各界人士争相邀请他报告远征军事迹时，他不禁诚惶诚恐：

> 闻说东归欲问舟，深惭经济学封侯。
> 炎荒万里频回首，诸老能无取日谋？

在接待田汉、欧阳予倩等文化界名人时，亦曾慨然长叹：

> 西行徒愧长征客，东去先吟克敌谣。
> 正是湘漓同一派，奔流入海起狂飙。

蓝姆迦整训

中国远征军第一次入缅作战失利后，第六十六军新三十八师奉命掩护英缅军撤退，其大部也已撤到印度，5月底到达英帕尔。第五军直属部队和新二十二师历尽艰辛，幸存下来的两千余名官兵也撤退到印度雷多。史迪威感到非常兴奋，重新燃起他训练中国军队的雄心壮志。

史迪威痛定思痛，深刻地感受到中国远征军不仅良莠不齐，而且并不听其指挥，但另一方面，中国士兵的勇敢善战的优良作风又让他十分佩服。经过他亲自奔走重庆和德里，又经过重庆、华盛顿、伦敦往返的函电交驰，首先获得中国政府的赞同，答应提供补充兵员，接着美国政府也颇痛快地答应了提供军事装备和担负主持训练的责任，最后英国政府也应允并给予在印度受训的中国军队以便利，并继续负担中国军队的给养和服装。印度总督又拨出原来预作意大利战俘集中营，位于比哈尔邦的兰姆伽当地之全部营房、场地作为训练基地。

6月28日，史迪威指挥部和新三十八师由阿萨姆邦的雷多开至兰姆伽营地。同年8月，新二十二师由国内空运入印，与新三十八师合兵一处，被赋予代号"X部队"。同时，军事委员会下令撤销"中国远征军第一路司令长官部"，成立了"中国驻印军总指挥部"，任命史迪威为总指挥，罗卓英为副总指挥。

史迪威将军于蓝姆伽训练中国部队的近期目标是："收复北缅，修筑中印公路。"

他认识到，要想收复北缅，不能指望英国军队，只能依靠中国军队。而中国军队的装备不行，大部分军官的素质也不行，所以必须在蓝姆伽进行严格的训练，加以弥补。

史迪威将军在新德里记者招待会上说："缅甸是中国和盟国陆上交通必经的要道，是一个非常重要的战略要地，现在不幸被日军占据了，但我相信中、英、美盟国一定会从切实检讨缅甸战役受挫的原因和经验着手，以最大的信心和力量来收复缅甸的。"他更坚定地说："我一定要将日本军阀给我们的打击，同样还敬他们，并且还带复利讨还这一笔债。"

他还有一个更远大的目标是："蓝姆伽集训取得成功以后，进而训练、装备全中国的所有军队，包括中国共产党领导的八路军、新四军在内，都用美国的先进武器装备起来，由他担任中国战区的盟军总指挥，指挥大军向日军占领的中国沿海地区进行大反攻，并一直打到东京去。"

7月30日，中国驻印军总指挥部正式宣布成立。史迪威将军被任命为总指挥，主管训练，罗卓英将军任副总指挥，主管行政和军纪。此外，为了保持中国军队的独立性，特别设立一个"副总指挥部"，指定罗卓英负责。蓝姆迦整训得以开设，让罗卓英备感欣慰，赋诗抒怀："不信人间耳尽聋，白眉之叟今庞公。老夫今夜狂歌发，碧海真成捷径通。"

为了纪念死去的战友，提升部队训练热情，罗卓英还在蓝姆迦勘建一座中国远征军阵亡将士公墓，并亲自撰写挽联：摧顽倭之凶焰，解战友之重围，赴义竟捐生，壮哉大智大勇；挥日月而长征，挟风霆而怒吼，反攻终奏捷，允矣成仁成功。

中方的具体训练工作则由孙立人负责。训练营主任由美国的麦克凯卜准将担任（后期由杨格上校接替），参谋长由美国勃津准将担任。8月3日，蓝姆迦训练营在总指挥部领导下，正式开始训练。

蓝姆迦训练根据不同对象训练不同的内容：

一、高级参谋人员与指挥官所受的训练。

对象不限于驻印军。自国内各战区挑选，飞越驼峰而来的将校们，被授以特别课程，即美国参谋学院所讲授的参谋作业、战略与战术，以及后勤管理等科目，以便沟通中美两国战略和战术的观点。国民党高级将领如黄维（黄埔六分校主任）、王凌云（第二军军长）以及赵公武（五十二军军长）等均奉调来蓝姆迦参谋将校班受过训。

二、普通军官接受的训练是作战技巧、战术、合成军种的配合协同。

三、士兵所受的训练是使他们通晓和掌握他们所使用的武器，以及如何执行其作战任务。

就士兵训练而言，训练科目可分两大部分：

一、军事部分

主要科目包括炮科、步兵科、装甲、通信、战术和后勤管理等，并附设车辆驾驶等辅助性课程，军事科目（除驾驶外）分别由斯利勒、海伍德、本森、伊斯特布鲁克、布朗和霍卡布几位上校担任各科主任。这些人大多在第一次缅战中担任过盟军的联络官。

二、卫生防疫

卫生防疫科目主要包括战地急救、伤病员的搬运和输送、热带森林防疫和环境卫生等科目，分别由中、美教官授课。为此，特由贵阳战时卫生人员训练总所派出一个以富有卫生训练经验的马安权医师（上海圣约翰大学医学院 30 年代毕业生）和戴根法环境卫生工程师（早年毕业于唐山交通大学，中华人民共和国成立后，先后参与成渝、川黔、滇黔、衡广复线大瑶山隧道工程的设计施工。1985年被评为铁道部全国劳动模范）为首的医疗救护、防疫、环境卫生工程队二十多人，负责有关卫生训练的教学工作。

此外，政治部曾经举办过几期外语会话训练班，分成英、印、缅语各组，但没有收到预期效果。不过日子久了，受训者也可用洋泾浜式的外语，外加手势，勉强也可交流思想情况。

在训练之初，因翻译人员不敷应用，美国教官上课时只是多用图解和示范，受训者自行做笔记。实施两周，结果成绩非常好，这使美国教官们感到意外的惊奇，对中国士兵的态度也为之一变，倍加赞赏。主持炮科训练的斯利勒上校因为在第一次缅战中，随第五军在平满纳作战时，看到中国军官在运用火炮上很外行，使他留下了对中国军队很深的成见："中国的军官多无能力，对炮弹的使用尤多浪费。"并认为："即令中国军队对炮兵的应用已完全熟练，美国的《租借法案》下的火炮和炮弹，仍只能有限制地配给中国军队。"但就是这样一位对中国军人成见很深的美国教官，对受训的中国士兵做了相当高的评价。他说："虽然我们不会说中国话，也没有翻译。我们用实例示范，他们模仿。事实证明，他们是世界上极了不起的模仿者，因而学得很快。"斯利勒和训练营主任麦克凯卜对中国士兵使用迫击炮的技巧尤其称赞，认为"已到了令人叹为观止的地步"。这充分表明中华民族的聪明才智与勤奋好学，也表明中国人在学习上并不次于任何人。

但蓝姆迦整训中也暴露出了中美双方始终难以解决的深层次矛盾。

这一矛盾首先表现在史迪威与罗卓英在军费使用上的尖锐冲突。史迪威对中国军队的高级军官抱有很深的成见，他以中国军官普遍克扣军饷为由，坚持由自己安排军费，而作为副总指挥的罗卓英则不能染指，这对于罗卓英而言是绝对无法接受的。史迪威为切实控制中国驻印军，直接掌握了训练进度、装备技术以及武器弹药的补给等重要活动。从而助长了美国军官专横跋扈的气焰，有时甚至越权干预各级部队长的指挥，并引起摩擦。

其次，在驻印军各级指挥员的任命上，双方也存在重要分歧。史迪威认为："中国政府是个以恐惧与恩惠为基础的结构，掌握在一个无知、武断、倔强的人手中。"他还认为中国将领大多不称职，只有下级士兵是优秀的，主张"要中国兵不要中国官，尤其不要中国的高级军官"，"只要给予优良的装备与训练，中国军队可以与世界上任何国家的军队对抗而毫不逊色"。按照史迪威的设想，驻印军营以下军官均应由美国人担任，他还调来了三百多名美国军官，准备接替中国军官，这一做法严重地损害了中国军官的自尊心，遭到了全体驻印军军官的反对，甚至连与史迪威私交甚好的孙立人也坚决反对。

随着驻印军史、罗矛盾的日益尖锐，史迪威的态度也越来越骄横，他坚决要求至少有权处决少校以下不服从其命令的军官以及解除少校以上军官职务的权力，否则将无法指挥中国驻印军。对于史迪威咄咄逼人的架势，罗卓英毫不退让，坚决抵制。他曾致电总参谋长何应钦："设我果将经理之实权授予外人，其事受缚，委实无法办理，且必将影响国军在外之尊严。同时美方经理人员对我方经理

229

业务完全不明，处处解释，极为困难，故职已经决定不向美请领（经费），以待钧座之复可。"后以"拒绝接受美国人对他行政权威的干预，离开指挥部以示抗议"。而史迪威则进一步向中国方面控告罗卓英十大无能，其中有"罗长官终日绕室彷徨，对于军队之教育训练毫无办法"等语，并计划借此撤换罗卓英。蒋介石考虑到史、罗矛盾已无法调解，为保全中国驻印军建制，只得于3月中旬下令调罗卓英回国，并将中国驻印军简化合并为新一军，任命郑洞国为军长，孙立人为副军长兼新三十八师师长。

但总体来说，蓝姆迦整训给中国远征军带来了积极的变化，对抗战具有重要意义。

第一，有效地提升了中国驻印军的作战能力。冈村宁次曾说过："在战争期间，通常日军一个师团可以对抗中国四到五个师。"但经过蓝姆迦整训后，驻印军接受了现代化合成军队的训练，改换了较为先进的美式装备，在整体素质上取得了极大的改善，在后来的缅北反攻中发挥了强大威力。

第二，实施了对国内正面战场大批高级将领的轮训。蓝姆迦整训，使国内一批军事指挥人员，接受了同盟国军队反法西斯战场上的有益经验，开阔了视野，提升了军事素养。至于这一时期所暴露出来的史迪威同罗卓英等中国将领的矛盾，不能简单视为个人恩怨，它实质上是史迪威为贯彻美国对华军事战略与蒋介石既要依赖美援，又试图保持军队控制力的矛盾；是史迪威所代表的西方军事管理思想与蒋氏封建军事统治之间的矛盾。

十万青年事远征

罗卓英返回国内后，即被任命为第三战区副司令长官（未赴任）兼任军令部次长，而后相继担任军委会东南训练团教育长（团长蒋介石、副团长张发奎）、军委会督训总处主任和全国知识青年志愿从军编练总监兼干训团教育长等职。

在桂林，他在《乐干十二首》自序中说道："奉命在桂林主办干部训练团及筹划新装备部队之督训事宜，均与美军合作。此地风光尽多佳致，其间或迹之天然，或属之人为，或原宿构，或系新兴。名者余仍之，阙者余名之，得景十二分咏以诗。恒恒多士，丁丁盟友，其于精神上之陶冶当有少裨云。"

其间他思考最多的就是如何提升部队的战斗力。一次，他接到旧部的一封来信，称："而今，我国士兵的十之八九来自田间，没有受过新式教育，认识不了几个字，加减乘除更是一无所知，如何能发射火箭炮及运用其他武器？可叹我国知识青年都不肯从军。"皆因我国传统思想中有重文轻武之积习，"好铁不打钉，好男不当兵"的影响根深蒂固。罗卓英以他在远征军中的经历，深感如果士兵素质不足，即便装备了美式装备，也不足以发挥其战力。于是就写了一份建议书，主张知识青年踊跃参军，并委托陈诚呈最高当局参考。军事委员会予以采纳，遂有"一寸河山一寸血，十万青年十万军"的宣传口号，相继动员和组织了大批知识青年参军。

罗卓英还特地撰写了《从军乐》一文，刊载于重庆各大报刊，"青年从军，不是一种职业，乃是一种生命。从军入营，乃是生命找到寄托所。上战场打仗，乃是生命力活跃在司令台"。他还写信给母校广东大埔中学，鼓励师生们："世界正在大战，祖国山河丢失，面临千钧一发之际，希望母校同学们响应号召，踊跃参军，在我编练之下，走上救亡道路，投入祖国怀抱，负起反攻重任，做一个爱国战士，成为民族英雄，争取无上光荣。"校园内掀起参军热潮，五百余名学生如愿以偿，投笔从戎。

1944 年 1 月 11 日至 14 日，重庆举行"知识青年从军运动会议"，并成立了全国知识青年从军指导委员会。该委员会委员有：张伯苓、莫德惠、蒋梦麟、何应钦、陈诚、白崇禧、陈立夫、罗卓英、蒋经国等人。10 月 24 日，蒋介石以参加远征军为号召，发表《告知识青年从军书》，他指出："现在抗战局势已临到决战的阶段，一切须为军事，一切须为胜利，当前局势紧急和重要远过于辛亥革命和北伐的前夕。中央为使知识青年们得有效忠报国的机会，已经决定第一次号召知识青年十万人从军。凡年龄十八岁以上，三十五岁以下，曾受中等教育，或具有相当知识程度的青年。只要体检健全，不论依法是否缓征缓召，均得志愿报名参加。"国民党元老于右任还为从军青年撰写了军歌："十万英雄，应运起，争赴战场。惊心是，执戈无我，祖国为殇。喜马高峰飞过去，怒江前线打回乡。看马前开遍自由花，天散香。新时代，新国防，新中国，寿无疆。把百年深痛，付太平洋。世界和平原有责，中华建设更应当。待短时告庙紫金山，祈宪章。"

在被任命为全国知识青年志愿从军编练总监兼干训团教育长后，罗卓英将其全部心血、精力和智慧投入到这个划时代的创举之中。广大知识青年出于爱国热情，纷纷请缨杀敌，报效祖国。在知识青年写的一首诗中如是表达："我们是青年远征军，气壮山河，志透凌云，乘风飞印天地震，先声夺敌胆寒惊，英勇作战，扫荡寇氛，打通滇缅尽使命，不惜血肉与敌拼，扬威国外，士饱马腾，协同盟军歼倭寇，缅甸光复有光荣。"随着大后方青年学生从军运动的展开，渐而扩大到各公教人员，同济大学、四川大学、燕京大学的一些教授和部分留学生也申请参加远征军，甚至连世界佛学院、汉藏理学院等僧徒，凡是青年人都如风起云涌般参军报国。这些知识青年思想素质好，文化程度高，军事知识强，日后经过刻苦训练，成为中国驻印军和中国远征军开展反攻、收复失地的中坚力量。罗卓英对此很是满意，他在《受命编练十万青年组织青年远征军元旦成立赋诗二章》中，纵情讴歌：

（一）

国计民生系念深，每逢新岁托新吟。

今年乐事抬头干，扫尽虾夷起陆沉。

（二）

十万青年事远征，乘风破浪斩蛟鲸。

台湾收复东京陷，洗甲重洋宴太平。

（注：罗氏常以"抬头乐干"自勉，并将桂林干训团住址李家村更名为"乐干村"。）

还有一首《知识青年从军歌》流传甚广：

知识青年从军歌

君不见，汉终军，弱冠系虏请长缨；

君不见，班定远，绝域轻骑催战云！

男儿应是重危行，岂让儒冠误此生？

况乃国危若累卵，羽檄争驰无少停！

弃我昔时笔，着我战时衿。

一呼同志逾十万，高唱战歌齐从军。

齐从军，净胡尘，誓扫倭奴不顾身！

忍情轻断思家念，慷慨捧出报国心。

昂然含笑赴沙场，大旗招展日无光。

气吹太白入昂月，力挽长矢射天狼。

采石一载复金陵，冀鲁吉黑次第平。

破波楼船出辽海，蔽天铁鸟扑东京！

一夜捣碎倭奴穴，太平洋水尽赤色。

富士山头扬汉旗，樱花树下醉胡妾。

归来夹道万人看，朵朵鲜花掷马前。

门楣生辉笑白发，闾里欢腾骄红颜。

国史明标第一功，中华从此号长雄。

尚留余威惩不义，要使环球人类同沐大汉风！

从 1943 年 10 月开始，中国驻印军（X 军）率先在缅北发动反攻，相继打通胡康河谷、孟拱河谷，收复密支那、八莫、腊戍等地。翌年夏季，中国远征军（Y 军）开展滇西大反攻，大规模强渡怒江，仰攻高黎贡山，激战龙陵，勇夺松山，光复腾冲。

从 1943 年秋至 1945 年春的缅北滇西大反攻，历时近十八个月，是中国抗日战争和第二次世界大战史上具有重要意义的大事件。

首先，反攻缅北滇西是亚洲战场自太平洋战争后规模空前的一场大决战。中国驻印军和中国远征军分别从印度和滇西两个方向，向缅甸日军发起了大规模的反攻，先后进军两千余公里，横扫了日本的防御战线，荡涤了日军苦心经营数年的防御体系，给予侵缅日军以歼灭性的打击，解除了日本对中国的陆上封锁，全歼了日军第十八、第五十六师团，重创了日军第二、第三十三、第五十五师团，战果可谓空前，为加速日本在亚洲战场的总崩溃，做出了重大贡献。日本在其《太平洋战争史》中也承认："日军在缅甸战线崩溃，给日本军部一个严重的打击，自夸精锐的日本陆军被他们一向所轻视的中国军队打垮了。"

其次，中国远征军的胜利，弘扬了国际主义和民族独立精神，提高了中国的国际地位。第二次世界大战，对于敌我双方来说都是联盟战争。加入反法西斯战争同盟的国家有五十多个，但参与程度不同，中国是贡献最大、牺牲最大的国家之一。缅北滇西反攻虽是局部军事行动，但堪称亚洲战场上的一个辉煌的陆战战役。这不仅说明中国军队英勇善战，而且树立了中华民族的全新形象，打出了中国军队的声威，向全世界证明了中华民族的大国地位。1944 年 6 月 23 日，美国《纽约时报》在社论中指出，中国远征军的英勇战斗与盟军在欧洲的战斗同样惊心动魄，他们是在世界最恶劣的地区，在四十天内，从日军手中夺到了四万平方米的土地。缅甸战争在对日战争中居于重要地位。

最后，中国远征军的胜利，大大鼓舞了国内人民的抗战热忱。反攻缅甸的胜利，重新打通了中国大后方的国际交通线，避免了国民党战场的崩溃，稳定了国内的抗战局面，鼓舞了国统区人民的抗战斗志。中共中央也特地从延安发来贺电，热烈祝贺远征军所取得的辉煌胜利："这一胜利是由于全体将士协力一致、英勇效命所得到的成就。"

1945 年 8 月 15 日，日本天皇被迫接受《波茨坦公告》，宣告无条件投降。同日，中华民国政府主席蒋介石，在重庆向全国和世界发表胜利广播。特大喜讯传来，罗卓英正在干训团的军官讲堂开讲，他当即宣布了这个大快人心的好消息。刹那间，欢声雷动，欣喜若狂，更有号啕痛哭、情绪失控者。罗卓英本人亦是激动万分，几度哽咽。当天晚上，他辗转反侧，彻夜难眠，按捺不住激动的情绪，仿照杜甫那首著名的七律《闻官军收河南河北》改写一首：

> 号外忽传收战果，果然倭寇已投降。
> 数千盟友环城舞，百万军民动也狂。
> 壮士高歌兼纵酒，同胞约伴好还乡。
> 岂徒东下看巫峡，更庆卢沟复沈阳。

第九章　政有新猷建设多

1945 年 8 月，抗战即将胜利之际，罗卓英将军卸下戎装，出任广东省政府主席兼保安司令，开始了他两年主政南粤的政治生涯。一生戎马，为何做此举动？罗卓英认为："暴敌已摧，苟乘此机会划一国民目标，健全国民意志，集中才智，从事建设，以巩固全国统一之局，实现三民主义新国家，其建设必可顺利完成，乃毅然就任。"他在《书生》一诗中也表达了同样的心绪："书生戎马久经过，廿载黄尘事止戈。出战恒呼破阵子，填词喜作定风波。民无奢望烦苛少，政有新猷建设多。休养从今期孳息，牛羊桑柘问如何。"

罗卓英回乡主政，怀有一展宏图、为乡梓建设尽力的抱负情怀，他在《还粤主政四首》中如是表达："家山八载苦风波，父老相逢忍泪多。当尽岁时牵补力，政通终是仗人和。""五岭烟尘一扫开，中秋圆月伴余回。好将今夜清辉色，照彻乾坤再造来。"

返粤主政

兵马未动，舆论先行。1945 年 9 月 9 日，还在重庆尚未赴粤就任的罗卓英就发布《告广东全省同胞书》，提出施政三大目标：

一、复员还业为胜利以后最迫切的工作。本府职责所在，遵奉元首"与民休养生息"之旨意，亟谋救济善后与复员还业之措施。

但复员须作通盘的筹划，还业须为有效的安排，凡关于调查战争损失，褒恤殉难军民，缓征兵役，豁免田赋，减轻租息，保护治安，和为退伍军人预筹就业的机会，为伤兵抗属获得优待的保证，为毁于炮火的城市乡村谋复兴，为流于道路的难民难童施救济，为侨胞力谋汇业的通畅，为青年解决求学的困难，等等，我们都依据计划，决定步骤，认真执行，期能由复员达成复兴的效果，从还业收到建业的事功。

二、政风政本为政府本身最重要的前提。我们目击本省广大地区，久为敌骑践踏，许多民众备受敌人奴役，民风日以陵替，国本几为动摇，一旦胜利来临，河山光复，我们认为政治的入手做法，必先肃政风才可以正民风，必先植政本才足以固国本；而厉行法治，所以肃政风，推行自治，所以植政本；本府依此见解，决定致力于整肃官常，为人民保障合法之自由，刷新县政，为地方奠立民治之基础。

三、民生建设为利民福国最现实的要政。况当久战之后，痛定之余，民生问题，不容忽视，建设事业，亟须进行，本府依照国父建国大纲及实业计划所定之施行程序，与本党六全大会所订之政纲政策，及中央关于经济建设之政令法令，为措施之准绳，尤以对于农业的增产、工业的恢复、经济的发展，和对外贸易之加强等四项要务为中心，以最大努力，求其逐步实现。

就这样，罗卓英上任伊始，就向广东父老明白清晰地推出了他的注重民生、整顿吏治的执政理念。

1945 年 9 月 25 日，罗卓英到广州后即召开了广东省政府第十届委员会第一次会议。在会上，罗卓英提出了当前复员的一揽子紧急措施，认为："八年抗战，本省牺牲甚巨，现胜利光临，复员还业：一、治安秩序，亟待维持；二、水陆交通，亟须兴复；三、善后救济，亟待办理；四、粮食问题，亟待解决；五、金融亟须稳定；六、物价亟须平抑；七、各级学校，亟待恢复；八、侨胞汇款，亟须通

237

畅。"这些措施的施行，有效缓解了抗战胜利后地方的无序混乱局面。同时，他还提出了主政广东的五大方针：选贤任能，树立廉政风气；扶植农工，改善人民生活；健全县政，巩固宪政基础；奖励科学，促进现代文化；发扬侨务，充实建设力量。

同年双十节，罗卓英发表了《向建国的前途迈进》一文，从民族、民权、民生三个方面阐释了抗战复兴的重大意义。关于民族主义，他谈道："由于过去推翻专制政体，扫除北洋军阀的成功，由于这次对日抗战的胜利，证明了国父所昭示民族主义与国民革命的大业已完全实现。今后我们自须协力维护国家的统一，排除一切困难，而后这胜利之花，与民族主义的成果，就能得到坚实的保证。这是建国的前途上，我们必须努力争取的首要事务。"关于民权主义，他说："现在抗战胜利，军事将终，政府亦早经由训政而准备宪政，召开国民大会，实为今日当务之急。唯实施宪政，必先健全地方自治机构，切实训练人民行使四权，各县参议会尚未组成的必须尽速完成，使健全的民意机构得以产生，行使其最后的政权，展开全民政治的运用，以实现本党民主政治的理想。"关于民生主义，他说："现在胜利来临，复员还业，我们必须寓建设于复员，就复员而建设。举凡减轻农工的负担，解除民业一切不应有的困苦，例如交通治安的恢复、烟赌毒害的肃清、奢靡风气的改正、财政金融的整理、难民难童的救助、失学青年的复学、华侨汇款的畅通，等等，故须加紧赶办，而国父平均地权、节制资本的大策，与实业计划，以及省县乡镇公益造产的扩充，国营省营民营各种企业的创立与经营，皆须于这个时候奠立基础，节节进行，使治本和治标的计划经济，兼程并进，而后建设的效率可以提高，民生主义的实现可以及早建成。这是我们从事建设必须加倍努力的所在。"他提出要正视现实困难，奋发图强，"我国抗战的时间，比联合国任何一国为久长，所受战祸的痛苦，比联合国任何一国为惨重；我国政治经济基础，又比联合国任何一国为薄弱。现在亟谋在战火的废墟上建立现代国家，

238

却比联合国任何一国为困难。就建国工作的整个进程而言，我们必须以和蔼亲睦、共同互助的精神，正视八年来残破疮痍的现实，于休养生息之际，共作艰苦卓绝的努力。我们更须自觉自勉的精神、强毅坚忍的工作，配合全民族复兴的巩固，使中国成为现代化的国家，政治上经济上均得与四强并肩而无愧，与联合国共同负起国际繁荣、世界和平的责任"。他号召："端赖每个国民，认识革命的要义，各守岗位，抬头乐干，并以共济与助，配合全民的努力，方能有成。广东每一个同胞，必须发扬一贯的革命精神，以共赴事功，达成使命。"

走马上任后，罗卓英并没有坐在衙门里听报告，而是紧锣密鼓地进行调研走访，从 9 月 25 日到 11 月 16 日，组织广东省政府第十届委员会一连召开了十二次会议，把脉摸清问题，开出具体药方。并通过了《广东省政府施政纲领》，将五大方针细化为二十六条目，更为明确具体，可操作性强：

一、选贤任能，树立廉政风气

（一）慎选县市局各级公务员，厉行法治保障人民权益。

（二）改善公教员工待遇，推行社会保险制度，以安定其生活。

（三）力行督察考绩，提高政治效能，以立政本。

（四）严惩贪官污吏，以肃官常。

（五）尊礼贤德，发扬民族精神，以敦民风。

二、扶植农工，改善人民生活

（六）安定农村秩序，改善农工教育、卫生，以促进农工之福利。

（七）调整地方金融，推行合作制度，增加农工贷款，发展农田水利，以增进农工之生产。

239

（八）改善农业结构，应用科学方法，以谋农作物之质量进步。

（九）发展蚕桑渔盐畜牧垦殖等事业。

（十）复兴各地手工业，鼓励人民投资工矿及轻工业之经营，并指导其技术。

（十一）普遍举办水电动力，以辅导农工业之发展。

三、健全县政，巩固宪政基础

（十二）厉行禁烟禁毒禁赌，肃清盗匪，以除地方祸害。

（十三）举办户口调查，实施户籍及人事登记，完成户政。

（十四）办理土地清丈及财富登记。

（十五）编练乡村警察，改良乡村道路，敷设乡村电话。

（十六）普及国民教育，推行保健事业。

（十七）健全各级民意机关，加强乡镇保甲组织及人民团体之管训。

（十八）整理税捐，清理公产，推行乡镇造产，充裕自治财政。

四、奖励科学，促进现代文化

（十九）设置学术讲座，及学术奖金，鼓励科学之探求与发明。

（二十）设置国外留学名额，及派遣专才出国考察。

（二十一）发展职业教育，培养技术人才，以应建设需要。

（二十二）分区增设科学馆、博物馆、图书馆、体育场，以提高民众对于学术之兴趣。

（二十三）培养大量师资，遍设民众教育馆，限期扫除文盲。

五、发扬侨务，充实建设力量

（二十四）宣慰海外侨胞，设立粤侨事业辅导机构，扶助归侨，发展各种事业。

（二十五）畅通侨汇，运用侨资，以发展本省经济建设。

（二十六）发展海外航业，鼓励侨胞推销本省特产，及工业制品，以增进国外贸易。

1946 年元旦，罗卓英发表《建民国进大同》新年献词，重申了以上五大方针，较为全面地阐述了他主政广东、建设新广东的方略。他说："建设新广东之要义有三：一、为在建设中要彻底奉行三民主义，作为一切工作最高原则。二、为严格遵照中央所定之国策与命令，使广泛在建设大业中，完成其省区所应负之责任。三、为根据全省实际需要，厘定计划，按部实施。"随后，他又提出了今后三年的发展计划：

一、关于经济方面。在本省农业工业并重，人民经营自由与国家的经济计划融为一体，公营事业与民营事业的种类，作明确的划分，在发动民资、侨资与欢迎外资的原则下，我们广东要次第兴办的工业有钢铁、机械、电气、化学、粮食、衣服、居室等；同时要振兴与开发农业、林业、渔业、矿业、交通、水利与企业金融之改进。

二、关于政治方面。在普及民权行使，以巩固宪政基础的原则下，我们次第完成地方自治，实行人事管理制度，实行地方干部训练，改进工作精神，实现"新、速、实"的风尚，厉行廉洁政治，推行社会救济，调整赋税，废止苛捐杂税，办理土地行政，充实民众自卫力量，肃清盗匪，清除社会弊害，建立良好秩序。

三、关于文化方面。在奖励科学研究，保障学术自由，并改造社会风气的原则下，我们要急速改进学校教育、社会教育，奖励科学的研究与发明，培养科学技术人才，改善戏剧电影，完成省志县志与编印广东文献，扩充民众教育馆，成立各县图书馆、博物馆、科学馆，增设巡回教育团及其他。

最后，他强调：

建设工作是否能够成功，要依靠人的基件与物的基件。我们以为"干部决定一切"，所以此时加紧训练地方建设干部，同时我们希望罗致各方的通才和奇才，俾各展所长，替本省的建设，提供总的设计与个别设计，所以成立了广东建设研究会；又为集中华侨资本及技术人才，使大家贡献全部力量，以完成新广东的建设起见，所以组织了华侨事业辅导委员会。第二，关于物的基件，我们深感到战后物力的缺乏，所以除发动深厚的民资以外，特别欢迎外国资本和我们合作，至于侨汇为本省今后建设之命脉，我们尤应竭力吸收善用，使成为工业建设的血液。

抗战胜利后，国民党第二方面军司令官张发奎率部进入广州，开始接受日伪军投降事宜。而罗卓英指挥的广东省保安司令部，一面接收收编的五个团一万两千人进行整训，一面命令所部，分别进剿残匪，保护水陆交通，维持治安。

罗卓英将维持地方治安列为首要工作。他说："社会的一切事业，都要在安定中才能开展，才能收效，况在八年抗战期间，经过广泛动员，多方变动，因而影响社会比较复杂，故胜利后的治安工作，至为重要。"

为了办好这头等大事，让老百姓都能安定生活，罗卓英制订了以下措施：一是在本省境内极力减少"国军"任务，地方保安由省保安司令部负责，厉行健全、充实保安团队。二是保安团队的主力控制在全省若干主要据点及交通线上，保持机动状态。三是实行建警计划，将民众武装建立和充实起来，并命令各县市警察局长，扫除依赖军队的心理，积极组训民众，筹措经费，把地方警察健全起来，以达成地方自治自卫的使命。省政府训练了大批警察，并向广州行营申领了步枪两万支、机枪八十一挺，分配给各县，作为警务之用。四是恩威并施，省府定期召集保安、警察及重要幕僚，商讨对策，严惩不法，使人人就业，各守本分。

俗话说，民以食为天，粮食问题是最大的民生问题，广东尤甚。因为广东是缺粮省份，向来依赖外部接济。罗卓英对此有着清醒的认识。还在重庆时，他就多次召集部分广东省府委员谈话，商讨解决方案。据曾任广东省绥靖公署主任的吴克英回忆："广东向为缺粮省份……慈公日夜焦虑，百计筹帷，除督责粮政单位以种子、肥料、技术等多方面辅导民间增加本身之生产外，并向湘闽等邻省商讨增补，俾粮源不致匮乏。于主席办公室，特延揽富有粮政经验之人士，专责研拟增加粮食计划，随时提供慈公参采。而主席为筹措粮源，往往与粮政人员商讨至深夜，直至获得结果始息，笔者亦随之在侧，固所深知。故慈公主持粤政之日，粮食供应源源不断，是其对粤省三千余万同胞所施之德政。"

1946年3月，罗卓英在省务会议上正式提出粮食政策四大措施：全面增产、全面购运、全面管理、全面节约。当年春，广东遭遇大旱，春耕失时，人心不稳，而军粮负担仍重。省内无粮，邻省亦同遇灾荒，粮食购运不及，加之不法商人囤积居奇，造成了5月的严重粮荒。广州附近地区米价突破法币十万元/担，市场岌岌，人心动荡。罗卓英为此殚精竭虑，彻夜不眠。他要求各级严厉执行已制定

243

的粮食政策，厉行开辟粮源、加强粮运、登记粮商、管理粮市、节约粮食、取缔粮耗等工作，并凝聚各界人士力量，筹组建立"广东粮食救济协会"，打破重重难关，终于在旬日之内，稳定粮源，平抑粮价，人心趋稳，打赢了一场大大的经济仗。

然而，好日子没过多久，随着内战规模步步升级，军费开支急剧增加，为了维持庞大的军费开支，国民党政府大量发行纸币。1947 年全年支出法币一百万亿元，但收入仅三十万亿元，赤字高达支出总额百分之七十左右。巨额财政赤字，使通货膨胀恶性发展，物价像脱缰野马般飞涨。对此，美联社上海 1947 年 7 月 24 日电讯曾形象地描写道：法币一百元可购买的物品，1940 年为一口猪，1943 年为一只鸡，1945 年为一条鱼，1946 年为一个鸡蛋，1947 年为三分之一盒火柴。

国民党政府企图以加紧经济统制挽救经济危机。1947 年 2 月 16 日，颁布《经济紧急措施》法令，对米、面粉、棉纱、布匹、燃料、盐、食糖、食油等主要生活必需品制定了所谓"价格限额"。同时，又施行限制工资政策，规定公教人员和职工的工资冻结于 1947 年 1 月的生活指数标准。此外，还大量发行新的纸币即新关金券，加紧征收所得税和直接税等。其结果，更加重了对劳动人民的压榨和掠夺。《经济紧急措施》实施后，一些官僚垄断资本企业乘机囤积物资，投机商人搞黑市交易，使物价继续暴涨，美元比值大幅度上升。国民党政府官僚和大资本家争相购买黄金、美钞，造成 1947 年的黄金、美钞抢购风潮，促使金价以更大幅度上涨。

全国都是如此，广东亦无幸免。1947 年 2 月，因受内战影响，国统区经济危机加剧，广州粮价又急剧飞涨，单是 2 月 11 日一天，米价就由每担十三万元上涨至每担二十八万元，足足涨了两倍多。罗卓英主席迅速采取紧急措施：一是广州市粮食市场，实行批发商议价，零售商限价，并召集米粮业公会，妥为劝导，限令标明价格，公开拍卖；二是商请广东善救分署拨米八百五十吨，赈灾救济；三是责成余粮县份，转运广州，平抑粮价。由于措施及时，各级落实到位，这场危机才渐渐化解。

平抑粮价仅仅是非常规的应急手段，并不能真正解决实质问题。罗卓英知道，社会的最大症结在于土地问题。在旧中国，农民受地主的剥削很重，抗战时期，政府施行减租政策，虽然没能从根本上解决问题，但也让农民得到了实惠，增强了政府的权威。1945 年 10 月 23 日，国民党政府行政院颁布了"二五减租法令"，罗卓英督促省府，结合本省实际，陆续出台了《广东省推行二五减租要领》《广东省各县二五减租实施办法》等五项规程，积极落实。《广东省各县二五减租实施办法》要点如下：一、二五减租以一年为限，以后仍照土地法之规定办理。二、在本办法公布前订定租约或约定佃农应缴实物或货币额在二五减租实施年度内，一律减去 25%。三、本办法公布后成立的租佃契约，如以实物计算者，所缴租额不得超过该耕地常年正产物收获总量的 37.5%，不及 37.5% 者依其约定；以货币计算者，依正产物比例折合价款数额，其副产物应全归佃农所有。四、不得额外需索及借故撤佃。

1946 年 5 月 1 日，罗卓英发表《实行减租增产生产》一文，宣传二五减租。他说："本省今年田赋既经豁免，田主已省了一笔巨大的负担，农民亦应有减租的优待，然后能人人皆蒙政府实惠。政府此次颁布二五减租命令，实在是最公平最必要的措施。我们知道我国地租均较世界任何一国为高，高租制度本来是社会进步的阻碍力，因此，本党民生主义第一大目标——平均地权，即谋预为制止的政策，在地权平均之前，我们为解决农民的困苦，遂行减租办法来作治标的救治……我们实行减租以后，过去剥削劳力的不合理现象矛盾可以缓解。今后农民可将其余资改良技术，努力耕作，以增加农产，使得地尽其利，同时借此可以提高农民生活水准，繁荣农村经济，增高农民购粜，使工商业得以随着发展，社会亦随着进步，这实在是增加国力的根本原则。即对地主而言，亦有利无损，如果减

245

低佃农负担，在厚利的鼓励下，他们定必努力增加生产，因为多一分力量，可以多一分收获，故地主表面虽然少一点租值，实际的抵价，实比减租为大。"

初衷虽好，然而大环境如此，减租的效果并不理想。据相关调查报告称："我国官场向有'多一事不如少一事，维持现状，免生事端'之不良作风，于今亦然，此次二五减租之推行，乃新政之布施，最易引起佃业间之纠纷，骚动社会影响治安势所难免，故省县政府多属敷衍塞责承转了事，未能认真督察严密考核。"

土地问题这个旧社会的最大难题，在大陆是靠共产党坚持土地革命而解决的；而台湾，是在国民党退守后，才由罗卓英的老搭档——陈诚担任台湾省主席以及"行政院院长"时期，倾注全力推进土地改革，推行"三七五减租"，方始得到了有效的解决。台湾土地改革通过和平赎买的手段，成功解决了农民的土地问题，将地主的农业资本转化为工业资本，为台湾20世纪60年代的经济起飞打下了坚实的基础。

近代以来，烟毒为害巨深，广东尤甚。抗战胜利，罗卓英和省府下决心要铲除此祸根，严厉推行烟毒禁政。

1946年6月3日，罗卓英发表《纪念"六三"禁毒运动》一文，重申了林则徐虎门销烟的重大历史意义，并号召大家以实际行动来纪念："第一，要效法林公则徐的大无畏精神，铲除烟毒。第二，要争取国际地位，必须防止烟毒。第三，要特别注意收复区的禁烟工作。第四，扩大清毒宣传，永绝鸦片毒。"他又强调指出："鸦片为中国之一大害，无论如何必须禁绝。今天，缅怀先贤禁烟的伟绩，益觉吾人责任之重大，尚望本省各级负责禁烟机关，严厉执行禁烟法令；社会舆论，合力从事拒毒宣传；使国民之恶习革除，病夫之耻辱洗雪，新中国早日建设完成。"

9月26日，为向民众表示省府禁烟决心，在中山纪念堂前，由民政厅厅长李扬敬主持，举行了焚烟典礼，当众焚烧烟土四万余两。

罗卓英还专门就此事发表《禁烟除毒》一文，他历数了鸦片对广东人民的毒害，庄重表示："省政府痛绝烟祸，早具禁绝决心，故自复员还治，即经电饬收复区各县市，查封敌人毒化机关，颁发《禁烟禁毒暂行条例》，及《收复区肃清烟毒办法》，通饬县市，切实执行。复派员分赴各县，查铲烟苗。一年以来，计于番禺中山等县，铲除烟草苗二十六万三千五百五十八亩，拘获有关人犯一百六十七名，依法究办，并汇获收复区敌伪所遗烟土四万余两。今此所焚，即此毒物，且经呈准国民政府，限至明年6月以前，肃清全省烟土。即日严厉施行，凡属土匪莠民，包庇烟土植运，以及售烟吸烟诸辈，矢必严予取缔，倘或冥顽不灵，有意违法，自必与众弃之。所愿社会人士，发为谠论，共除烟毒，使烟民知戒，悉出烦恼深渊，共达康强之境域。"

乱世须用重典，对于查禁烟毒，非用非常办法不能奏效。罗卓英深知此理。1946年10月，广东省政府颁布肃清烟毒纵横联保连坐办法，规定本年12月为宣传晓谕期间，次年1月为办理联保期间，具结后，如有违犯者，即实行连坐。省政府先后派遣视察人员，分赴揭阳、五华等地区监铲烟苗，历时四个月，共计铲除种烟面积两万一千七百余亩，铲除烟苗三千余株。

随后，罗卓英又在多个场合阐述禁烟政策，表达禁毒决心。1946年1月15日，在省市机关举行的禁烟座谈会上，罗卓英深恶痛绝地表示，对付种、制、藏、运、售、吸六大人犯，我们绝不能客气，应当视作敌人，予以最严厉之惩处。如果法令许可，我主张尽量诛杀，以期杀一儆百。2月3日，广东省各界在广州中山纪念堂举行禁烟宣传大会。罗卓英与粤闽区禁烟督导专员朱为珍出席并做演讲。会上表示，本省依限决于本年6月底彻底推行省内禁种运制藏售吸，积极严厉执行"事前互保联保，事后连坐处分，务求普遍深入地根绝鸦片"。

为有效推行禁烟政策，省政府还对禁烟不力的官员进行惩戒：

第四、第五、第六区行政督察专员和番禺等十四县的县长受申诫，揭阳县长被撤职，南海等十县县长记大过。

经过罗卓英等人的大力宣传和推行，广东省的禁烟活动搞得轰轰烈烈，深得民众拥戴。

历来的统治者皆认识到吏治腐败是亡国之源、误国之本。战国时期韩非子提出："闻有吏虽乱而独善之民，不闻有乱民而有独治之吏，故明主治吏不治民。"韩非子主张治国首治吏，精辟之论至今仍可借鉴。

抗战结束，民心思定。无奈蒋介石甘冒天下之大不韪，挑起内战，兼之国民党许多军政大员把"接收"变"劫收"，搞得乌烟瘴气，民心顿失。罗卓英熟读历史，目睹现状，忧心忡忡，着重抓吏治整顿，提出以"勤、明、公"之精神，达到"新、速、实"之效果，扫除"怠、昏、私"，改变"顽旧、散漫、伪饰"等，可谓切中时弊。1945 年 12 月 16 日，罗卓英在广东省训练团国父纪念周做题为《新精神与新风尚》的训词，较完整地阐述了这一观点："勤明公三个字，古人为政，都很重视它，公就是不私不偏。如说：'开诚心，布公道。'即是说做事要大公，待人要大公。所谓：'王施而无私，则海内来宾矣。'即是说能公的效果。明就是精明，也就是高明。曾国藩说：'明有二端，人见其近，我见其远，曰高明；人见其粗，我见其细，曰精明。'能明便不会受骗，不会做错事情。勤是勤奋，即做事勤劳。曾国藩说：'勤习不已，才自广而不觉矣。'《左传》上说：'民生在勤，勤则不匮。'又说：'勤则善心生，逸则淫心生。'可知能勤就有很多好处。"他又谈到"勤、公、明"之间的关系："三者当以公为目的，明、勤为手段。能勤便能明白道理，能明白道理便能大公无私，这是自然而然的事情。"他告诫全省公职人员："我们要养成新的精神，是要由勤而明，而达到公的目的，我们要树立新的风尚，是要很迅速地革去旧污，把握实际的需要，来脚踏实地地从事新的国家建设，而绝不许我们再因循敷衍。"

1946年元旦，罗卓英还发表了《告广东全省各级公务员书》，具体阐述了他的施政方向：一是尊重民意，奠立民治基础；二是严肃政风，建立新政规模；三是普及教育，推进地方事业；四是增加生产，充实人民生活。他还对公务员群体提出了严格的要求："我各级公务员，须知吾人身份为人民之公仆，若有摄政殃民者，固在所必惩，而徒逞玩弄欺诈之伎俩，为违反民意以利私图者，亦绝不容其幸存，理义昭然，切宜共喻。自今以后，必循政网之规定，必愿潮流之所趋，时时与人民相接近，事事以人民福利为依归，勉为新时代中坚干部，克尽厥职，庶有助于民主政治之实现，永受百世无穷之尊崇。"他谆谆告诫同人："严肃政治风气，为现代政治之根本，乃确切不移之至理。唯过去地方行政积弊至深，贪污风气尤甚，迄于今朝，仍未能全登正轨，言之痛心！务望各秉忠贞，善尽责任，淬励分发，躬为表率，以创造新政之远大规模，达成领导人民重建国家之神圣任务。我各级公务员虽各有工作岗位之不同，其致力于扶植推广生产建设事业应不拘职司，且不限方式，同时因地以制其宜，苦干实干以为之倡，务使无废人、无废时、无废物、无废地，以达分工合作之目的，而收多方并进之实效。"

　　为官清廉，不仅自己要做得正，还要时刻约束手下人，不搞裙带关系。罗卓英本人对其部属要求严格又以人为本，深得人心。原广东省政府委员蔡劲军回忆："先生对部属的要求甚严，发现缺点或过失，必当面指正，见有一二可取之处，亦必予以嘉许与鼓励……先生用人，品能兼重，一经选用，即充分信任，严守分工负责，绝不掣肘涉阻。先生律己甚严，但对人和蔼可亲。忆昔主粤时，委派地方官吏赴任前，必召见面谈，诲之以廉，励之以义，方给以川资。有生活困难者，亦常有赠予，如我在海南任时，岛上十六个县的县长，陆续赴任，均各发给赴任川资，体贴下情，公私分明。故追随过先生的人，都识其乃性情中人，于威严之中，却见慈祥。"

　　八年抗战，国破家亡，经济凋敝，战后重建，必先从财政入手。

249

罗卓英上任伊始，即颁布《广东省复员计划大纲》，对有关财政金融方面制订了如下措施：接收伪财务行政机构；恢复县市财务行政机构及调整补充人员；废除日伪滥征之一切税捐规费；整理自治财政；清理一切公款公产及绝产；恢复各区市局岁计会计制度；接收伪金融机构，协助恢复银行业务；禁止行使日伪钞票公债并予清理；畅通侨汇；办理复员紧急贷款。

罗卓英注意延揽金融人才，主持粤政之初，即请来银行家杜梅和，特任他为省政府委员兼财政厅厅长，整理全省财务。杜梅和就任后，积极兴利除弊，采纳民意，财政情况渐渐好转。

随后，罗卓英下大力气推行以下财政措施：

改进财政系统，恢复省级财政。战后初期，财政体制仍沿袭战时体制，中央—县市两级，省级被架空，没有财政权。1946 年 6 月，行政院召开实施改订财政收支系统会议，恢复省级财政，施行中央—省—县市三级体制，省级财政得到恢复和完善。

施行田赋征实，减轻民众负担。1946 年 7 月起，恢复施行田赋征实，分为田赋征实、军粮征借、省县公粮、乡保积谷等四项。田赋定为赋额每一元共征四项实物六斗五升，比 1944 年减轻一斗（原为七斗五升）。

改进地方税捐，完善征税制度。各县市税捐制度、编制、人事等，都随着财政收支系统的改订而重新修订，加以完善。

整理公有款产，彻底衡量家底。为改善民众合理负担，增加地方财政收入，省政府饬各县市成立财政整理委员会，彻底整理公有款产。

筹设县市银行，活跃地方金融。省政府拟订普设县银行的计划，通令遵行。至 1946 年 10 月，共有二十一个县市在筹备进行中。

地方的复员重建，须有一个通盘的考虑，拿现在话讲，就是要有顶层设计。罗卓英力主成立广东建设研究委员会，来谋划广东全省的规划发展。该委员会下设经济、文化、政治三个部门，广聘专家学者，集中民智，分组拟案，综合研究，力求切合民生需要。委员会历经数月，端出一个广东五年经济建设计划草案，交全省行政会议审议。

经多次征询意见和四易其稿，1947年初，罗卓英提出的广东建设五年计划最后定稿。该计划分为经济、文化、政治三大部分，再细分为二十四类、八十二项。罗卓英在广东省参议会第一届第二次大会所作的《施政总报告》中，对广东建设五年计划做了说明：

经济建设，应工业与农业并重，尤先致力于人民衣食两项之给足，并使人民自由经营与国家计划经济两项制度，合流为一，以期力量集中。文化建设，应重在普及国民教育，提振职业及师范教育，奖励科学研究，保障学术自由，改进社会风气，以建立工业社会之新文化、新精神。政治建设，应重在健全基层组织，普及民权行使，以巩固民主政治之基础。

经济、文化、政治三部门的建设，固须互相配合，齐头并进，以期达到平衡发展的境地，然于实施时，则仍确认经济上的工业化为建设重点。盖工业化之目的，在使民生改善，而民生的内涵，实包括物质生活、文化生活、政治生活和精神生活各方面。在改善各方面生活及提高其水准之前，不能不先有比较合理之物质生活为之始基，故国父谓"建设之首要在民生"，理至明显。工业化的主要任务，即在采取新科学和新技术来提高生产力量，期能直接解决人民之物质生活，然后以此物质，间接促进文化，改良政治，故确定经济建设为全面建设之重点。

经济建设既确定为全面建设之重点，而工业化政策，既为经济建设的中心政策，则凡属辅导工业化之土地政策、财政政策、金融政策、贸易政策、物价政策，乃至教育文化政策，必令其互相配合，以免龃龉牵制。

经济建设不能离开平均地权，节制资本之国策，故建设目的，不但求提高生产，而且求合理之分配，分配之最高作用，一方系与生产配合，为生产筹集资金，一方在改良人民生活，使人民获得最低限度之必需物资；同时防止少数人拥有大量资产，度其豪奢生活。至分配制度，仍按实际情形而分步实施，第一步由自由采购进为定量购给，第二步再由定量购给而定量分配，循序渐进，庶收和平改革之效。

政策拟定之后，关键在执行与落实，为切实推行五年计划，罗卓英将"五年经济建设设计委员会"结束，同时组织了"五年经济建设实施委员会"，延聘社会贤达、技术专家、侨商领袖等组成。委员会下设计划部、辅导部、建设资金筹集保管委员会、建设人才征选委员会等部门，推动五年计划的具体实施。

作为一名儒将，罗卓英素来重视文化教育事业，青年时期还担任过短时期的虎山中学校长，抗战时期驻军赣北时，又创办卓英学校、宜山小学。此次返粤主政，更把教育和文化事业看作了重头戏，决心有所作为，把家乡建设成为文化大省。

1946 年 5 月 21 日，罗卓英在广州市教育大会上，做了题为《如何发展广东教育》的演讲，较为全面地反映了他的教育理念：

在广东胜利复员的八个月中，兄弟对于本省的教育真是没有一个时刻忽略过，而且我的注意力常集中到教育这方面来……第一，我们要认识教育在建国中重要地位与使命，而努力达成自己的职责。教育在建国历程中实在负有最宏大的使命，这个使命是什么？就是完成心理建设，进而促成社会、伦理、政治、经济四大建设。第二，我们应该深知广东的教育环境与风采，而因势利导，以求适切之进步。深望各位老师能知我粤教育环境与风气的特性，因势利导，适切改进，舍短取长，务使学生皆有健全之进步，学校皆有完善之发展，而达成所负之职责。第三，对于广东教育的人才与经费，我们当须妥为平均分配，适宜运用。

广东教育经费，今年都续有增加。本府复员以来，尤重视教育事业，并列为预算的第一位，前年教育文化在省预算中只占百分之十二，去年也只占百分之十三，本年则增为百分之十七，而岁出实数，教育文化方面也达到百分之十六以上。各县市的教育经费或较支绌，我们亦已注意改善。目前本省为求缓急轻重的本标兼治，故首重粮食交通治安经济的措施，一二年后，我们自必全力发展教育。第四，广东的大、中、小学应更求质的改进。勤教功课，积极训育，专志乐业，这是胜利后教育界人士对国家应尽的义务。中学方面，各位应注重军训体育、史地与科学，务期青年能有纪律的生活、健美的体格、良好的思想、现代的智能，使在青年期中的国民，得到身心的完全发育。小学方面是栽植民族幼苗的工作，各位尤应注重儿童身心的保育，灌输现代常识，尽量发展他们的良好天性，健全中国基层教育。第五，我们今后的教育措施，应以配合政治为其重点。希望今后广东教育要成为配合政治的、文武合一的、德术并重的、身心兼修的教育。

罗卓英主政期间，在教育方面注力甚多：

荡涤奴化教育。战后收复失地，固然重要，收复民心，才是根本。而教育是天然的教化工具，因此从复员开始，就要彻底取消伪校，严格甄别各院校的教员学生。凡是沦陷区内敌伪所遗留之奴化思想图书设备等，一概廓清。

恢复各级学校。先求复校复学，再调整充实。到 1946 年 10 月，国民教育已复员百分之八十七，小学由两万一千六百零一所增至两万两千九百一十七所，收容学童一百九十五万八千七百七十二人。高等教育已全部复原，共有十四所院校，收容学生一万零九百九十人。图书馆由五十四所增至八十五所。半年后，到 1947 年 4 月统计，教育又有新的发展。全省国民学校增至两万五千一百三十一所，学生增至二百零五万七千九百九十八人；中学增至六百零四所，学生十四万一千五百一十七人；图书馆增至九十五所。

增加教育经费。1946 年的省级行政经费预算，将教育经费的百分比提高，其中省级由百分之十二增至百分之二十二，县级平均由百分之九增至百分之十六。同时，对地方教育之款产，省政府督促各县市彻底清查，设法增加收益，并保证专款专用。

端正教风学风。严格举行师资鉴定；提高教师待遇，倡导尊师风范；加强学校管理制度，提高研究学术风尚，奖励贫寒优秀学生。

罗卓英认为，广东是近代中国革命的发祥地，宋、明时期忠臣义士的思想文物留存广东，太平军起义、孙中山革命起于广东，同时，海禁初开，广东又得中西文化交汇风气之先，可谓是典章荟萃，精英辈出。可惜抗战八年，战火无情，许多珍贵文物毁于一旦。如今和平到来，亟待建立一所文献馆，用以搜集、保存、研究先贤之精粹，以激发广东人民特有的革命和创造精神。

1946 年 1 月 25 日，在广东省政府第十届委员会第三十二次会议上，通过了罗卓英主席交议的"为发扬文化保存文物，拟设立广东文献馆，附具筹设办法，请公决案"。3 月 1 日成立广东文献馆筹备委员会，罗卓英兼任主任委员，著名历史学家简又文先生任专任委员。9 月 19 日举行了广东文献馆成立典礼，罗卓英、张发奎、罗香林等省市要员、文化名流两百多人出席。罗卓英在典礼上致辞，阐述了成立广东文献馆的重要意义："广东文献馆的宗旨乃在保存、研究及光大广东全省的文物，其职责即是要将在省历代所产生、所积累、所流传的文化人物，设法搜集而保存之，整理而研究之，创造而光大之。"不能不说，罗卓英对于继承和发扬民族精神，存续中华文化的主张是很有远见的。

尤须值得一提的是罗卓英十分关心家乡的教育。罗卓英对家乡教育的重视实际上并不仅仅局限于他在广东主政时期，前文已经述及他曾担任过家乡学校校长一职，后因步入军旅而中断了这一职务，但他对家乡教育的关心并没有因为他的离开而中断。

1935 年秋，他特地电邀同乡罗博平来到部队驻地浙江丽水，畅谈为家乡创办学校的想法。据虎山公学首任校长罗博平先生回忆，罗卓英将军说："教育为立国大本，建国需要人才。余于民国九年就读保定军校，因时局动乱，学校停课，辍学还乡，临时受聘故乡湖山官学校长，为桑梓服务。时间虽短，工作却有意义，深觉农村教育十分重要。民国十年北上复学，直至民国十一年保定军校毕业南归，再任官学校长，兴趣倍增，曾倡办湖山中学，以作育英才。民国十三年更拟扩大为梅河中学，并亲赴南洋募集巨款，准备兴建新校，借宏造就。此为多年来余对桑梓教育事业一大愿望。"接着他提出了他的办学设想："兹者国家安定进步，处处需要人才，正为吾人兴学育才之最好时机。余理想中有一远大兴学计划，拟仿照上海中国公学制度，于故乡五虎山麓，创建规模宏大之虎山公学。先分设中学小学两部，将来事业发展，国家需要，亦可增办专科学院或大学。预拟将五虎山区全部公地一千余亩申请拨为建校基地，兴建行政大楼、课室、宿舍、图书馆、科学馆、体育场、教员住宅、校园等，现代教育应有之设备一应俱全，成为一个理想之文化城。"罗卓英眼神炯炯，直视罗博平："此一远大计划，余决心求其实现，唯多年来拟寻一为余负责执行事业之人。知君夙习教育，又为湖山官学学生，为人热诚刻苦，对故乡教育亦具有深厚观念，故特邀前来一谈。如余创办虎山公学，任君为校长，能否予以考虑？"罗博平当即应允，罗卓英很是高兴。

1936 年 3 月，时任国民革命军第十八军军长的罗卓英自江西返乡省亲。他倡议整顿小学、复办中学，乡人一致赞同。择五虎山麓为新校校址，申请公地一千余亩，定名为"虎山公学"。4 月 18 日，罗卓英、吴奇伟、蓝晋卿共同为虎山公学奠基，奠基仪式由罗卓英

255

主持，三千余人出席。罗卓英兴致高昂，赋诗一首："廿载前歌虎岭雄，十年黉舍梦魂中。肯输勺土为山力，岂逊春风化雨功。"

成立建校委员会，负责募捐和建校工程等事宜。7、8月，蓝晋卿、陈邵丞往新加坡、马来亚募捐，罗卓英在国内劝募，值得一提的是，罗卓英的兴学育才思想，感染了很多军中将士，蒋介石也捐助国币一万元，总指挥陈诚捐助五千元，十八军同袍、社会人士，踊跃捐助，合计募得银圆十五万以上。

经费有了着落，9月26日动工建校，设计四层钢筋水泥大厦，建筑面积四万五千零六十平方米，内有大厅四间，教室二十六间，宿舍二十四间，广廊十道，甚是气派。

然而风云突变，1937年7月7日卢沟桥事变，8月13日淞沪抗战爆发，罗卓英将军奉令驰援，于上海宝山罗店前线与日军血战。一日晚，罗卓英将军召见罗博平，对他说："博平，你回乡，办学时机已至。中国对日抗战非短时间所能结束，战事延长，乃意料中事。将来海口封锁，都市沦陷，儿童青年，均将转入内地，学校教育，至为重要。虎山公学建校工程未半而战争遽起，无论如何困难，虎山公学应提前开办，以适应国家战时需要。兹余特派君荣任虎山公学校长，即日回乡开展工作。二十七年（1938年）春季必须招生开学上课。"罗博平眼含热泪，领命而去，于次日乘坐轮船南归，担负起开办虎山公学之重任。

1938年1月1日，在罗博平等人的努力下，虎山公学宣告成立，同时接受湖山官学所有校产，历时十二年的湖山官学结束，新的湖山公学诞生了。该校分设中学、小学两部，于2月举行新生入学考试，录取中小学生六百四十名，分十四班。

时任第十九集团军总司令的罗卓英将军，在战火硝烟中，仍然念念不忘家乡教育事业，听闻虎山公学开学，极为欣慰。他专门来函，详细指示校务，并为学校拟定校训、校歌。原函如下：

博平校长鉴：

昨接虎校招生通知，藉悉开学在即，诸务进行甚力，至以为慰。校训定为正静信进四字。昨买新笔，今日雨中试写，颇觉兴致，顺托伟民带回试用。校歌前日拟就两章，除分函请托音乐专家制谱应用外，兹先抄写歌词一份，暂时可供开学训词也。校徽及校旗亦须拟定，除略征求外，请贵处试拟图案寄来参考可乎？校区范围应速圈定，竖立界碑，请县立案，并出示布告周知为要。我因军中事多，不能多分精神时间顾及校中，希望你常与父老同事熟商办法，妥为进行。南洋捐款仍仗晋卿邵丞两董事，尽心出力，并常与外面热心负责者通信，以鼓励之，安慰之。校舍四周，开沟避水最为重要，尤其在山坡上须从远处多方设法避之。今年植树宜大规模举行，除五虎山公路两旁外，凡沿河江岸，无论公私，均应栽竹，尤须严行保护，定出最严厉之罚则，共同遵守。乡邑中事，盼常联系，及时函告。

罗卓英还亲自撰写了虎山公学的校歌，并请著名留法音乐家马思聪谱曲。校歌歌词是："中华民族虎虎有生气！智仁勇，提高了我们国际的地位，教养卫，是培植我们祖本的利器。民族啊！勃勃有生机，虎虎有生气！新的中国，靠我们努力造起；新的世界，靠我们努力造起。梅川环流，虎岭雄峙，形胜天然，磅礴壮丽。我们的学校，尊严崇隆卓立此！到这里来的人们啊！锐敏，真挚，健武，沉毅。起来！我们是复兴大民族的勇士！起来！我们是建立新社会的同志！中国青年，把握住自己！过去的，都当作教训我们的历史！未来的，都有人会做我们的继承青年！青年啊，把握住现在把握住自己！新的中国，靠我们努力造起！新的世界，靠我们努力造起！

潮流澎湃，日新月异，虚心求学，实心做事。我们的校训，正静信进四个字，这四个字的内容啊！端己，致知，诚意，勇为。起来！我们是复兴大民族的勇士！起来！我们是建立新社会的同志！"

1938 年 3 月 7 日，虎山公学举行成立大会暨首次开学典礼，盛况空前，罗卓英将军特地从战地发来贺电："虎山公学罗校长博平暨全体员生鉴：今年为虎山公学成立年，全体员生应思此巍峨之校舍、蓬勃之气象，实为国内贤达者、热诚家之汗血心力所铸造。而值兹全民抗战期间，本校位于比较安全之一角，犹得从容教学，实为最难得之事。恪遵校训，苦干力学，养成人人皆为思想敏锐，性情真挚，体魄健武，精神沉毅，企共荷负抗战建国两大任务，有厚望焉！"

为端师德，罗卓英还亲自拟定了《虎山公学教师信条八则》：

一、要有刻苦耐劳的习性，革命实践的精神。

二、时时探讨教育的学识，刻刻改善教学的技术。

三、教师是站在实施暗示的地位，一言一动，绝对要以身作则，审慎从事。

四、要有新的尝试与实验，才不是衰老的教书匠。

五、只怨自己无办法，天下没有不可教的学生。

六、实施爱的教育，全校员生都建筑在感情道义的根基上来做事来读书。

七、教师必须有父母化的心肠、科学化的头脑、纪律化的生活。

八、以国家的需要，确定教育的理想，以实际的经验，改进施教的方法。

这些信条，既包含着传统教育的理念，更闪烁着现代教育思想的精华，即使放到现在，也不失为充满哲理的教师准则。

1939 年，虎山公学主体工程建设竣工，4 月 18 日，举行虎山公学成立周年暨奠基三周年纪念大会。国民党政府主席林森赠送"兴学育才"牌匾，罗卓英将军亦从江西前线发来电报，勉励师生员工："4 月 18 日虎山公学举行新校落成典礼暨建校三周年纪念大会，卓英指挥前线，方与顽敌周旋，依剑寄言，敬告六义：中华民族正创造新生命，虎公实为此新生命之细胞，助长生机，使之茁壮。中华民族已确立国策，虎公应实行国策教育，培植救国建国人才。虎公校训校歌，则为教学之方针，望能贯彻，开拓前进。虎公建校第一期三年乃成，第二期赓续进行，虽片石寸木之微，亦点汗滴血之值，诸君应感捐金之热诚，念执工者之劳苦，必须督教力学以报慰之。虎公事业方在发轫，一切规划须作远大之谋，应切实际之用。敌寇侵蹒未止，国内流亡失学儿童青年，不知凡几，诸君远离战场，未辍弘歌，真幸福矣。敌忾之律毋泯，复仇之念毋忘，思想要前进，志向要坚定，气象要旺盛。望各有抱负，蔚为风气，诸君之前程，国家之利赖，均托基于此也。"

兴致之余，罗卓英还赋诗三首，勉励员生：

（一）

层楼屹立虎山阴，三载辛劳力与心。

寄语故乡诸父老，十年树木看成林。

（二）

园丁妙喻耐深思，灌竹干霄定可期。

寄语故乡诸教导，殷勤培护作良师。

（三）

相期奋起赴前程，多难兴邦重力行。

寄语故乡诸子弟，莫将温饱负平生。

虎山公学第二期工程项目即将开工，所建为图书馆、科学馆、大礼堂、体育馆、医院等建筑，所需甚巨，罗卓英也着手计划发动第二期募捐。他特地撰写了《虎山公学第二期建校缘起》：

教育为立国根本大业，适值今日，树立民族文化，培植建设人才，以求充实国力，发扬国光，尤为抗战建国历程中最重要之一环。

虎山公学适应抗战需要而创立，以位于五虎山麓而得名。当粤闽之接壤，扼韩江之上游。南控潮汕，东连漳厦。轮轨通畅，无都市之繁华；景物熙饶，喜山川之壮丽。自民国二十五年4月18日确定校址，举行建校奠基以来，一面分头募捐，一面分工建筑，历时计三十阅月，用款十五万元，卒以完成第一期之伟大工程。计有本部四层大楼全座——内大厅四，广廊十，教室二十六，寝室十四，膳厅厨房三栋，水井一所，浴室三十间，厕所二十四间，暨门房杂屋、围墙道路等，规模雄伟，建筑坚美，此诚众人之心血所铸成，而昭垂万世不朽之大业也。

抗战期间，青年教育至为重要，乡村学校尤易发展。本校已负时代之使命，又值发展之良机，乃决定实行扩大校区，将五虎山鸦鹊坪一带荒山旷野全部划归本校所有，即由本校董事会负责管理，设计开辟，变公荒丛乱葬之场，作教育建设之用，并经政府绘图立案出示布告在案。于是本校已握有千亩以上之广大地权，同时接管湖山官学之全部校产，及陆续收管各处之神尝会产，分别加以整理经营，可得雄厚之基金。今后当以新的教育方法，树立民族文化中心，推进乡村生产建设，以期改造社会，复兴国家。

然而，此伟大理想与愿望，必待吾人之不断努力。而当兹校务蓬勃进展之时，第一期所完成之校舍尚不敷用，必须继续扩展，因此而有第二期建筑计划之进行，即拟增建大礼堂、图书馆、科学馆、体育馆、运动场、学生宿舍、教员住宅、医院、电厂及小学分校等，预期三年，估值数十万银圆，非仗众力，莫观厥成。

　　窃维教育为社会共有之事业，热诚之士无分界域，往往输金出力，各尽其社会最大之互助效能者，亦以教育事业为最普遍、最显著。见义勇为，洵人类之通性，亦人生之美德。兴学救国，洵吾人之责任，亦诸公之夙心。特印捐簿，广求鼎助，另具酬例，请铸芳名。

经地方人士和华侨踊跃捐输，第二期建校工程筹款共得四十余万元，工程得以开工。

1940年2月，罗卓英因生父罗观岱逝世，回乡奔丧，特抽出三天时间住在虎山公学，参加升旗、检阅学生队伍，考查成绩，召开会议，作训话，忙得不亦乐乎。他说："二十年来兴学育才之心愿今始实现，且能在民族抗战危难中建校完成，发挥教育功能，为国家做有力之贡献，乃内心至为快慰之事。"

1940年秋，粤东大旱，大埔尤为严重。虎山公学发动师生和乡民抗旱，使五千多亩缺水田地得救，学校又将校区一千余亩地开放垦荒，无条件让群众种植，以解民众疾苦。罗卓英将军在抗战前线闻之，特地赋诗纪念：

（一）

劳心劳力两不分，读余学耕共耕耘。

亲仁爱众无他术，自古民生总在勤。

（自注：校区开放，员生劳作，奖励民众垦殖，乡民德之。）

（二）

从来民以食为天，但不靠天只力田。

垦土疏渠勤灌溉，看将人事致丰年。

（自注：员生率先疏圳，乡民踊跃参加，水利甚溥。）

1941 年 2 月，虎山公学更名为"大埔私立虎山中学"。3 月，罗卓英将军指挥所部取得上高会战大捷。全校欢腾，学校师生捐国币两千元，汇寄江西抗日前线慰劳战士；又作诗三百多首汇集成册，作战时补充教材。

1942 年 7 月下旬，罗卓英从远征军战场返乡，先后参加中、小学毕业典礼，举行军事检阅等，他还多次召集乡里商议教育发展大计。兴学育才之志，为人感叹。

虎山中学倾注了罗卓英的满腹心血，也深深地烙上了他的办学治学理念。正如第一届校友詹邦畿所言："没有罗卓英将军的倡议和策划，不会有今日的虎山中学；没有罗博平校长任劳任怨的经营，也不会有今日的虎山中学。"虎山中学的军事训练独具特色，据詹邦畿回忆道："虎山公学的另外一个特色，就是实施严格的军事训练。当时一般的情形，是到了高中的阶段，才有军训课程，而且由于设备的因陋就简，所谓军事训练，往往成为虚应故事。虎山公学则不同，在初中阶段就实施军训，出操时都是真刀真枪；在操场上做出来的动作，也都中规中矩，一点也不含糊。虎山公学之所以具有这个特色，这与学校创办人罗卓英将军和校政主持者罗博平校长有关。他们都共同体认到：处在非常时期，面临国家存亡民族绝续的关头，现代的青少年，必须接受德术兼修文武合一的现代教育。另外的一点，更是关键所在，由于当时罗将军担任某集团军总司令，他才会有这样的体会，给自己所创办的学校，提供军训课程所必要的，如枪械、弹药等器材。当年赣北大会战，歼灭无数来犯的敌寇，清理战场后，虏获的战利品堆积如山，他从其中拣择一些，如日本的军旗、军服、军帽、军靴、佩刀、钢盔、水壶、护身符、炮弹壳、橡皮艇等，从前线运回来，在学校里面设立展览馆，作为一种活教材。在别的同等级学校，如何能有这种特殊设备？由于虎山公学具有这种特殊的条件，军训课程方面的设备自非其他学校所可比拟。以战斗教练所使用的枪械来说，我们端在手中扛在肩上的，是配着刺刀的巩造制式新型步枪，而且数量甚可观，大概可以装备一个步兵连。军训教官……是罗将军从前线的总司令部特别委派而来的。"

罗卓英不但关心学校教育的发展，还对毕业的青年人提携有加。虎山中学第二届毕业学生罗经新曾参与三次创办校友会会刊和在广州筹办"虎中校友会"，他回忆起罗卓英在广东省政府主席官邸接见虎中校友会学生的场景："6月初，在德政路董事长官邸前面一片花园广场，华灯初上，我们一百多位青年学生神清气爽陆续到达官邸，先由传郎在门口热情招呼大家随意散坐，不久董事长偕夫人陈辉青从别墅满面笑容走出来，频频向大家招手。大家全体起立长时间鼓掌，董事长挥手示意大家坐下。同学们呈扇形环坐。这时，董事长慈祥地亲切地同我们讲话。他首先祝贺校友会成立，并说他为一百多名同学在广州相聚而高兴。他回忆了湖山中学（虎中前身）停办多年的不安心情，接着讲述了创办虎山中学的艰难。他教导我们要爱母校爱国家爱家乡，然后又加重语气说：'你们是虎中出来的学生，仍在上学的要好好读书，做事的要努力工作，工作不仅是为了生活，而且是一份责任，一份对社会对国家的责任。'董事长这言简意赅、语重心长的谆谆教导，所有在场的同学都受到了极大的鼓舞。董事长讲话完毕，我们齐唱校歌之后，辉青夫人招呼大家用晚餐。我们这些来自山区的青年，只知道家乡传统的酒席上好的是三炖三酿、三汤三炒，次等的'打铁席'。这次完全出乎我们意料，晚宴方式是自助餐，我们闻所未闻。辉青夫人先端起一个盘子，拿起一把叉子，走到系列的大盘菜前，向大家介绍自助餐的吃法。菜肴十分丰盛，各色荤菜为主，还配有各种糕点甜食，间歇不断供应，我们就任意取食。三三两两，边吃边谈，十分开心。晚宴气氛温馨流畅，情趣生动。当夜色渐深、暑气渐消之时，晚宴也随之结束了。董事长和夫人伫立广场中心，我们一个跟着一个走到他俩面前，行一个鞠躬礼，然后亲切握手告别。"

作为一所有着辉煌历史和深厚文化底蕴的百年老校，大埔县虎山中学于2006年迎来了它的百年寿诞。如今的慈威楼柱上，还镌刻着一联："慈言社稷心，诗文呼江吸海镌史；威汉农家子，儒将抗倭浴血膺勋。"其中"诗文呼江吸海"指的是《呼江吸海楼诗》，这是罗卓英将军反映抗日战争的一部诗集。

大埔中学是罗卓英将军的母校，创办于1904年。罗卓英从保定军校毕业后，曾短暂出任大埔中学学监。大埔中学教师饶爱荃先生是罗卓英十分喜爱的老师，1936年罗卓英回乡省亲，拜谒师墓并赋诗一首，感念师恩："茶山讲席仰风清，展墓难申孺慕情。猛忆金陵陪侍日，高吟一笑大江横。"

1946年春，邹鲁、吴奇伟等先后电请广东省教育厅，请将大埔县立第一中学改为省立。省教育厅将此案报呈省政府主席罗卓英，遂在省政府第二十九次会议上，通过此案。省教育厅发布平【卅五】字三百九十四号训令，大埔中学改名"广东省立大埔中学"，经费"每月补助该校三十万元，饬财政厅径拨"。

大埔中学改为省立，于是扩建，添筑海滨堂、慈威堂、侨德堂三座新教室，及新宿舍一栋。罗卓英应大埔县罗博平县长之托，特地撰写《大埔中学扩建校舍缘起》：

埔邑居韩江上游，闽粤之交，民俗淳朴，雅尚诗书，四百余年，文风不替。清末邑人于埔城创办乐群中学，继改大埔县第一中学，绳勉经营，继继绳绳，迄今垂四十年。甄陶才士，蜚声党政，不乏其人焉。

然不为之前，虽美不彰，不为之后，虽盛不传。埔中

264

今春改为省立，经费固获充裕，唯学子众多，校舍狭窄，非高初两级分立，另建高中校舍，难弘作育之教。尔由地方人士，择定城东鹤顶山麓为校址。此地峰会笔架，碧漾清流，饶有林泉之胜，洵宜乐育藏修，复经地方父老，组织建校委员会，筹议规划，拟建三层大厦一座，高中校舍十五间，并分建大礼堂、科学馆、图书馆、大运动场、学生宿舍、教职员住宅、电厂等，约需国币一百亿元，始告厥成。

卓英甫解戎装，还主粤政，兵燹之余，百端待举。固我邦基，端赖教育，尚望社会贤达，同乡先进，对桑梓文化，百年大计，慨解义囊，共襄义举。将见鹤顶之麓，茶岭之阳，舍巍峨，植浓密之桃李，宫墙万仞，发清越之弦歌，蔚起英豪，希风前美，士林幸甚，国家幸甚。

1947 年 3 月 3 日，时任广东省政府主席的罗卓英，回到家乡大埔，受到热烈欢迎。上午 10 时，罗卓英到大埔中学出席大埔各界欢迎大会，他在会上发表感言，详述三十年来求学报国之感慨，盛赞四年来县政建设之进步，并以"慈母心肠，忠仆态度，日日勤劳，事事进步"十六个字来勉励全省公务人员。当晚，罗卓英组织召开教育座谈会，与会者达百余人。罗卓英谈到以后的施政方针应以文武合一、政教合一为主旨，加强师资教育，推行国语教育等。

收回南海诸岛

1945 年 8 月，日本投降，根据《开罗宣言》《波茨坦公告》，台湾、西沙群岛和南沙群岛应归中国。1946 年海军总司令部调集护航驱逐舰"太平号"、驱潜舰"永兴号"、坦克登陆舰"中建号"及

"中业号"组成编队南下收复西沙、南沙主权等军事行动，并限令在1946年12月底前完成接收任务。

罗卓英主席受命后，立即召开专题会议，研究接收南海诸岛事宜。后来他曾回忆说："曾三次巡视海南全岛，当伫立于已有雏形建设的榆林港时，临风遥望，顿解旧怀，倍加关注。当时以为大战之后，生息有机，国防经济，相提并举，此其时矣。""后接奉中央电令，要由粤省府派员会同中央有关部会视察人员及海军舰队，前往接收海南诸岛，并饬将诸岛接收后，划入广东省辖制。我奉令之下，十分兴奋和重视，除召集会议，选派员工，订定接收步骤外，并指定省府高级人员三位，负责进行。当时广东各界人士，闻此消息，曾掀起一次热潮，对于被派担任此项任务的人员，几目其为英雄人物。"

当时负责接收的人员，除省政府各厅处有关技术人员数十人外，同时还有海南岛当地的渔民及石工数十人，石工在舰上刻碑，预备登陆后登记纪念，渔民则是用来做领海的向导，因为那些渔民经常进出海南岛，对那些岛屿的水性、风向十分熟悉。

现将当时省府电文摘录一段：

广东省政府民政厅签呈

（中华民国三十五年 10 月 26 日）

本件准内政部电知派军舰来粤协力接收南海诸岛案，兹拟办如下：

一、石碑式样由地政局依照来电说明绘制式样图说，交由秘二科依式定制三枚，并由秘二科购买水泥三桶备用。

二、测量员三人、测夫四人由地政局指派，并准备经纬仪、水准仪、测板、标尺各二具备用。

三、本案奉令由本省接收，关于接收后之善后建设，自须先行从事调查当地情形，方能着手计划。本案拟请遴派干员及专门技术人员主办，并由民政厅、建设厅、地政局派员协助，会同部派人员前往接收并负责调查，拟具建设计划呈报核办。

四、另电内政部查询军舰起航日期。

右列所拟是否有当，敬候核示。

本件奉主席批如拟。

麦顾问附签：

查接收南海诸岛关系国家领土，运宜郑重其事，似应由本府委员一人代表本府率领各厅干员及专门技术人员，会同中央人员前往办理。至于应派何种人员，宜俟中央人员到达面商后，再行确定。当否，仍乞钧裁。

接收舰队于10月26日到达广州，停泊于虎门。舰队总指挥海军上校林遵、副总指挥姚汝钰上岸拜会广东省政府主席罗卓英和军委会广州行辕主任张发奎，汇报了舰队情况和工作计划。罗卓英对此深表支持，同时表示能否让广州市民近距离参观新式军舰，以壮国威。林遵表示赞同。于是，一场盛大的酒会就在坦克登陆舰中业舰上召开了。罗卓英主席及广州市党政军代表及各界人士数百人登舰参观。在酒会上，罗卓英勉励全体官兵要以民族大义为重，不畏艰险，为捍卫国家利益，完成此次神圣使命。官兵们受到极大鼓舞，场面十分感人。

随后，罗卓英委任孝次尹为广东省政府接收西沙群岛专员，麦蕴瑜为接收南沙群岛专员，并派出民政厅、实业厅等单位的专业考察和测量人员，参与收复行动。

舰队在广州停了五天，于11月6日从虎门起航，8日下午抵达海南榆林港。榆林港是海南岛南面一个美丽的天然深水港湾，外港宽畅，有高山屏障，内港筑有一完整码头，可供91.44米长之船只

267

单靠四艘而有余。岸上有宽大良好兵舍，对舰队一般物资之补充甚为方便。西沙群岛离榆林港约一百五十海里，一日航程可达，南沙群岛离榆林港约五百五十海里之遥，须三昼夜之航程方可到达。为争取时间，舰队计划分头行动，林遵率"太平""中业"两舰进驻南沙群岛，目标是主岛太平岛（古称黄山马，收复后以"太平"舰命名）；姚汝钰率"永兴""中建"两舰进驻西沙群岛，目标是主岛永兴岛（原称猫岛，收复后以"永兴"舰命名）。

11月24日凌晨，"永兴""中建"两舰抵达西沙群岛的永兴岛，随即搭建营房，构筑工事，并于11月29日上午举行收复西沙群岛仪式。鸣炮升旗仪式后，竖立收复纪念碑，碑正面刻"卫我南疆"四个大字，背面刻"海军收复西沙群岛纪念碑 中华民国三十五年十一月二十四日立"。

12月12日，"太平""中业"两舰抵达南沙群岛主岛太平岛。当天，广东省政府专员麦蕴瑜主持收复仪式，升挂国旗，并竖一碑，上刻"太平岛"三个大字，背面刻"中华民国三十五年十二月十二日重立"，左面刻"太平舰到此"，右面刻"中业舰到此"。

12月25日，收复舰队返回广州白鹅潭。总指挥林遵在广州召开了记者招待会，介绍了此次收复行动，全国各大报均在头版刊登了收复西沙、南沙的消息。

罗卓英闻讯后大为高兴，他亲自设宴招待此次收复行动的相关人员，并以"艰险定疆"四字，为此次任务命名。代表们将此次奉命执行收复南沙群岛舰队航程路线，设计为一图案，附以全体代表及本舰舰长、副长、轮机长等之姓名，刻于象牙牌之两面，每人各持一块，以为纪念。罗卓英亲自撰写说明文字："大中华民国三十五年十二月十二日，为我代表等及太平、中业军舰，奉命率军进驻我南沙群岛主岛太平岛之期，计同年十月二十三日乘舰离京，历程二千海里，冒尽惊涛骇浪，费时五十一日，方克探索到达。本主席将以实际考察方式，作永久建设之指示，举凡登陆勘察测图建碑诸任务一一完成，从此山河永固并寿南天，同人等荣膺行役，爰为之记。"

1947 年 3 月，"太平"舰又奉命接收了东沙群岛中的东沙岛。

南沙、西沙诸岛收复后，广东省政府依据各种资料，建议行政院将原来的南沙群岛更名为中沙群岛，原来的团沙群岛更名为南沙群岛，其他已勘测岛屿，亦分别命名，当经由内政部核定公布。其中，南威岛即以纪念罗卓英（字慈威）而命名。

南威岛，又名西鸟岛，英文名斯普拉特利岛（Spratly Island），在北纬 8 度 39 分、东经 111 度 55 分，是南沙群岛中的岛礁之一。1947 年，国民党政府正式公布名称为南威岛，以纪念当时广东省政府主席罗卓英，兼有接收舰队威镇南海之意。1983 年中华人民共和国政府公布标准地名，仍为南威岛。南威岛形状若三角形，东西底边长约三百五十米，东北到西南斜边长约七百五十米，面积 0.15 平方公里，平均海拔 2.5 米，是南沙群岛的第四大岛屿。岛屿周围有沙滩，沙滩上有礁石形成，向内是沙堤，高约 5.5 米，沙堤围绕着中间低洼的礁盘部分，海拔 2.4 米。在岛北端，有一圆锥状礁石，高七米，而在最南端则有另一高 5.5 米的石塔。岛东北部有天然水道伸入岛边，深达十四米，故成为南沙群岛南部海区优良港口。新加坡至香港或马尼拉航线经岛西而过，地理位置重要。南威岛自 1974年被越南侵占，成为目前越南实际控制的南沙群岛中的最大岛，越南实际控制的南沙群岛的第一线军事指挥中心即设在此岛。但该岛是中国的固有领土，中国政府对其拥有无可争辩的主权。

1947 年 5 月，广东省政府将南海诸岛划归海南行政区管辖，暂由海军接管。现将当年以罗卓英主席名义发出的有关函件"广东省政府代电"抄录如下："本府各厅处处局会行各区专员公署均览，现奉国民政府主席广州行辕卅六年卯筱辕三战署字第〇一二八五号代电开：'项准内政部方字第三〇号函开，查西沙群岛及南沙群岛业经先后接收，并于本年 1 月 16 日，由国防部召集有关机关，举行西南沙群岛建设实施会议。当决议西南沙群岛之行政隶属问题，俟海南岛行政特别区奉准成立，即归该区统辖，目前暂由海军管理，记录在案。经本部呈奉行政院卅六年 1 月 27 日从壹字第一一一一七号指令转奉国民政府本年 3 月 15 日处字第四一二号令准备案，除分行外，相应函达，即希查照为荷等由，除分电外，特电知照。'等因奉此，除分电外，合电仰知照饬属知照，并由各区专员公署转饬所属各县（市局）政府知照。"

在开展收复南海诸岛军事行动的同时，罗卓英还发动文化机构，为研究和开发南海诸岛做了许多实际工作。1947 年 3 月，广东省决定成立"西南沙群岛志编纂委员会"，由省政府主席罗卓英兼主委，萧次尹、麦蕴瑜为副主委兼总编辑。

不久，西南沙群岛志编纂委员会即提出了西沙群岛问题研究报告，论述了我国对西沙群岛行使主权的历史，搜集了各种证据。罗卓英说："吾国为太平洋之大国，为求太平洋之太平，必须共同维护。我们必须稳站此南海三大群岛，乃能负起和平之使命，此为义务，亦为责任，更为安定太平洋保障世界和平之基础。"在他的提议下，广州举办了一场别开生面的"西南沙群岛物产展览会"。

1947 年 6 月 11 日，"西南沙群岛物产展览会"在文明路广府学宫（今市一宫）的广东省文献馆举行，观众免费入场。海军司令部舰队指挥姚汝钰送来珊瑚贝壳等标本三百多件，台湾大学海洋研究所、中央地质调查所、中央研究院地磁测量队提供的珊瑚图片等四十多张，省立海军专科学校的鱼类标本一百多件，省立文理学院的本省沿海鱼类等标本一百四十多件，曾呈奎博士珍藏海藻文献十册，美丽珊瑚有白色、红色、青色，其形状有如鹿角、球形。贝壳不少是象形取名的，有水字贝（像一水字）、芋头贝（像一蜘蛛）等。此外还有大龟壳两个，体积较汉民公园的大龟还大，以及从西沙收集回来的大小如乒乓球的龟蛋。还有在西沙石岛发现的十六枚铜钱，它们上面有开元、皇宋、洪武、永乐等年号，采集者中大教授王光玮介绍说："这些钱币是西沙自古我属之铁证。"还有属于伍耀沛、萧次尹等人的私藏展品。展览会上还展出了来自西沙群岛的鸟粪化石，这些鸟粪因年代久且时间不同，形成各种不同的色素。

原定展览时间只有三天，12日来参观的人特别多，会场中人流汹涌，肩背相摩，盛况空前。不少市民在参观后感叹展览增强人民主权观念和国防意识，提高对海洋研究与水产教育的兴趣。在此之前，许多人知道有西沙群岛，却不知有南沙群岛，实际上我国最南的地点是在南沙。加上西沙群岛、南沙群岛均属广东，特产丰富。不少人参观后在展览会设置的批语意见册上提出，要求延期闭幕，但由于部分展品是借海军总司令部、台湾大学海洋研究所的，北上南京的船只已在等候，不能延迟太久。12日下午3点，展览筹备委员萧次尹、麦蕴瑜等在文献馆设备茶点，招待记者，并宣布应众要求，决定展期两天，至15日晚上7点闭幕。6月15日的《广州日报》专门刊登消息，让市民，尤其是学校员生利用最后一天机会，踊跃前往参观，幸勿交臂失之。据统计，五天来参观展览人数达到了三十万。

展览前后，同时兼任西南沙群岛志编纂委员会委员的省立图书馆馆长杜定友深深认识到南海诸岛文献资料的重要性，于是立即多方搜集有关文献资料，编辑成《东西南沙群岛资料目录》一册，罗卓英翻阅后，大为赞赏，亲自为该书题写书名。该书目录内容分为论著、东沙、西沙、南沙四个部分，共三百多种。几十年后，这批由杜定友先生亲自搜集整理的南海诸岛文献资料成了今天中山图书馆的馆藏特色之一，并为维护国家领土主权做出过积极的贡献。

在收复南海诸岛的一系列行动中，罗卓英以捍卫国家利益、民族大义为重，自始至终都十分关注，使这一行动得以圆满完成，为维护我国领土领海主权完整做出重大贡献。

卸任离粤

1947 年 9 月，广东省政府改组，宋子文取代罗卓英成为广东省政府主席。罗卓英在行政院通过任命案后，即致电南京，向宋子文道贺并表示欢迎。

罗卓英主粤两年多，克服了重重困难，踏踏实实做了许多实际工作，全省交通恢复，教育重振，人民各返原乡，安居乐业，工商业亦已复元，面貌为之一新。然而，在当时的历史条件下，既有战后百废待兴的困局，亦有国民党一党专政的积弊，加之国共全面内战带来的沉重负担，使得罗卓英许多计划都束之高阁，流于一纸空文了。《人间》杂志曾公开挖苦罗卓英，说人民"望治情殷，米价涨得厉害，生活压迫得厉害，失业因无以苟生，在业亦未足自活，许多工厂还未复工，许多农民无牛耕、无种落，许多青年无书读、无事做，许多汉奸还逍遥法外，许多官吏还上下其手，许多土豪劣绅流氓地痞还横行乡曲，许多地方还秘密地公开烟赌——很想知道罗主席对这些问题决心怎样处置"。《粤侨导报》甚至指责："华南复兴工作毫无成效，负责者难辞其咎！"

此外，罗卓英自身也存在不少问题。例如，1947 年 10 月出版的第五十九期《正报》还专门刊登了一篇辛之所撰写的《罗卓英逃不了罪》一文，文章中写道："9 月 30 日当宋子文踏进罗卓英的主席官邸东园时，罗卓英指着事先打扫干净的房间，满面笑容地对宋子文说：'这一切都属于你的了，看你高兴怎样安排好了！'不料宋子文竟然转过身来拍着张发奎的肩膀说：'我还是先去做你的客人好了。'"这件事迅速成为当日广州的新闻中心，有的市民猜测：罗卓英的账目交卸将会碰到多少麻烦。果然，宋子文接任后干的第一件事，就是禁止实业公司发卖砂糖，并派四联总处人员清查该公司辖下各工厂业务，并谕令该公司限期造报账目。

对于宋子文的这一举动，广州的官场和民间流传出所谓"清算"罗卓英的言论，省参议员凌维素在《前锋报》发表一篇题为《相思病与广东政治》的长文，猛烈抨击罗卓英，其中揭露出罗卓英在实业公司的贪污黑幕。该文称："作为操纵全省国民经济命脉的两大省营机构——广东实业公司与省银行，不仅独占全省百分之八十以上的糖业，及百分之九十五以上的纺织业。省银行的分支行处不仅布满全省，而且遍及省外和海外各重要地区（单位超过一百以上）；但去年的盈利，前者仅四亿余元，后者仅六亿元，还不及普通一间商号，而且这些数字，亦只徒有虚名，事实上解库的少得可怜。构成本省一大富源之顺德糖厂，上年盈利据估计最少应占一百亿元以上，但公家入账的只二十亿元。"凌维素还揭露了罗卓英卖官鬻爵的劣迹，他指出："最近琼州某县王县长由上台到下台，前后不及三个月，其他在半年被撤差的县长，竟占多数，做一年以上的算为例外。在上月罗主席被撤职半个月内，竟撤了三十个县长。听说在接到免职令的前一天，还派出七个，其后尚有一批亟待放出，可惜时间迟了。"凌维素还揭露了罗卓英在广州市区内外纵放烟赌、坐收黑钱的丑闻："单就省会所在地附近五里内乡村来说，在西便有最大规模的罗溪沙村公开烟赌场，每日有五只汽船由广州开往，赌注每日达十亿元之巨。在东便有宝汉茶楼一带，最近竟变了高等赌场，每日汽车往来停留，多至四五十部以上……"辛之在这篇文章最后，做了如下评价："罗卓英主粤两年，坏事做尽，此次离职，还假惺惺作态，今日一文告，明日一谈话，自诩'光明而来，光明而去''慈母心肠，忠仆态度'，企图以此洗净自己的血手。然而从凌维素这些'狗咬狗骨'的揭发当中，罗氏的丑面具也就给戳破了。"

273

再如，当时在广州市政府工作的何亦楼曾写过一篇《抗日胜利后罗卓英、陈策征购军粮的黑幕》一文，其中提到：1946年蒋介石在东北发动大规模的内战，由于战争的消耗十分巨大，军粮补给，更加困难。蒋介石竟然不顾民众的生活，严令粤、浙、湘、赣等十余省强征谷米。广东本来就是一个缺粮的省份，但仍然被要求征集大米一百五十万石，而当时生产大米的湘、赣两省也不过各派征两百万石。作为广东省府主席兼军粮征购处主任的罗卓英，得到指令后，遵办唯谨，根本不顾及广东民众的生活，强硬把份额分配到各县，限期交足。广州市政府亦被派定于5、6两个月内，每月征交军米五千包，等于二万担。当时的广州市长陈策以广州并非产米地区，派征任务过重，请求减额，但罗卓英对此却无动于衷，不肯减免。当时的广州市，实际上是一个消费城市，郊区农田很少，根本无法于5、6月份内每月征集五千包大米。要完成这一不可能完成的任务，唯一的办法就是从市场上购买。当时的米价，大约每司担值三万七千至三万八千元（相当于港币十五元左右），以二万担计算，共约需款7.5亿元以上，广州市政府的国库无力负担此数。而陈策原本属于政学系吴铁城的人，罗卓英则属于陈诚的人，而人分属不同的派系，因此陈策不愿为罗卓英卖力。于是，陈策就发动市参议会和国民党市党部越过罗卓英，直接向国民党中央请求减免。但罗卓英对此并不示弱，随即给蒋介石发去电报，陈述详情。另一方面，罗卓英还主动约见陈策，提出开征地方捐税办法，来购军粮。陈策得到罗卓英授意后，邀请秘书长祝秀侠、财政局长司徒宽、社会局长袁睦晖、地政局长黄仲榆、参事黎葆鉴等商讨办法。这些人都认为有此名目，就可以从中大捞一大把。这些人几经研究，做出征借广州市房租半个月的决定。后与罗卓英商讨，该征借办法遂由市府公布并立即实行。当时，广州市房屋月租金很高，普通一厅二房的月租，约需三四万元；如水、电、厕齐全的，则要五六万元。街面

274

的店铺租金更贵，如十三行、上下九路、永汉路、惠爱路等的店铺动辄每间月租三四十万至六七十万元。如果以米价做标准，广州市区宅地原有十六万个地号左右，其中有上盖的约四分之三（即约有十二万间店铺房屋）。抗战期间被破坏的约占百分之二十（即尚有约十万间店屋可用），其中约有二分之一以上是出租的（即五万多所店屋出租），每所房屋照平均月租约五万元计算，征借房租半个月，便可向业主们征得12.5亿多元。除拿出7.5亿多元购米外，还有约五亿元以上的盈余，这些盈余就进了陈策、罗卓英等人的腰包。由于广州市征购大批食粮，使得米价飞速上涨，几天之内，米价涨了百分之二十五到百分之三十，底层民众叫苦连连。此事办过之后，陈策交给罗卓英的米款余数是1.5亿元，尚有三亿多元，则由陈策支配。

9月底，罗卓英在离任之前，举行酒会，话别广州新闻界，并作《告别新闻界》，可谓是两年多来的一个工作小结：

> 兹当临别之际，愿就两年主政之感想，为我新闻同人陈之。
>
> 犹记三十四年中秋前夕，卓英由渝飞抵广州，即于中秋节对我全省军民提出三项要求：一、协助军事善后。二、维持交通治安。三、赶办救济抚恤。是时承八年兵燹之余，流亡载道，交通艰阻，游什遍地。加以遣送敌俘，给养部队，此种收拾残破之工作，即占去数月光阴。随后依照施政纲领，积极进行，并以治安粮食交通为主要措施。不料三十五年春，全省旱荒，粮食问题严重万状。本省官民通力合作，始克渡过难关。卓英默察本省粮食问题，如不谋根本解决，则周期性之粮荒现象必难免除；工业建设如无具体计划，则无导游资而吸外汇。遂于去年秋，着手草拟

275

五年建设计划，务求发展经济，以安定社会，从而谋教育之普及，政治之清明。其水利工程部分，亦陆续着手实施……春间金融剧烈波动，继而复遭普遍而严重之水灾袭击。人祸天灾，接踵相乘。所赖全省上下共体时艰，戡乱扶危，救灾筹赈，无不惟力，于是能化险为夷，安定社会。纪念秋间，救灾工作告一段落，乃进而提高省县公教员兵待遇，调整县级人事，加强"剿匪"施政工作。卓英于此时奉命调京，回忆过去两年，无日不在苦难之中。卓英为民众公仆，鞠躬尽瘁，分所应尔。唯念地方父老奔走提助，民众疾苦尚未解除，斯令人感念无既。抑卓英难忘诸怀者，即我新闻界过去之合作协助。远者且勿追提，今年二月间之镇压金融风暴……以及本省大水灾之报道灾情，呼吁救灾，卒能唤起中外人士之同情，使救灾工作获得巨大成果。凡此种种，皆为我新闻界多所致力，而非个人可贪天之功。至于本省新闻界平日所受物质上之痛苦，且因本省接近港澳……所加于我新闻界精神上之压力尤大。每欲有所协助，终感心余力绌。今后甚望密切联系。苟有可助于同人者，仍将继续为力，共谋新闻事业之改进，勉为党国至善之宣传。

卓英服务党国二十余年，平日兢兢自守者，厥为在法令中求实践，在平实处求进步。不立异鸣高，不空谈虚构。兹又届中秋，珠海月明，白云无恙，岂敢云圆满而来，圆满而去。然自惟两年岁月，尚非虚掷。国家多故，来日犹艰。卓英虽去，仍当一本敬慕桑梓之义，为同胞谋幸福。望我新闻界同人，不遗在远，继续指示，至所厚幸。

罗卓英离开广东前夕，发表了《告别广东父老书》，算作是他主持粤政的结束语："岁月不居，时节如流，卓英受命主持粤政，忽焉已逾两载。回忆还治之处，疮痍满目，元气待复。乃督率僚属，整理爬梳，无间日夜，与民苏息。半年以后，地方秩序渐告恢复，社会现象，稍启新机……兵后凶年，旱潦荐至；卓英负全省行政之责，膺兹艰巨，夙夜忧勤。询谋改进之方，冀尽补救之术。幸赖我各级员工之不断努力，卒能突破难关，安定大局；教育事业，渐次复原，粮食问题，终趋平稳。建设已初具计划，风气亦逐渐更新。两年以来协助最多者厥为地方贤达，民意机关，文化同人及革命团体等。而旅外侨胞之热诚赞助，慧嘉桑梓，其盛情义举，尤为难能可贵。凡此皆为卓英所拳拳不能释诸怀者也。今卓英奉调转移工作岗位，宋子文先生膺命南来，接主省政。以宋先生总览百揆之长才，纡尊为乡梓服务，自必游刃而有余。以宋先生回翔国际之信誉，及时为地方建设，定期计日而成功，此又卓英所引为荣幸而愉快者也。卓英交代甫竣，原拟分别拜辞。唯念受命党国，行止未敢自便；仓促成行又恐徒滋疏咎，遂订于月之八日，假座广州东园，略备薄酌，招待嘉宾，借图良晤，并致谢忱。荷蒙惠然肯来，弥觉倍增光宠。此后尚望不遗在远，继续精神上之联系。卓英亦将一本敬恭桑梓之义，共作福利乡邦之谋。云山珠海，仰俯高深。掬梱陈词，诸惟亮察！"

尾声　平淡归真

1947年8月底，陈诚接替熊式辉为东北行辕主任。陈妄想创造奇迹，以挽救国民党在东北的败局，因而把罗卓英请到沈阳，任行辕副主任之职。罗卓英到东北后，协助陈诚整顿军队，裁并机关，控制金融等。

然而陈诚并没有能挽救东北危局，1948年2月，陈诚在一片责骂声中离职，罗卓英亦随之南下。陈诚任东南军政长官，罗卓英任东南军政副长官，协助陈诚经营台湾，改编整训的国民党军队。

不久，长官公署撤销，罗卓英改任"总统府"战略顾问、"国防研究院"副主任等职。旋即自请退为预备役养闲，1959年3月以二级上将正式退休。日常生活以探亲访旧、娱山嬉水、田园耕读或睦邻友舍之类项目而作为赏心乐事，超乎物外，淡泊功利，宠辱皆忘。与此同时，他也是"老骥伏枥，壮心不已"，始终与诗词"缪斯女神"情投意合，不离不弃；"英雄迟暮，弦歌不辍"，直到行将辞世，仍在引吭高歌。1955年春，他迁居台湾南部屏东城内的"回园"，自题客厅匾额为"双屏"，并亲撰跋文："吾家世居双屏山下，西望岭云，曷能忘怀？"园子颇小，平房一排四间，将园子隔为两段。北为菜圃、鸡舍，南为庭院。窄巷陋室，淡泊自甘。罗卓英自幼生长农家，晚年复归平淡，常戴竹笠，穿木屐，拔草除虫，劳作不辍。

他作为一名身经百战的"今将军"，对于率部奋力驱夷复台的郑成功和誓死抗日保台的丘逢甲两位"故将军"，由衷景仰，有诗礼赞。譬如，歌颂郑成功："年少才雄拜将坛，楼船横海涌奇观。受降城返牛皮地，奏捷书传鹿耳滩。文事武功长炳耀，违亲报国两艰难。开山创局多遗爱，岁岁榴花照眼丹。"又援引丘逢甲的名诗佳句而成七绝八首，其中有云："中宁才子足惊奇，一日吟成百首诗。写遍台湾好风物，至今人唱竹枝词。""拒寇匡时志不屈，雄才倒海且移山。平生整顿乾坤手，留与后人榜样看。"后来亲到台南郑成功祠参观，有感而发，提笔写下一副对联：毁家赴难，百炼坚钢，忆当时薪胆卧尝，渡海拓开新甸域；举国同仇，八年苦战，喜今日台澎光复，告公重返旧河山。

1961 年 11 月 6 日，罗卓英因糖尿病在台北去世，蒋介石授予他忠贞为国、殊堪旌扬的旌忠状。

罗卓英去世之时，陈诚连夜亲笔撰写了悼文《哭尤兄》，读来让人唏嘘不已：

嗟嗟尤青，竟弃我而长逝耶！永念生平，悲来横集，残秋尘榻，小恙未瘥，哀感缠萦，欲言泪堕，聊复濡墨，以抒所怀。

忆与兄共学保定军校时，俱在少年，同辈中有五人，以意气相许与，交情最挚，投分尤深。彼三者各矢坚贞，四十余年以还，均因报国，先后徂谢，今之所存，唯兄与我，当师友凋零之际，又复挥泪哭兄，悠悠此心，感怆何极！

兄与诚共在总统领导之下，从事革命，并均参与戎行，备尝艰辛与险阻。兄初长诚之戎幕，除赞画机宜外，能尽其和上下化异同之责，及继领师干，在赣南剿匪，以解赣州之围，其功独多。当此之时，驰驱戮力，寄心瘁于遗大投艰之会，共生死于兵戈水火之间，或则敌骑纵横，比肩

279

杀贼，或则默运智略，消弭无形。溯兄畴昔所为，有最使人感念不忘者，即兄每当艰苦盘错之时，轧攘袂争先，义形于色，于以报国报友，若自忘其身，一无所顾，而独至于论功行赏之际，乃复退然巽避，丝毫不矜其功，如此襟怀，更佩学养功深，有非恒人所易及。至其见事之卓，决策之深，思虑之缜密，临阵之忠勇，诚知之尤深，而于诚之赞勷臂助，又非楮墨所能悉书。假令论及昔年报国，与其谓诚稍有贡献，毋宁悉以属之于兄。此后抗战请缨，叠摧顽寇，扬威异域，树积疆圻，并皆照耀青编，毋烦殚述。

来台以还，淡泊之旨，仍本初衷，萧然寡营，寄情吟咏，不忘耕读，于用捨行藏之际，可谓毋负平生。今逝者已矣，国步方艰，大陆未复，生民待救，诚唯有益加策励，以上报总统提携教诲之恩，亦所以慰吾兄于九泉也。

罗卓英与陈诚的交往，堪称佳话。他们是保定军校第八期炮兵科的同学，并从此结下了莫逆之交。二十多年戎马生涯，二人既是战友，又是上下级，罗卓英更多是作为陈诚的副手出现，也最受陈诚信任。在陈诚的"土木系"中，罗卓英被称为"二当家"，被公认为最核心的成员和最重要的谋士。

民国时期，国民党军队虽将领众多，但由于各有其主，各怀其志，且蒋介石心胸狭隘，凡感有异者必予分化离间，故同心同德的将领不多，以搭档并称且著名的有李白（李宗仁、白崇禧）、张杨（张学良、杨虎城）、陈罗（陈诚、罗卓英）等几对。李白同为新桂系开山人物，休戚与共，但在关键时刻，常有龃龉；张杨只是蒋介石将两支非嫡系部队推放在"围剿"陕北红军的两颗棋子，虽合作尚融洽，但毫无历史渊源。而陈诚与罗卓英，可谓是在国民党芸芸众将中，一上一下，正副之间，亲如兄弟，始终如一，独一无二的最亲密搭档。

陈诚过六十大寿时，罗卓英还写下了《辞修兄六十寿（四首）》，摘录一首：

光风霁月丽中天，名世从知五百年。

闻道石门双柱峻，煌煌先后两青田。

孟子曰"五百年必有王者兴"，可以此来比拟陈诚所建功勋；两青田，意指明朝开国元勋刘基，青田人，今陈诚与其齐名。

罗卓英去世后三年多时间，陈诚肝癌恶化，也病逝于台北，终年六十七岁。罗卓英年长陈诚两岁，陈诚迟罗卓英三年多故去，两位亲密搭档可谓是生死之交。

图书在版编目（CIP）数据

罗卓英传 / 李兴选，王喆著. — 北京：中国文史
出版社，2020.4

ISBN 978 - 7 - 5034 - 9793 - 3

Ⅰ. ①罗… Ⅱ. ①李… ②王… Ⅲ. ①罗卓英（
1896 - 1961）- 传记 Ⅳ. ①K825.2

中国版本图书馆 CIP 数据核字（2017）第 286383 号

选题企划：箫　笛　段　冉
责任编辑：卢祥秋

出版发行：**中国文史出版社**

社　　址：北京市海淀区西八里庄 69 号院　　邮编：100142

电　　话：010 - 81136606　81136602　81136603（发行部）

传　　真：010 - 81136655

印　　装：廊坊市海涛印刷有限公司

经　　销：全国新华书店

开　　本：720 × 1020　1/16

印　　张：18.25　　　字数：193 千字

版　　次：2020 年 4 月第 1 版

印　　次：2020 年 4 月第 1 次印刷

定　　价：65.00 元